AF328418

The City Andreas Schmidt

The City Andreas Schmidt

With an essay by /
Mit einem Essay von Roy Exley

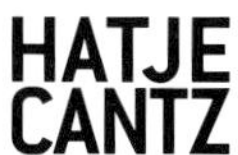

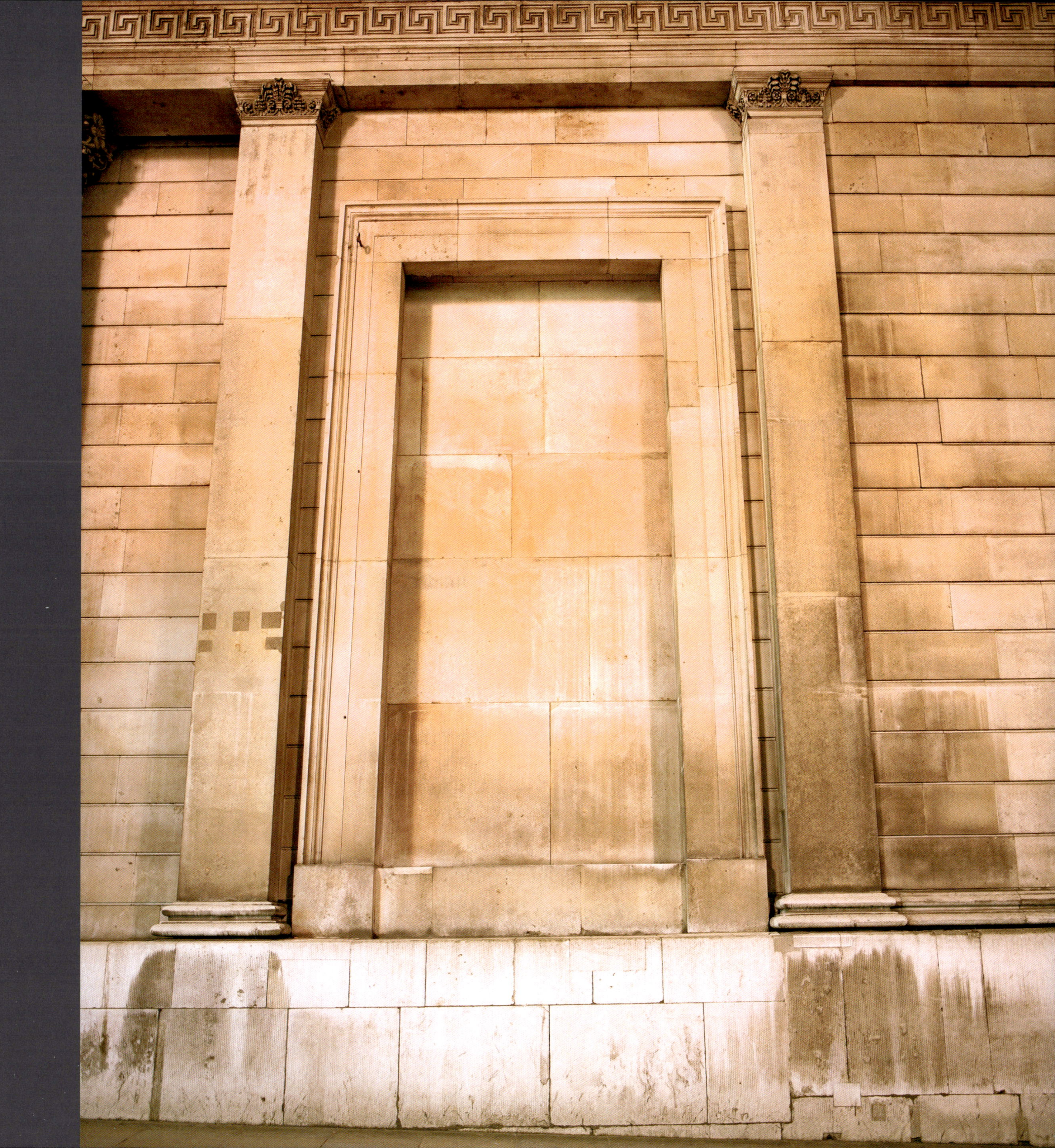

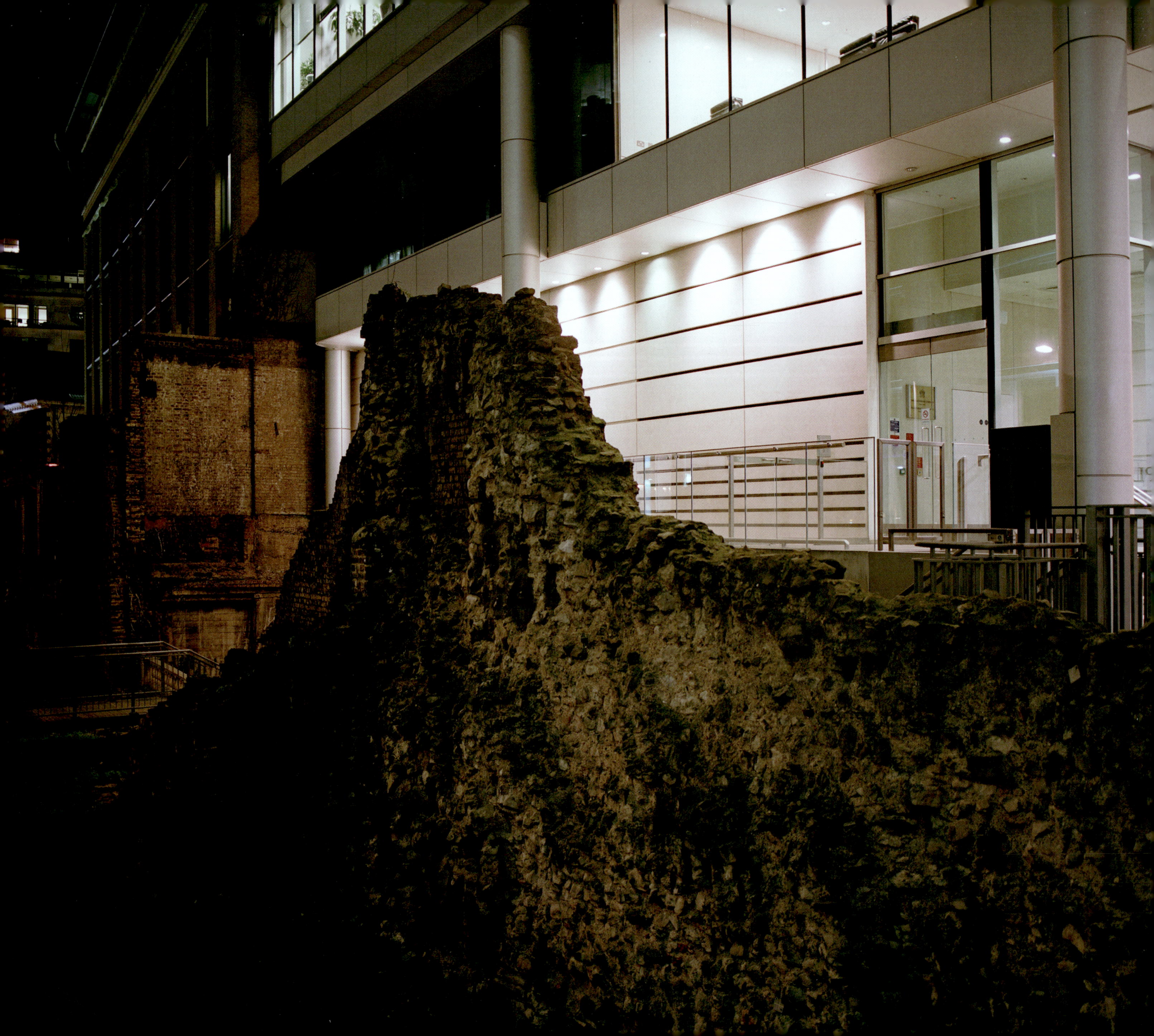

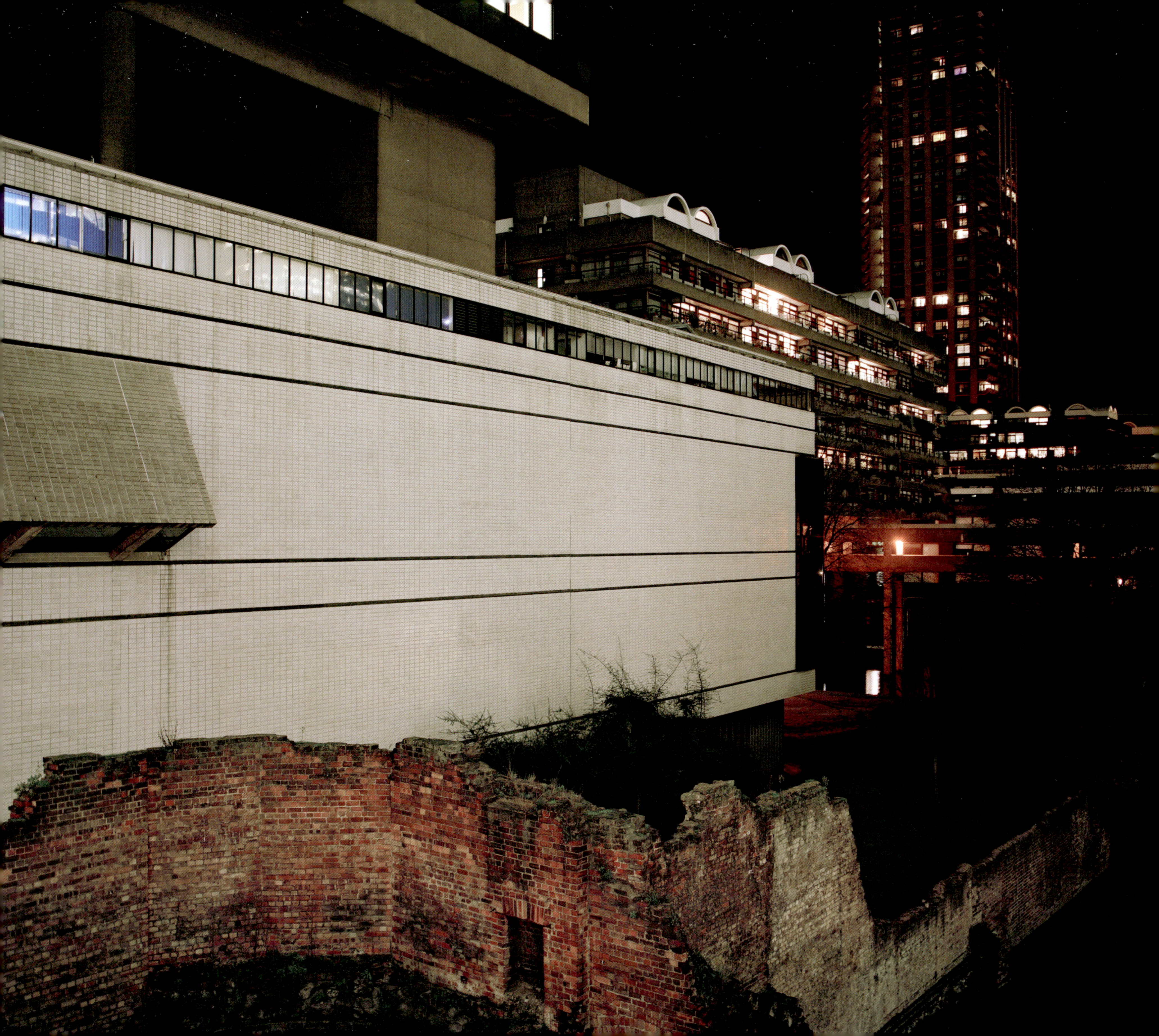

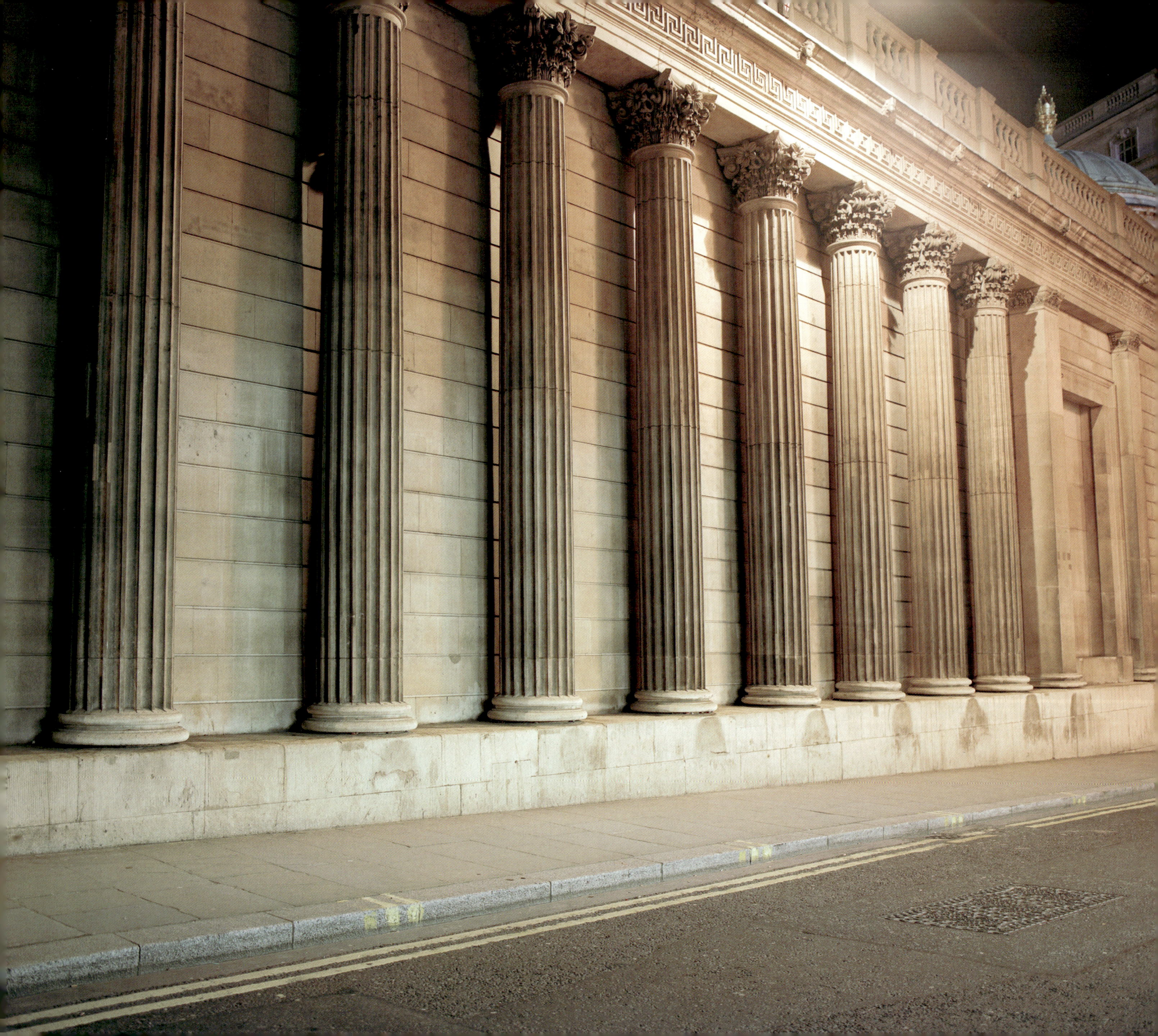

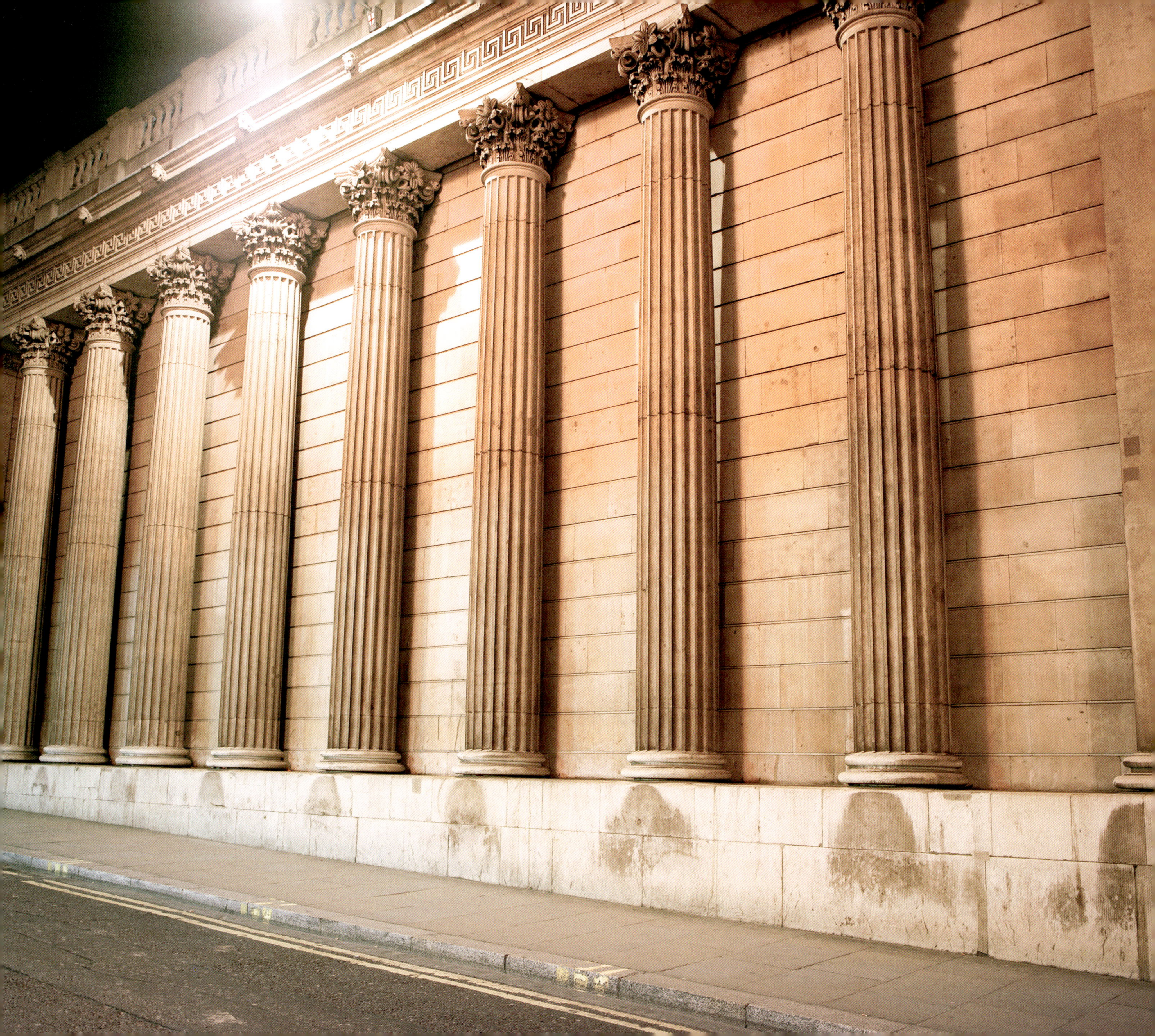

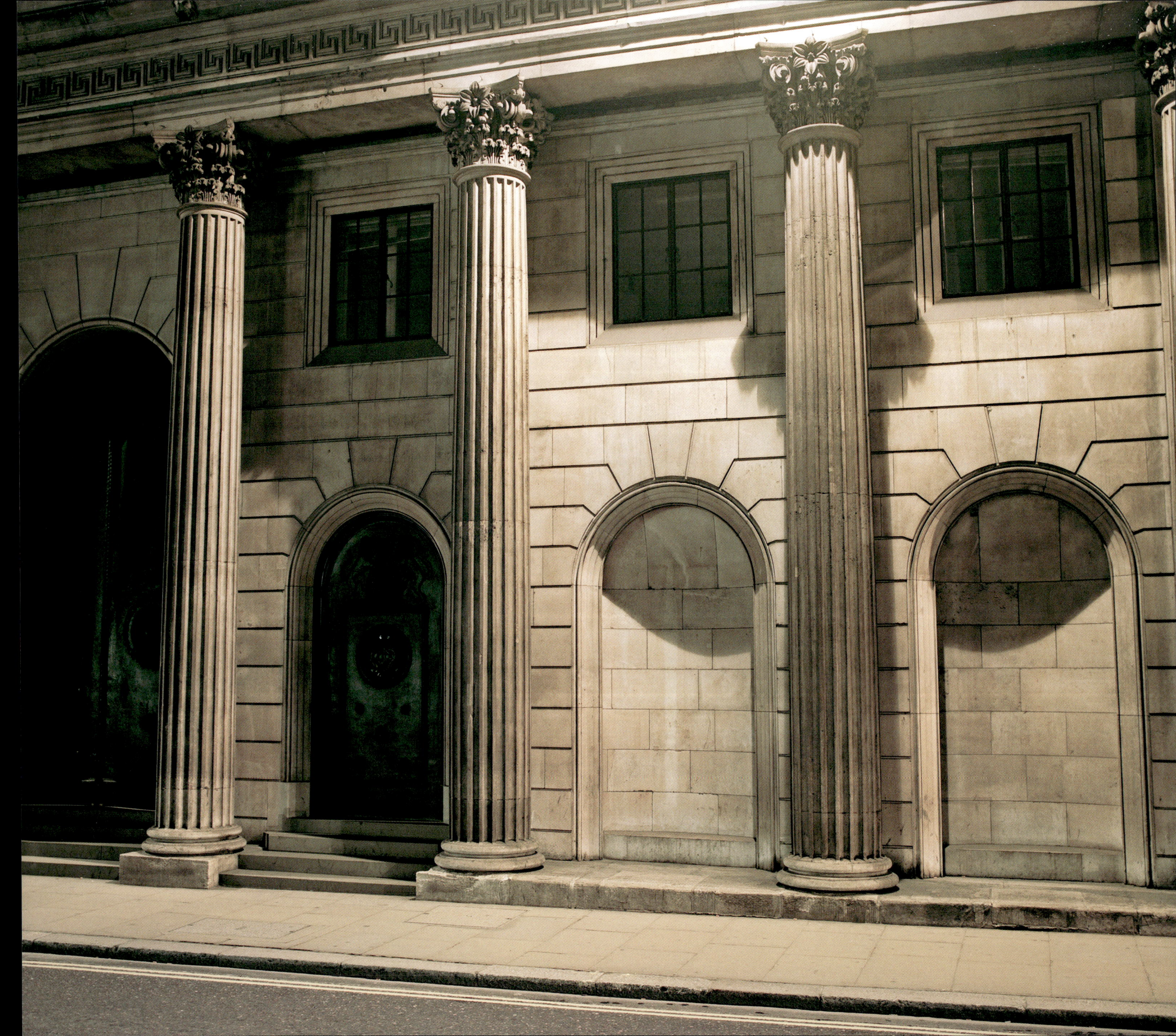

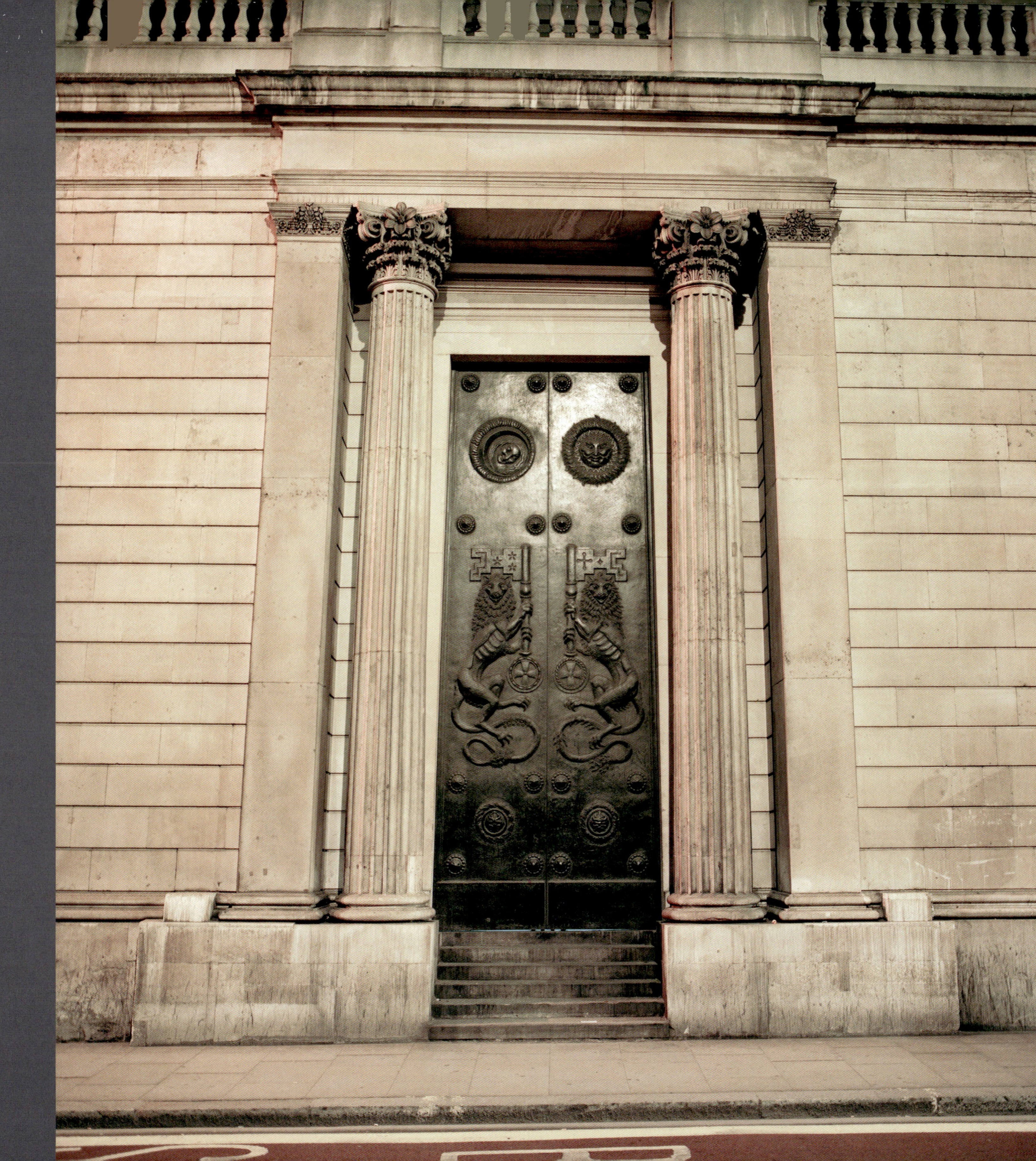

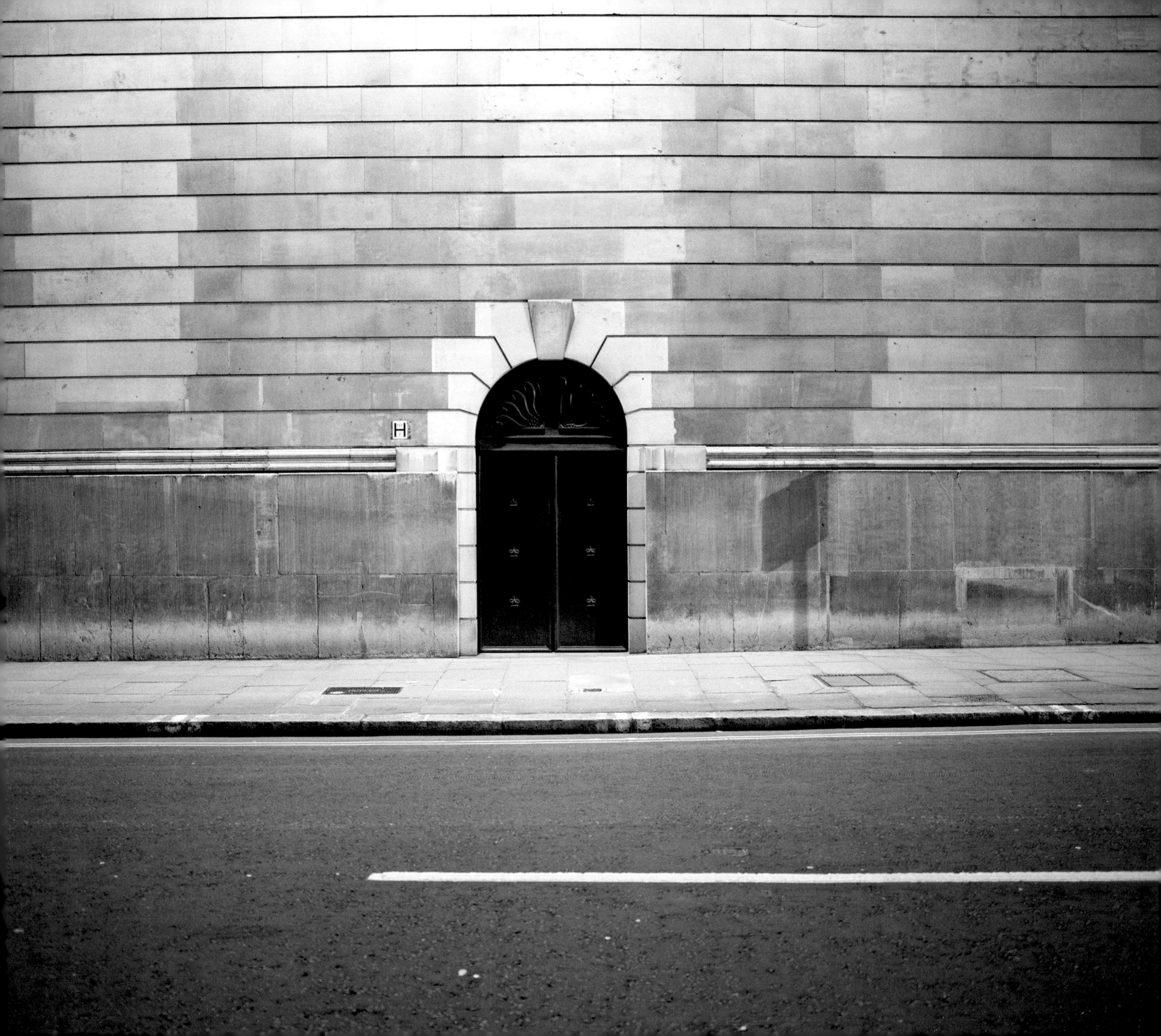

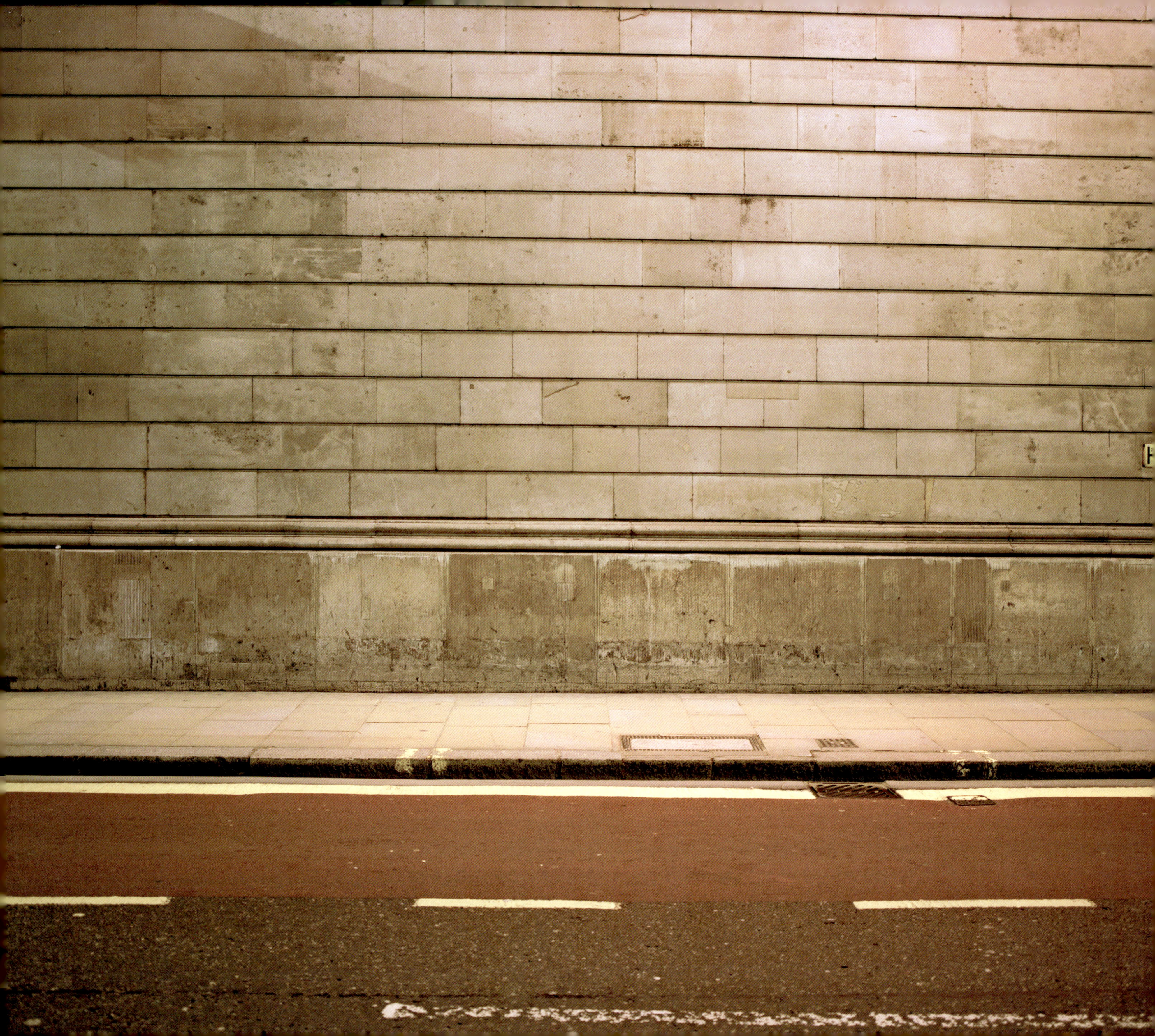

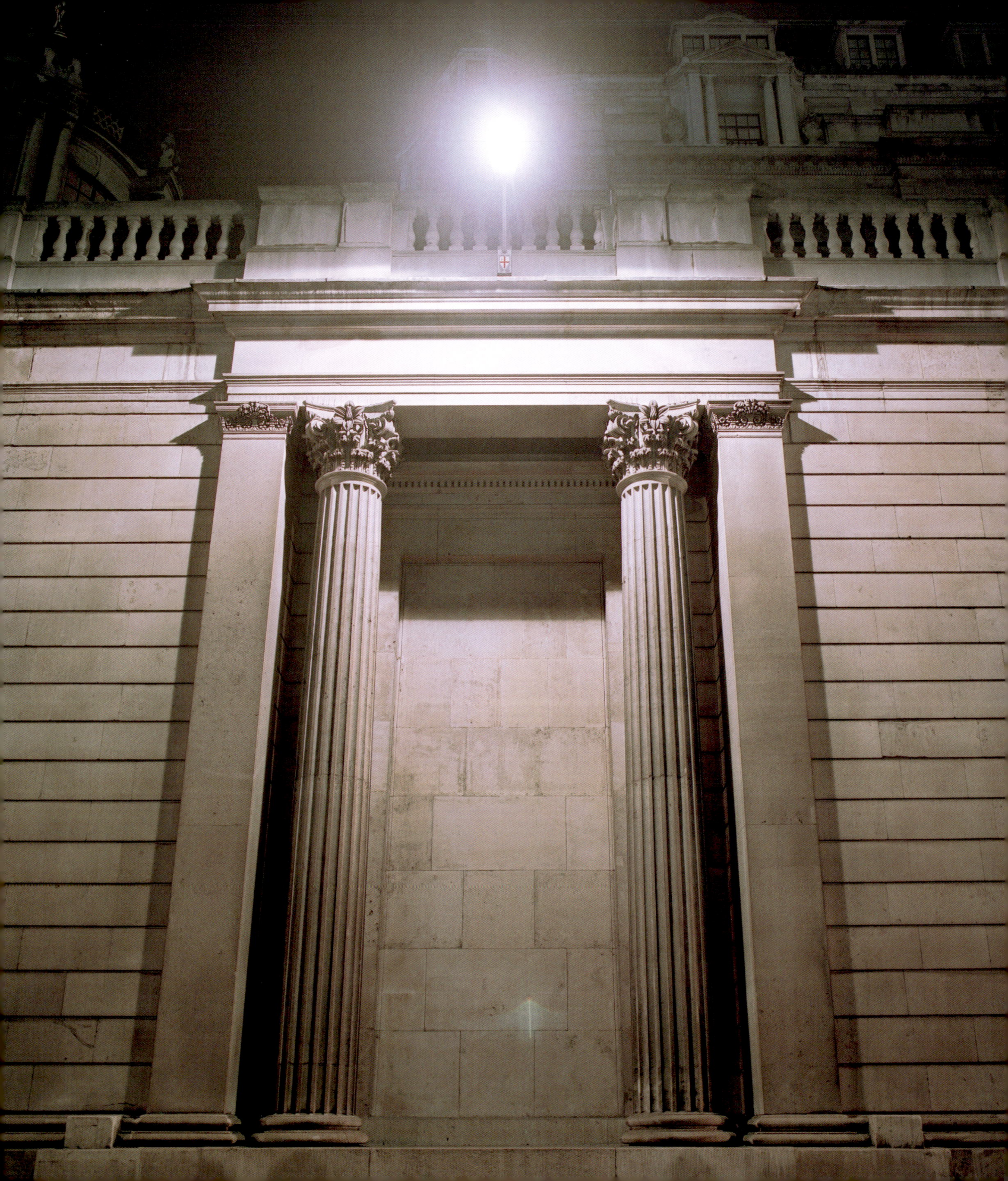

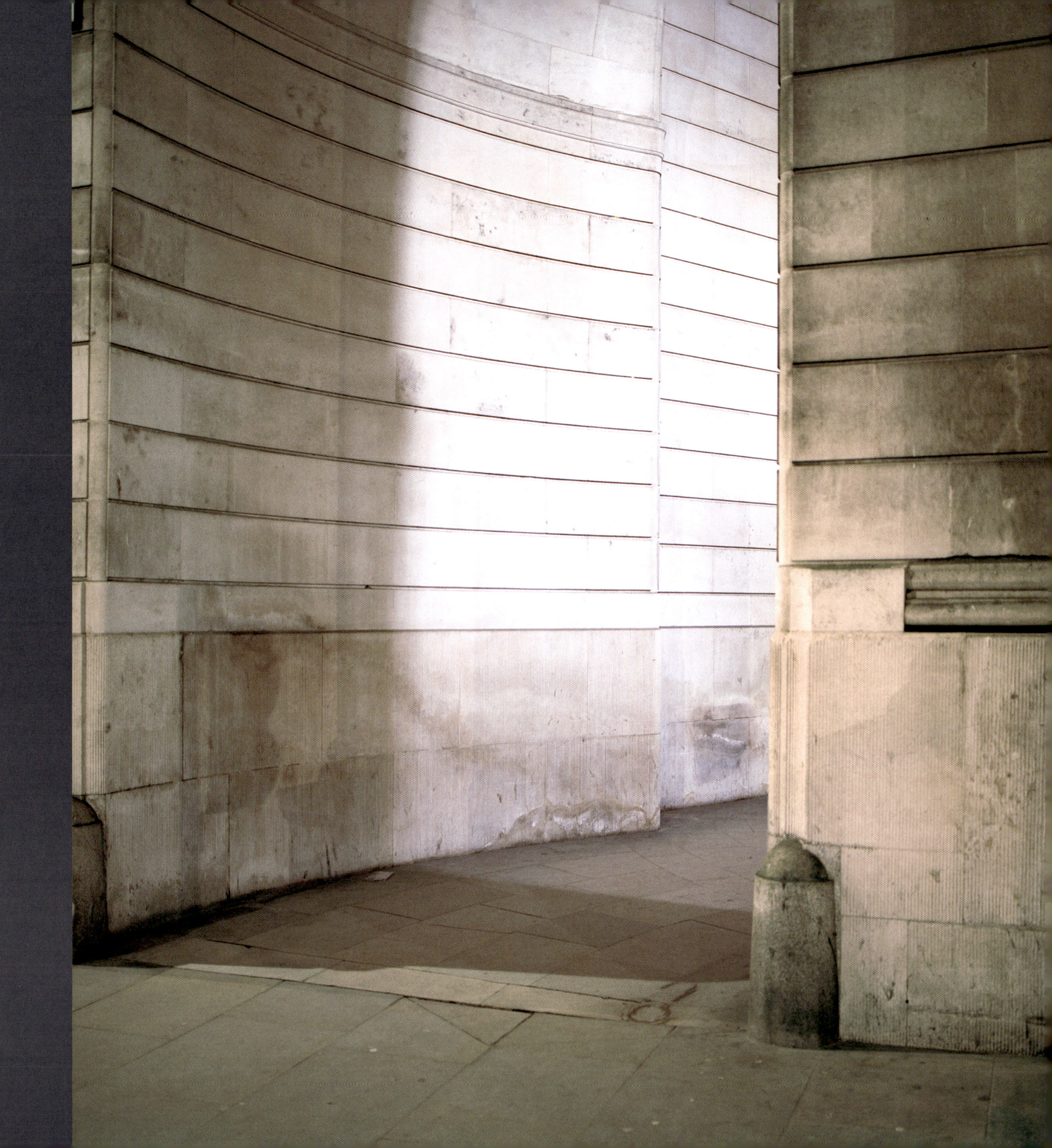

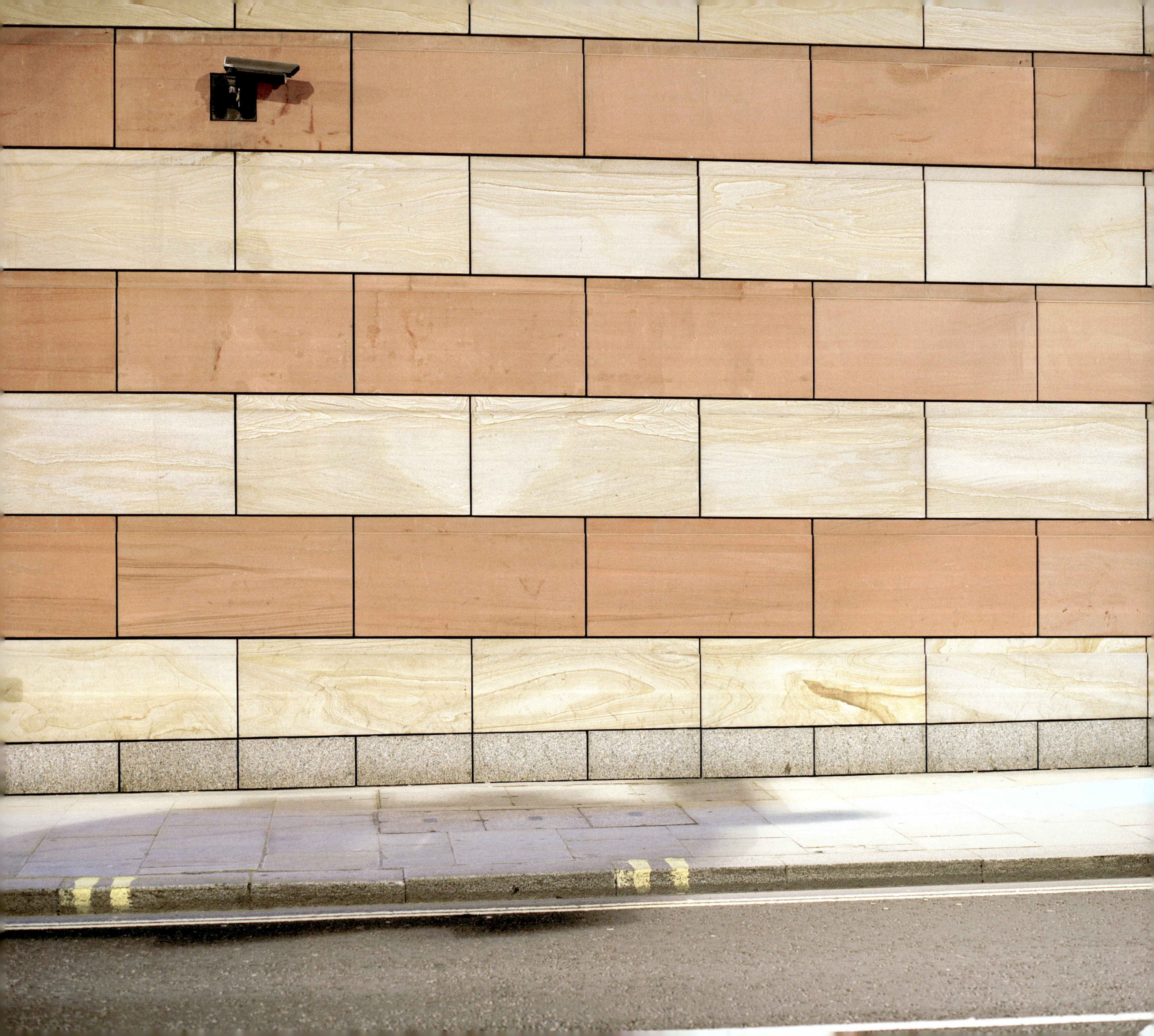

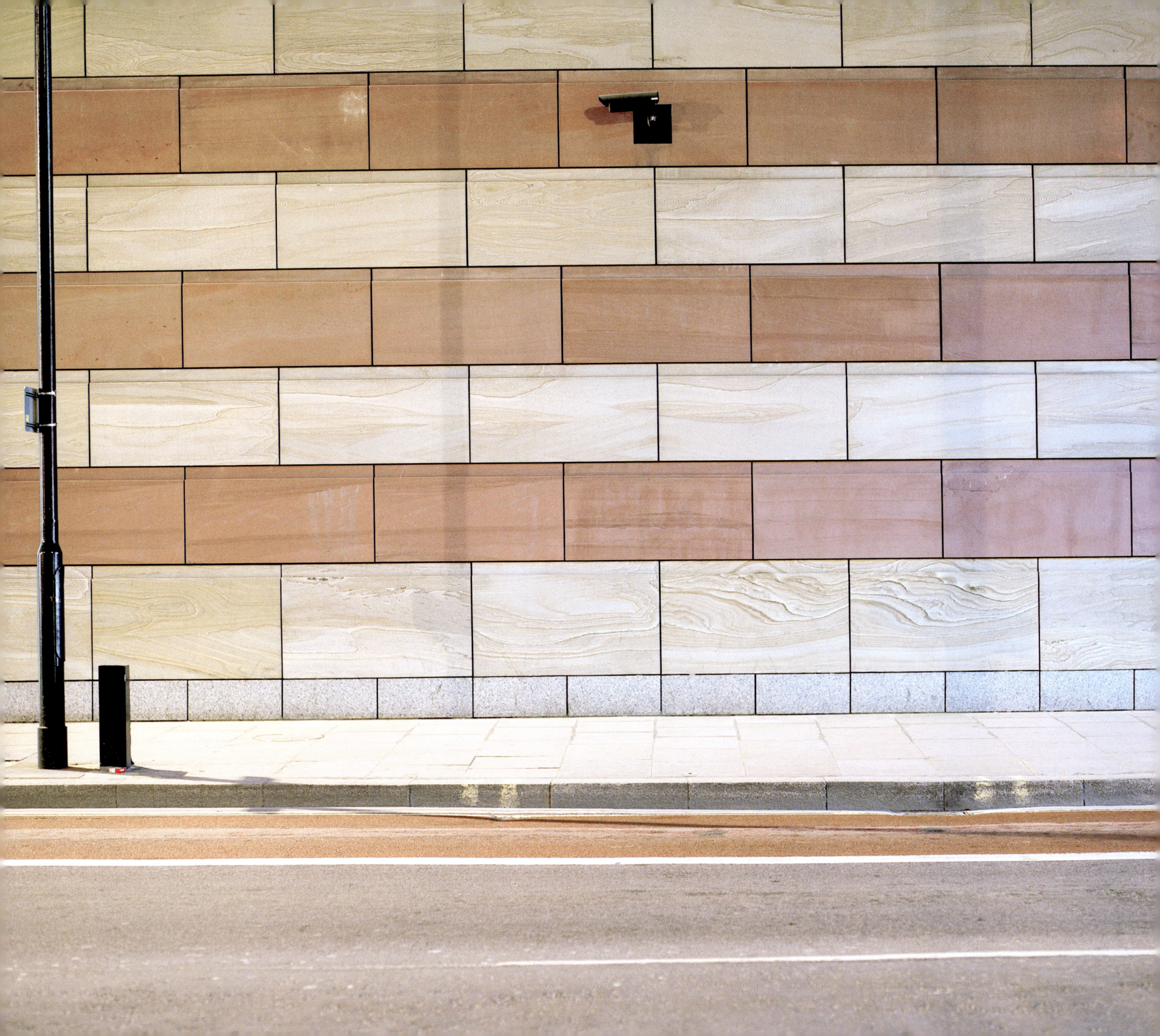

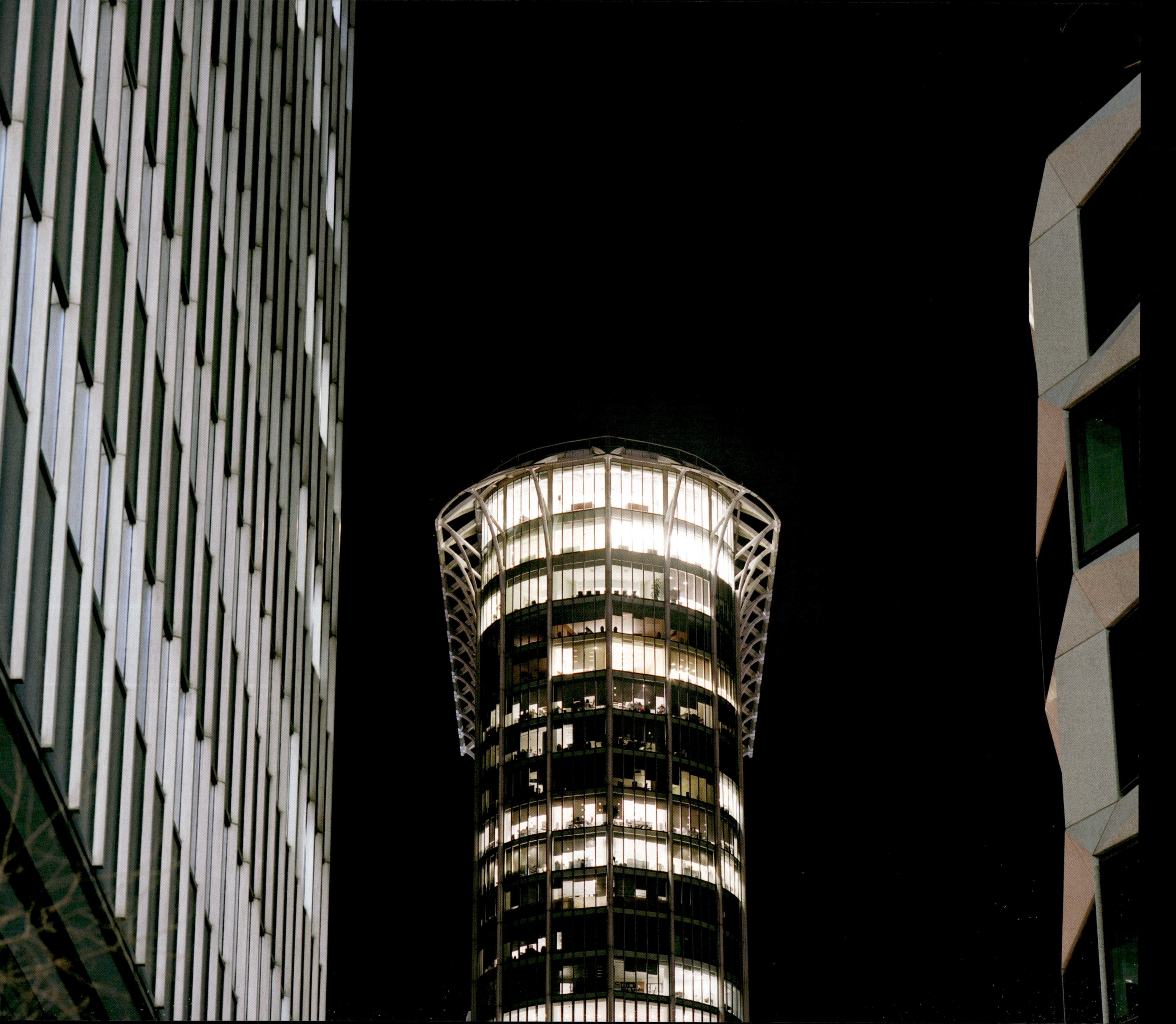

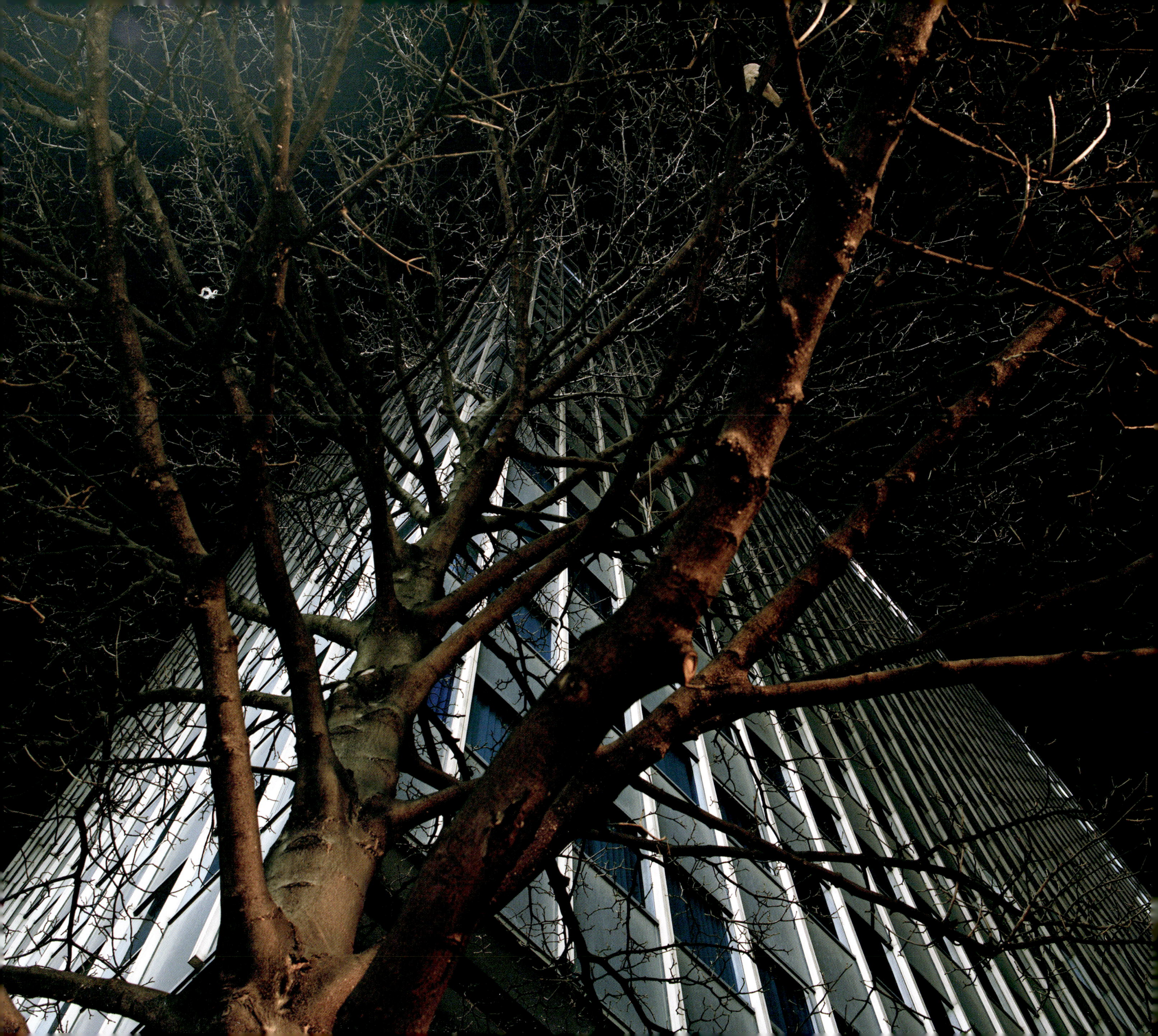

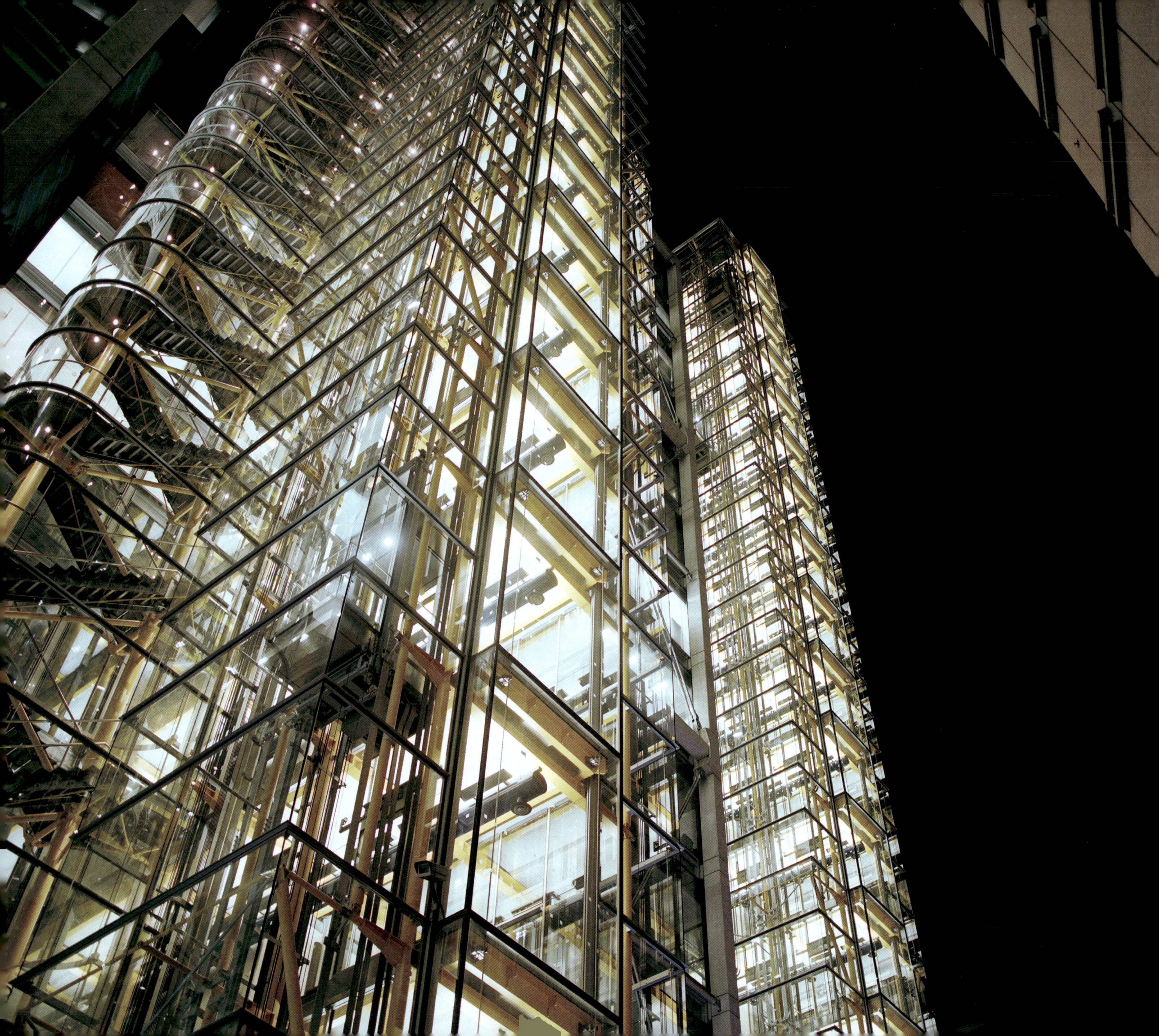

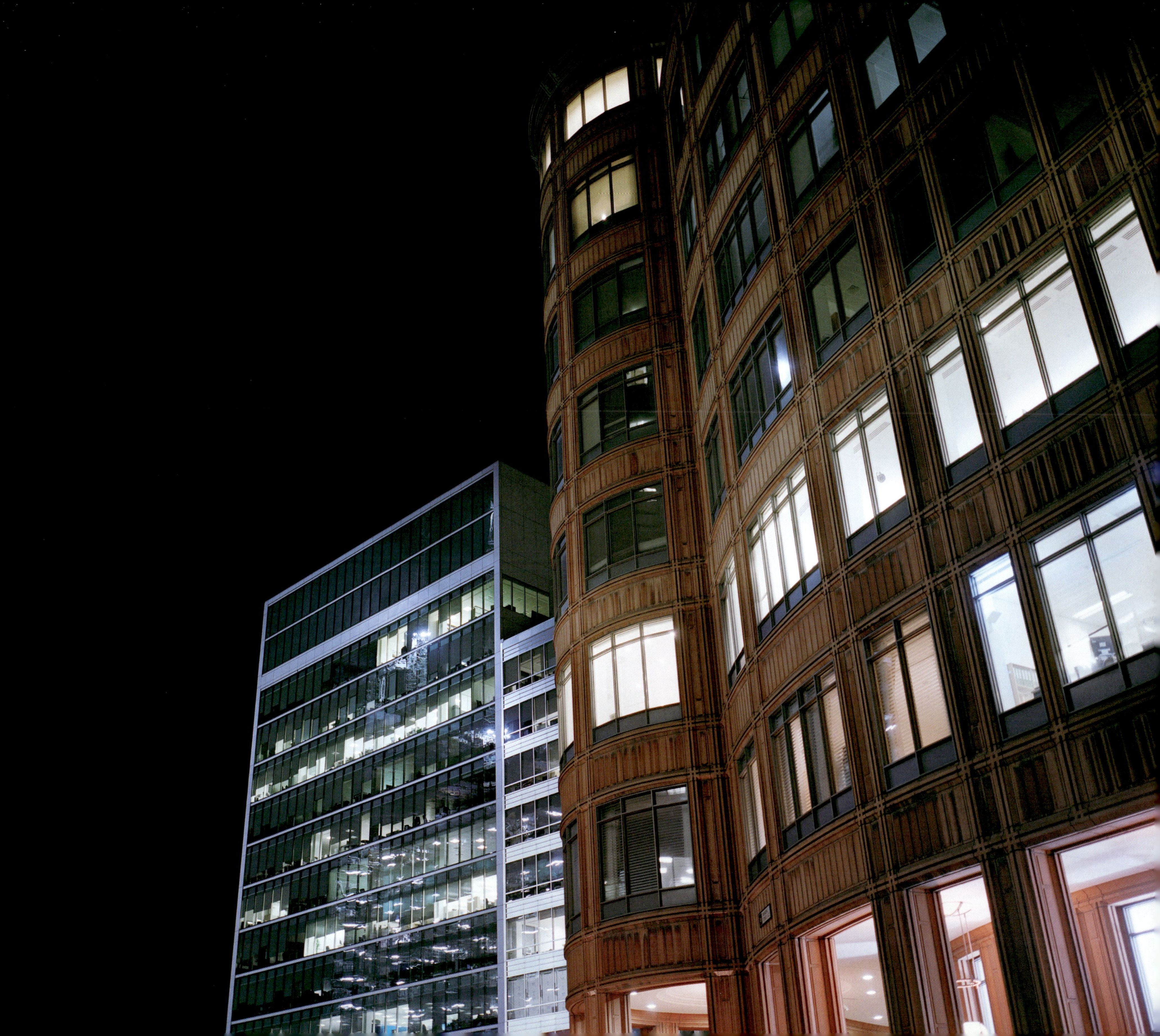

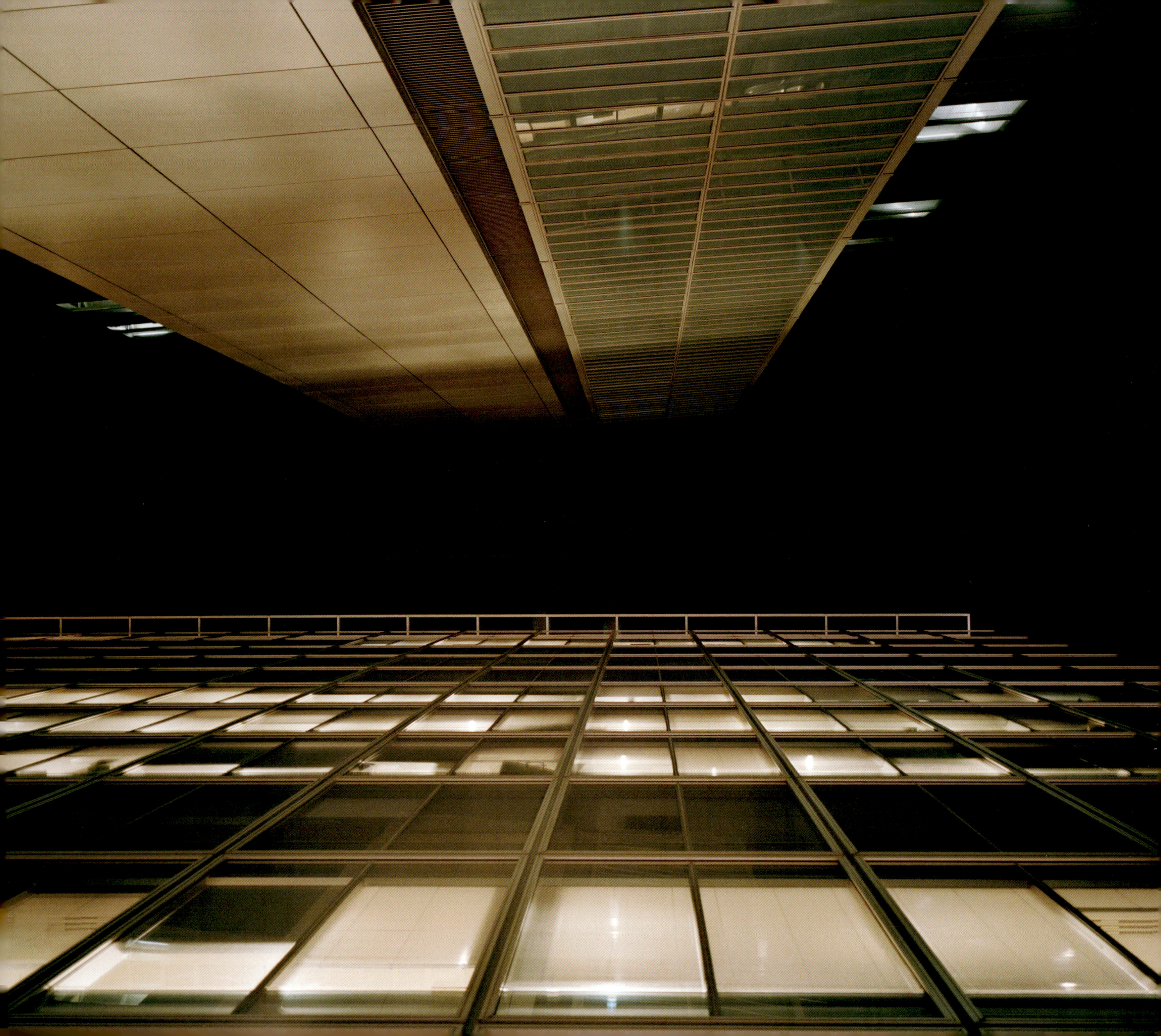

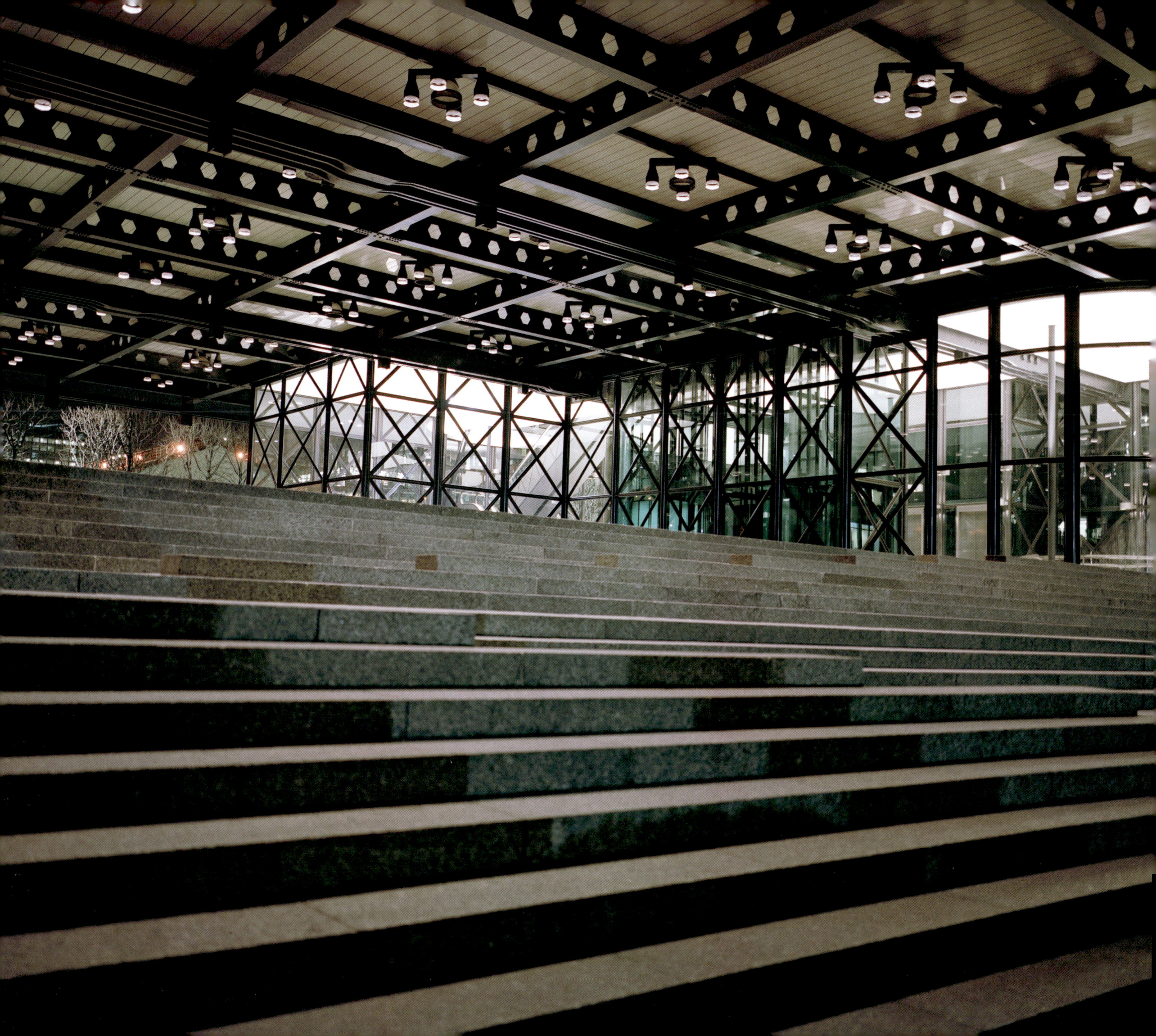

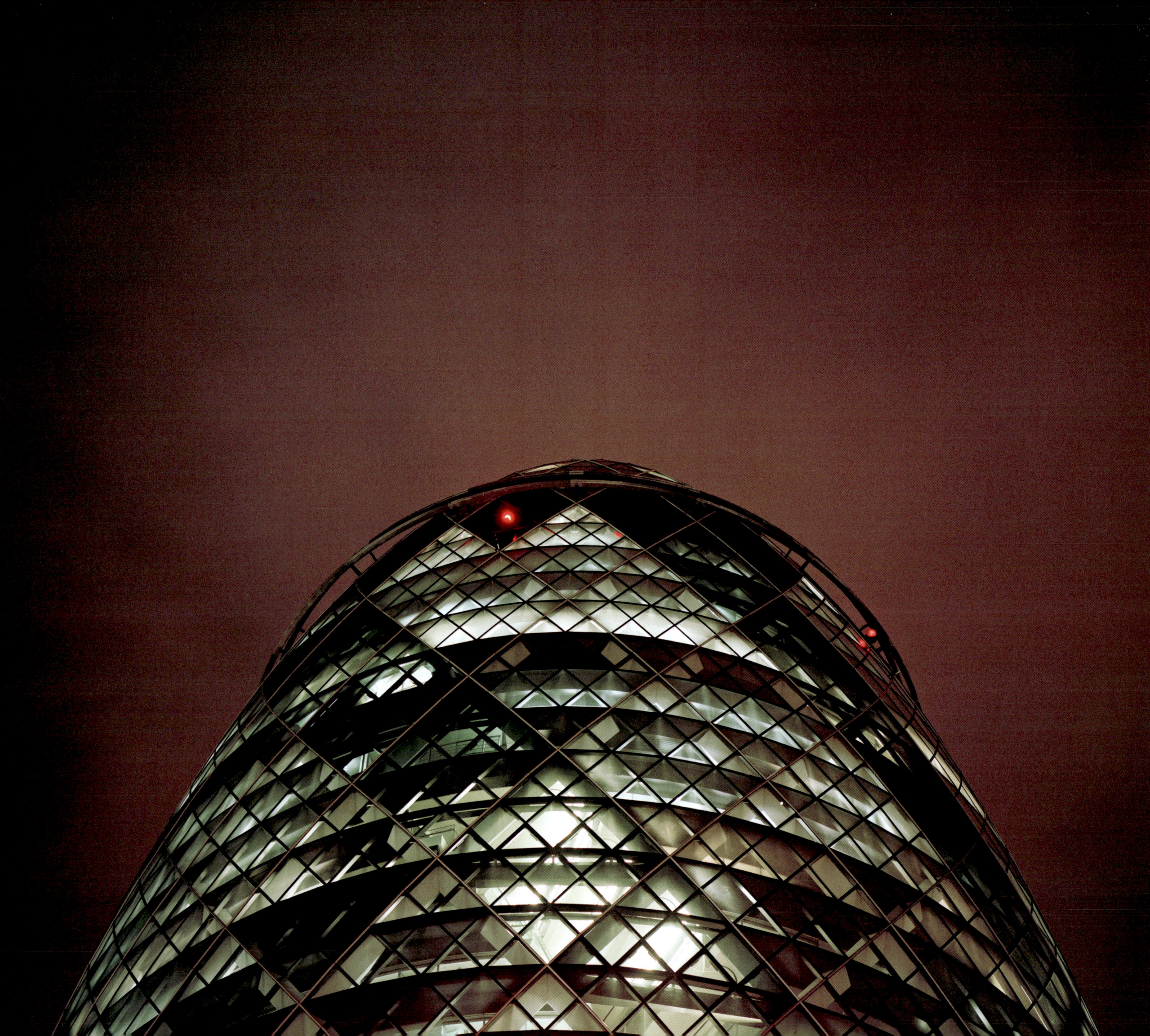

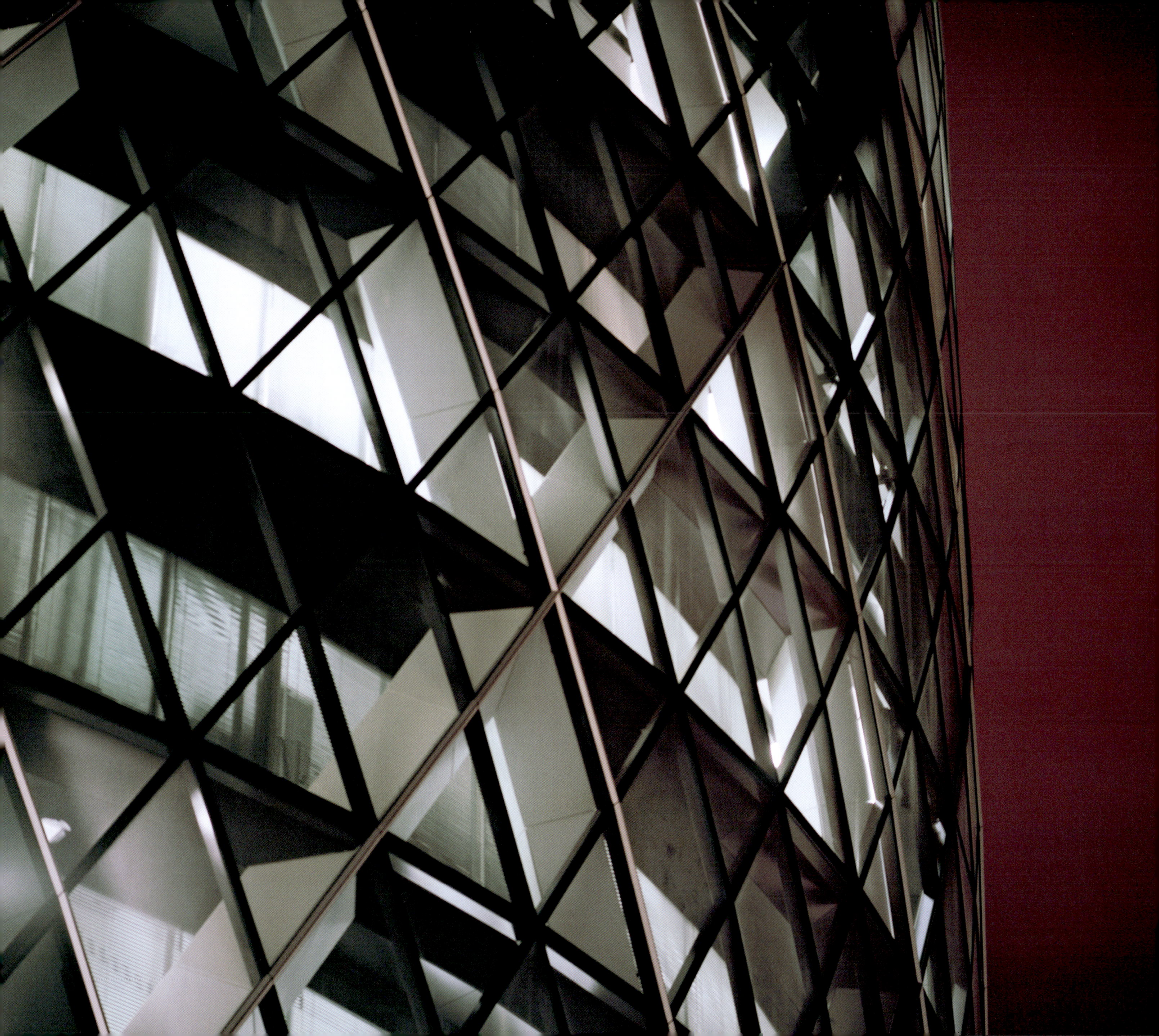

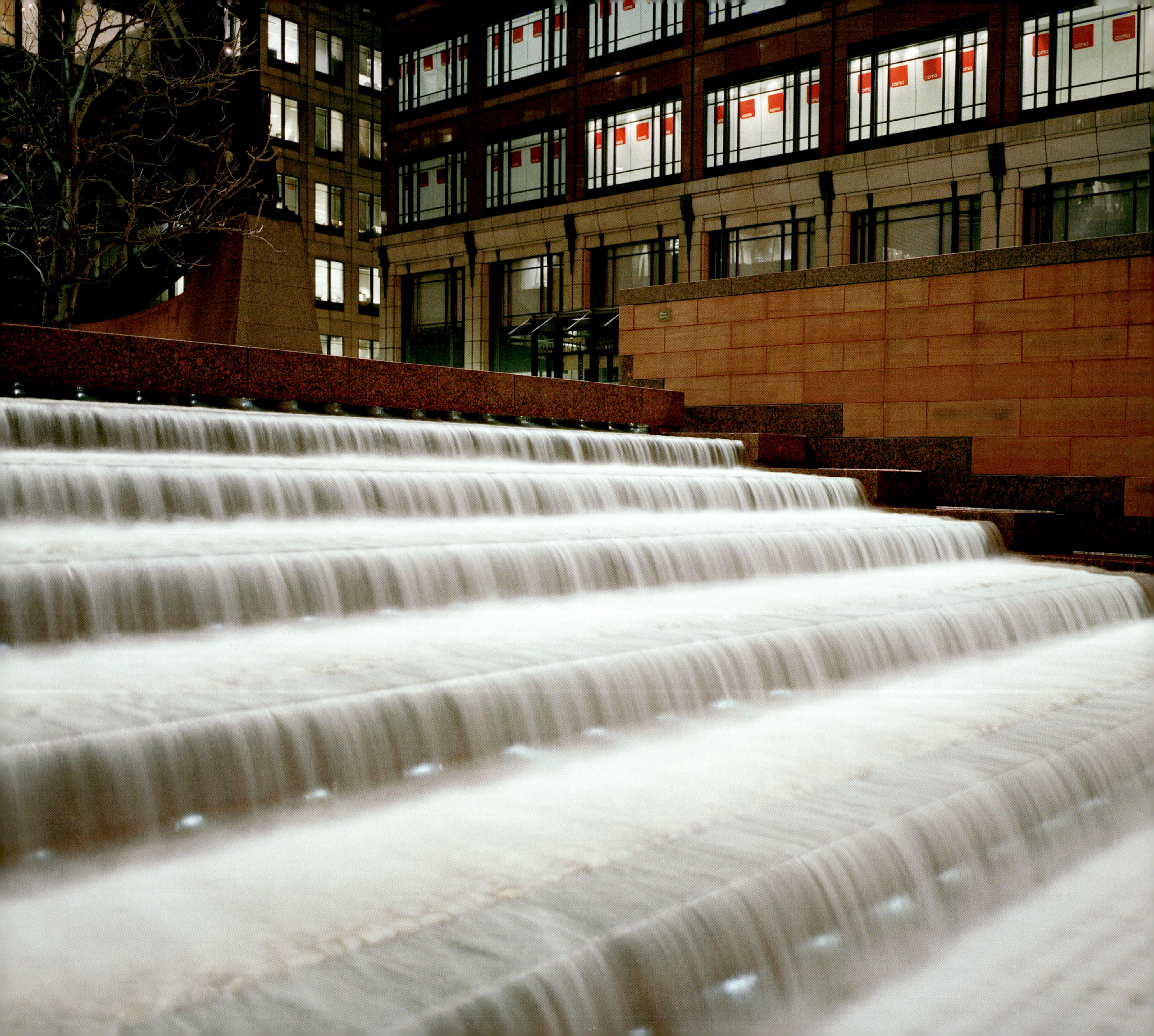

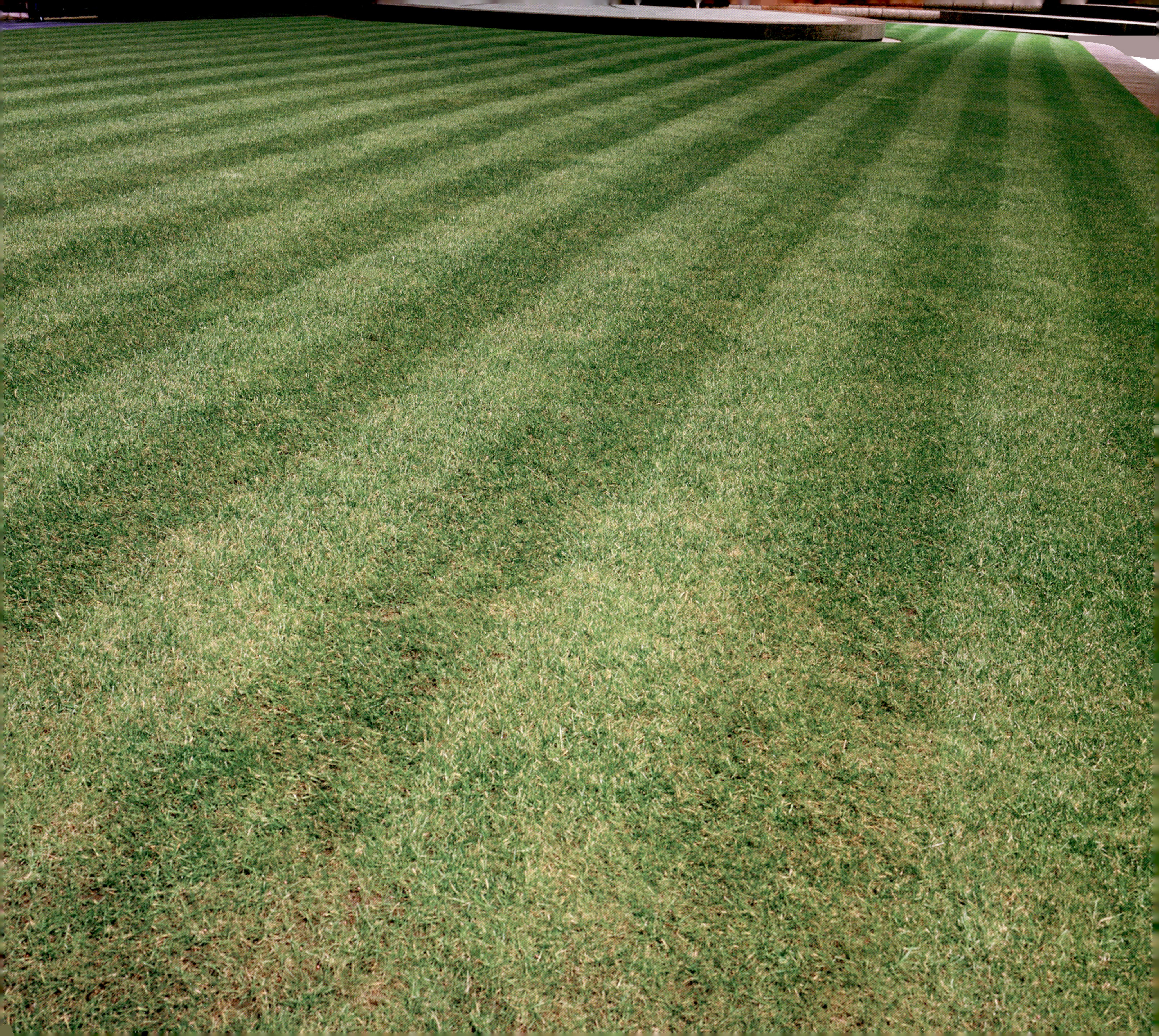

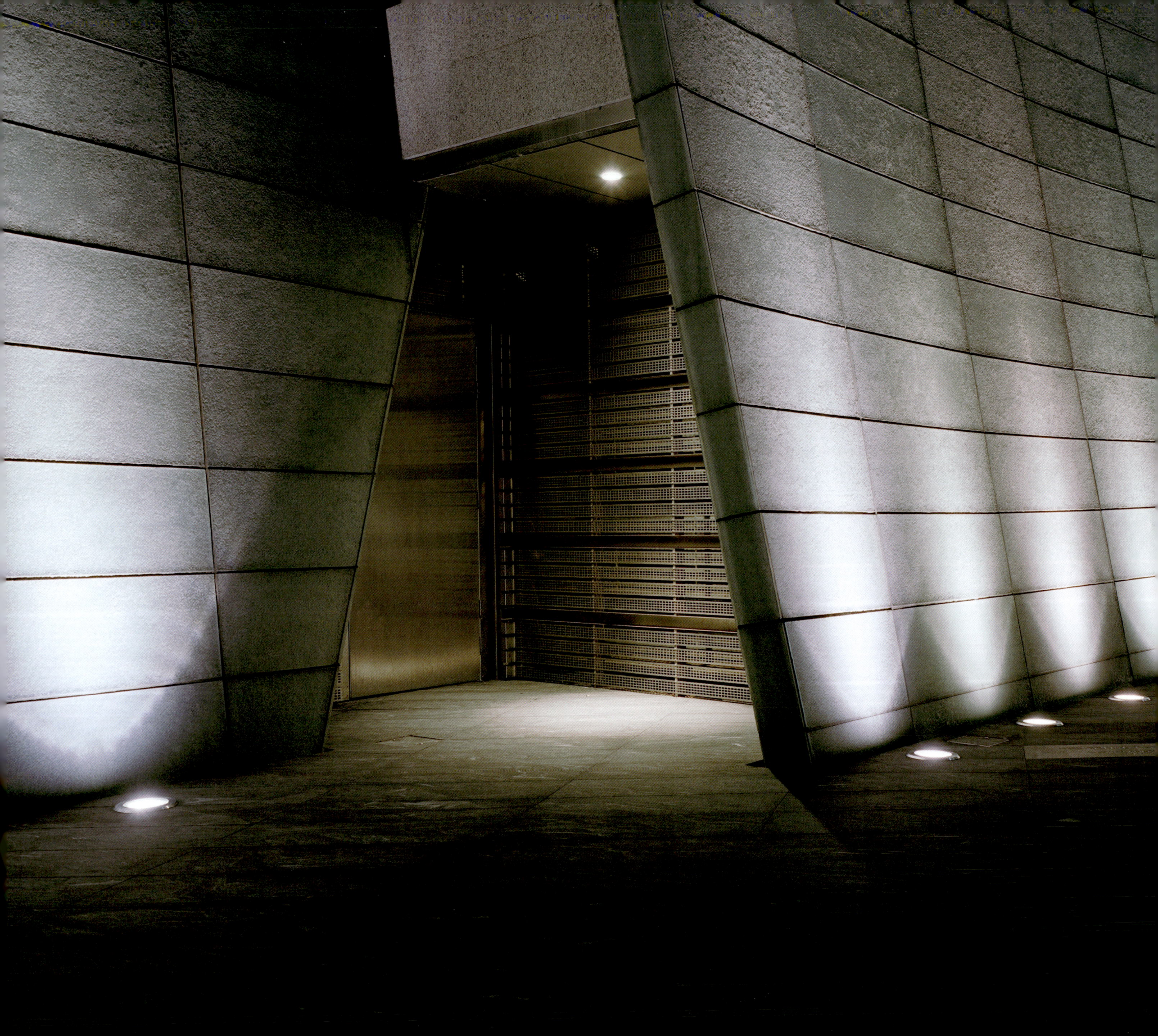

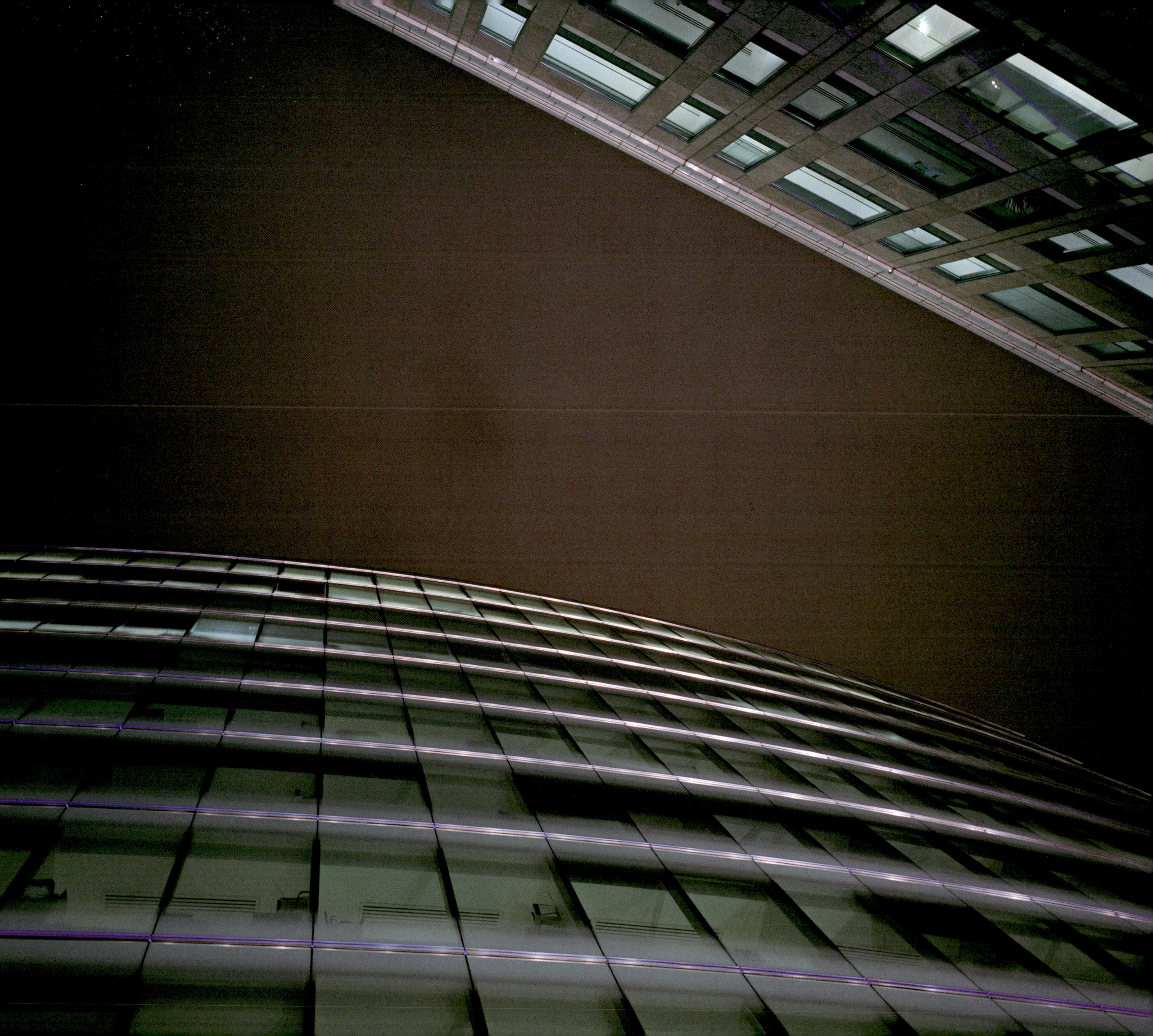

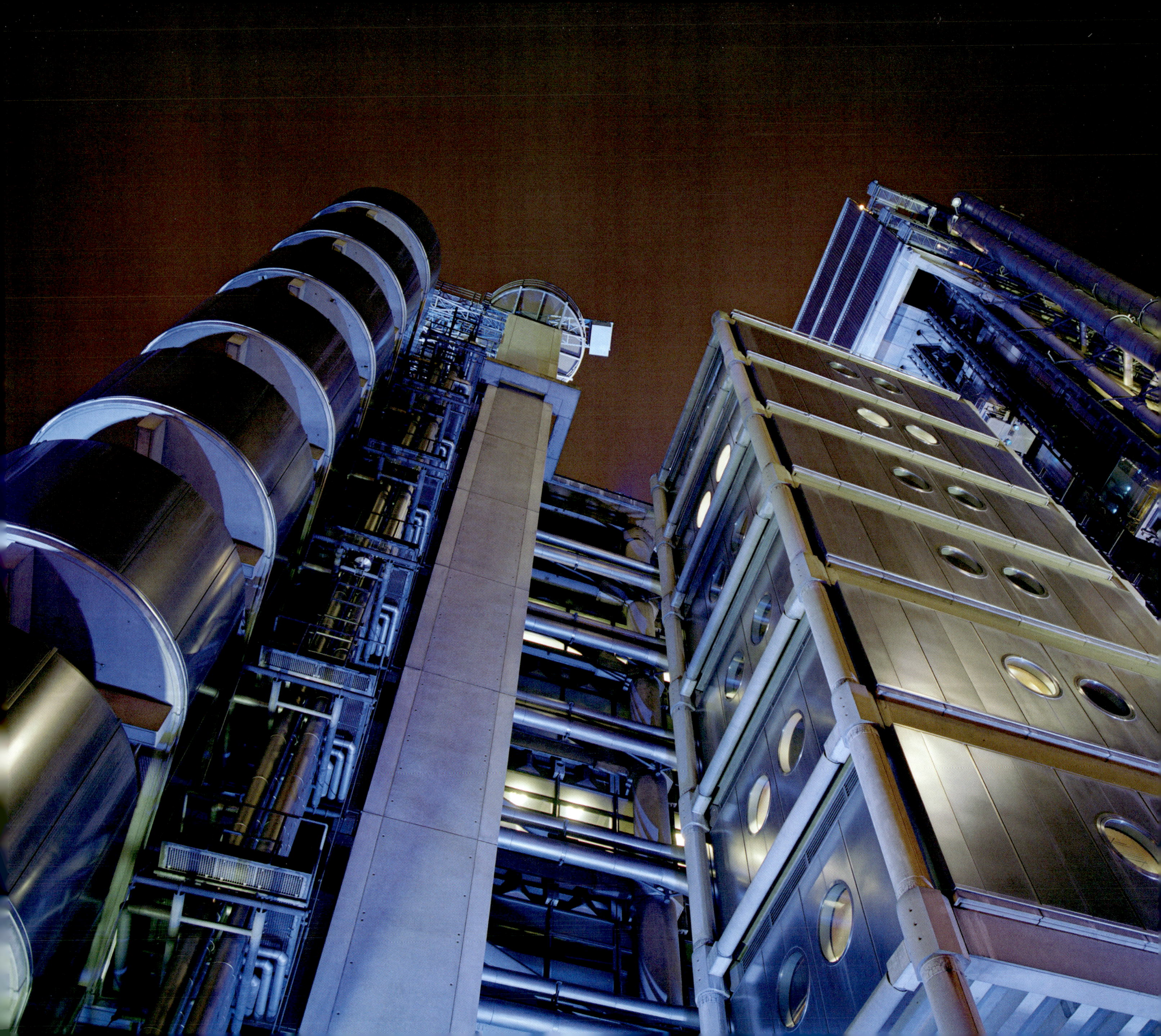

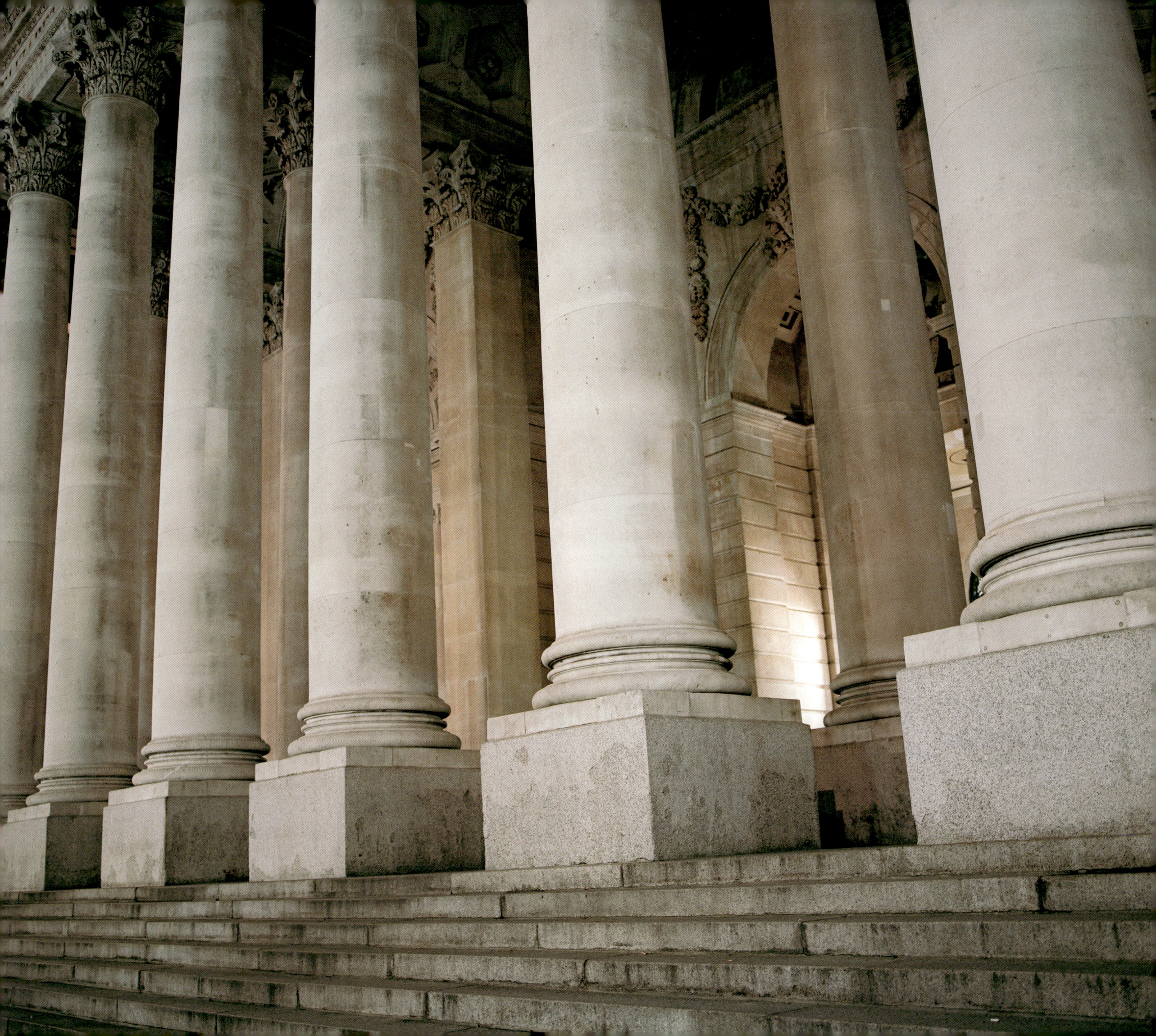

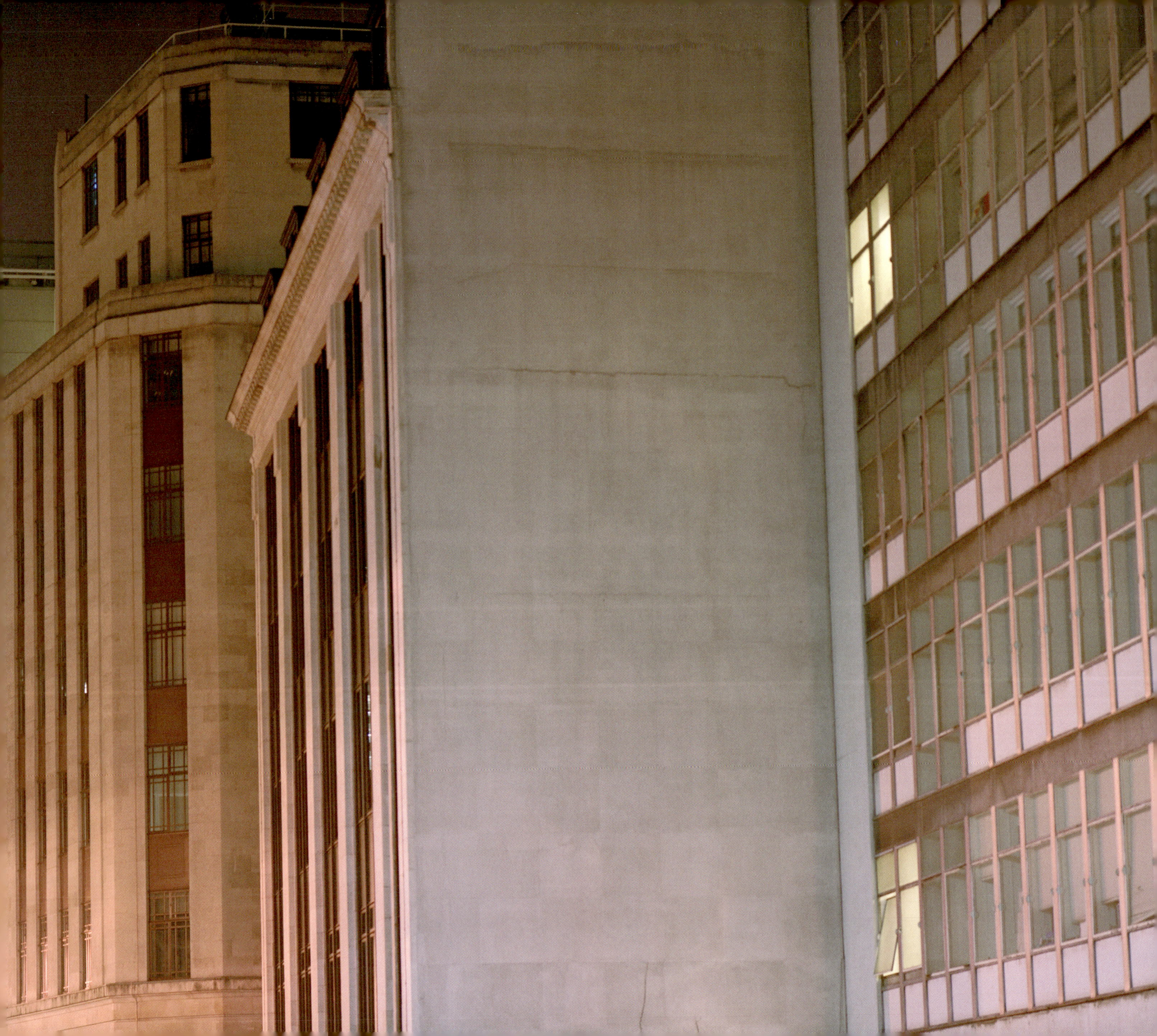

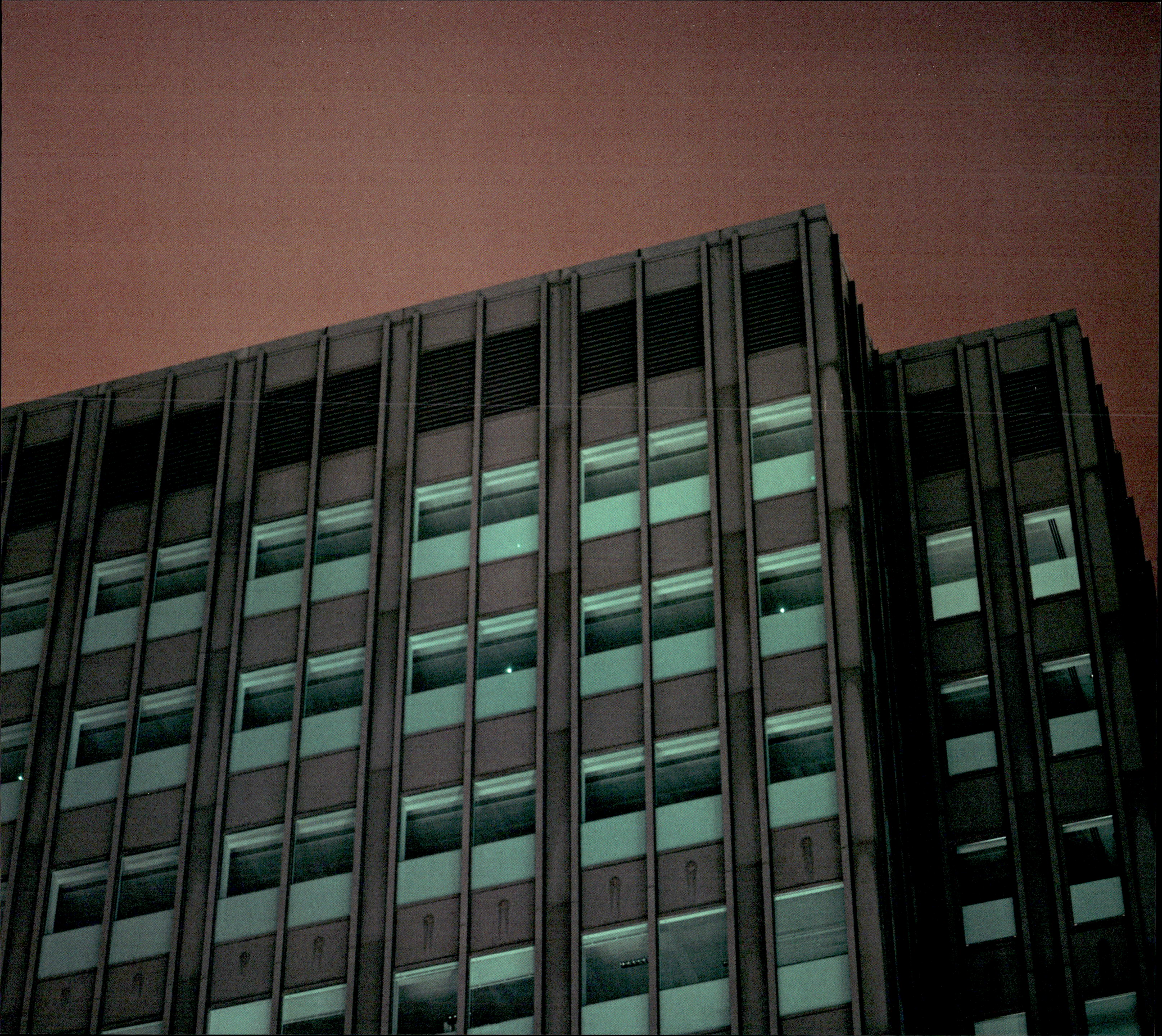

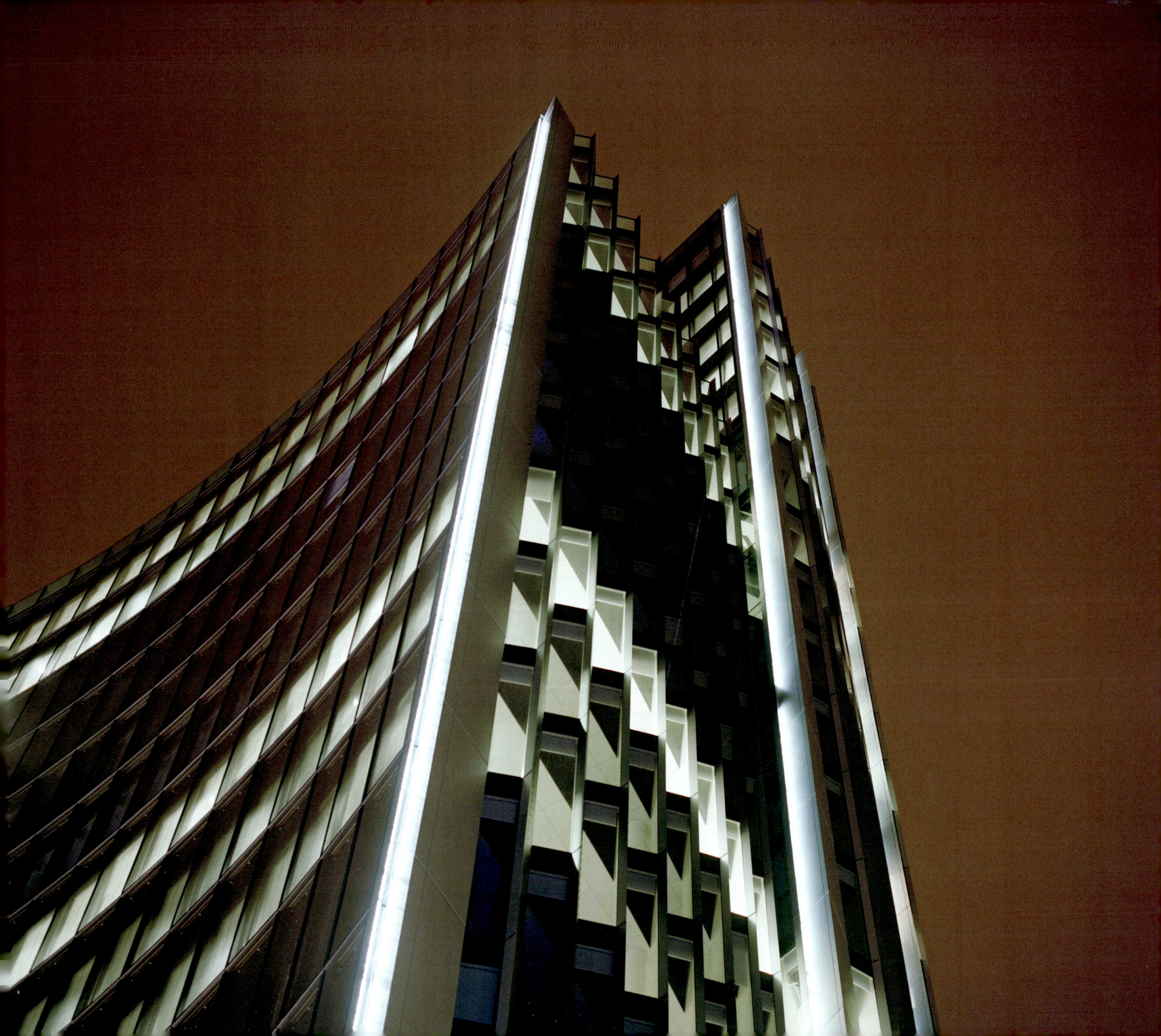

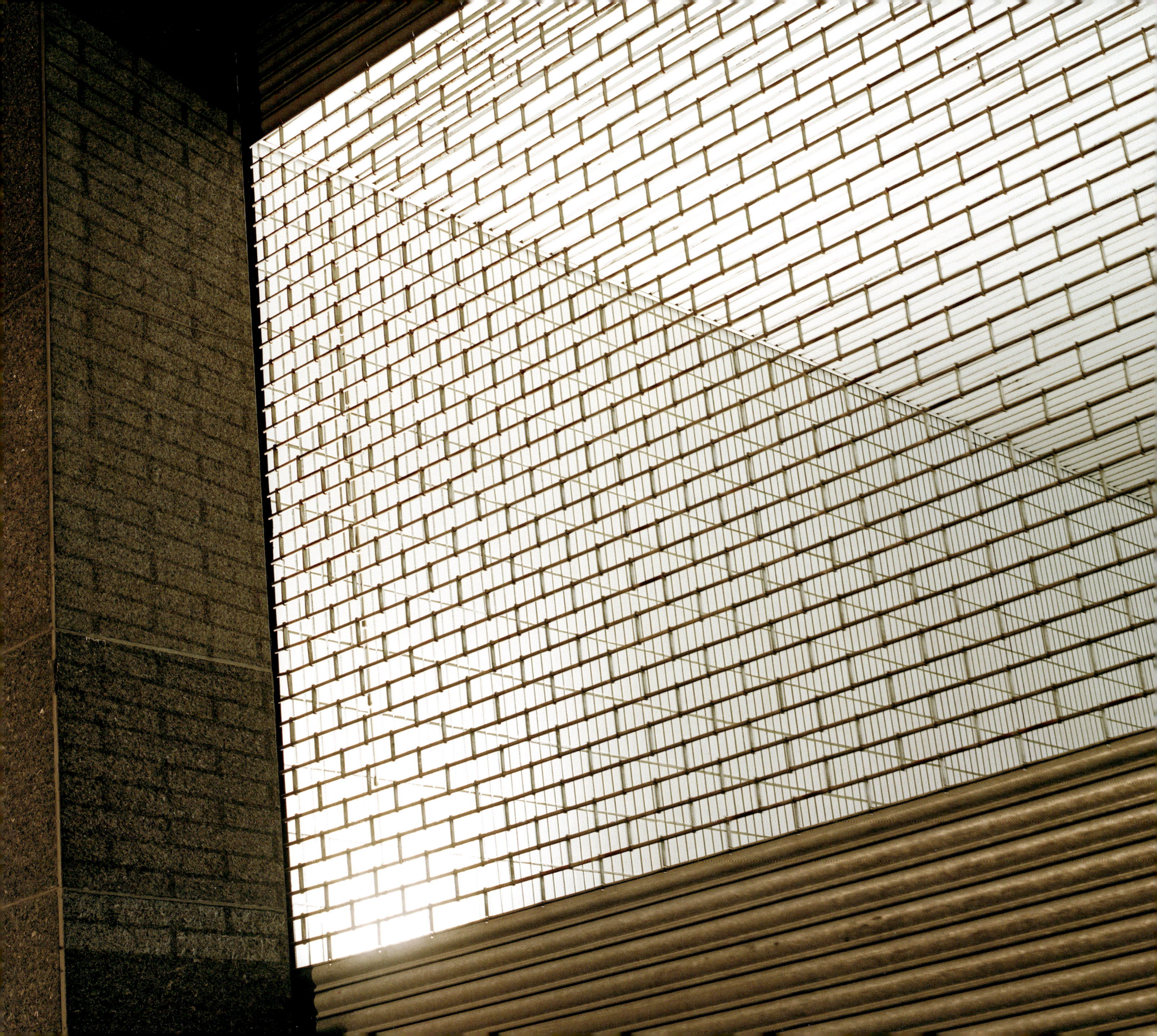

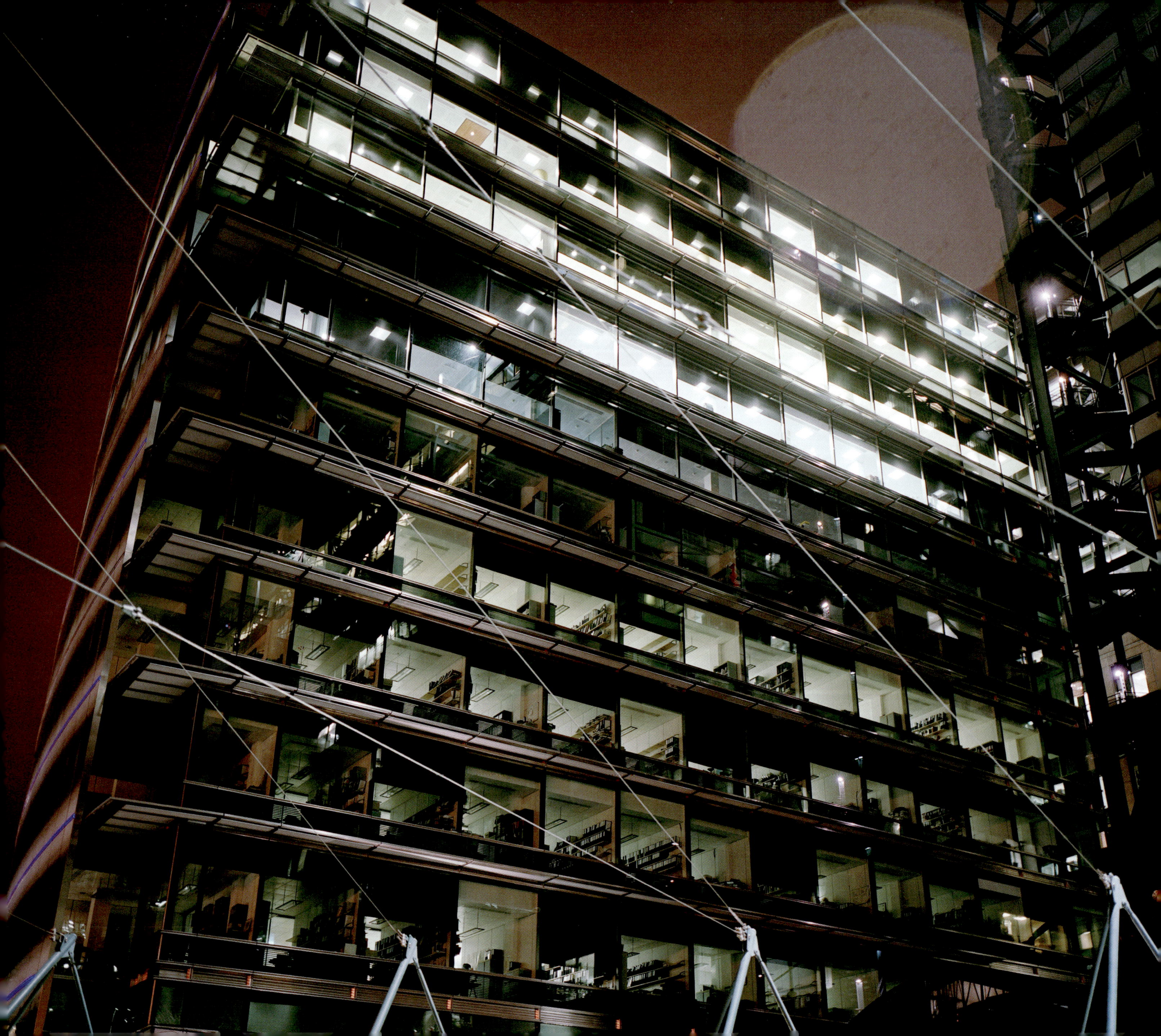

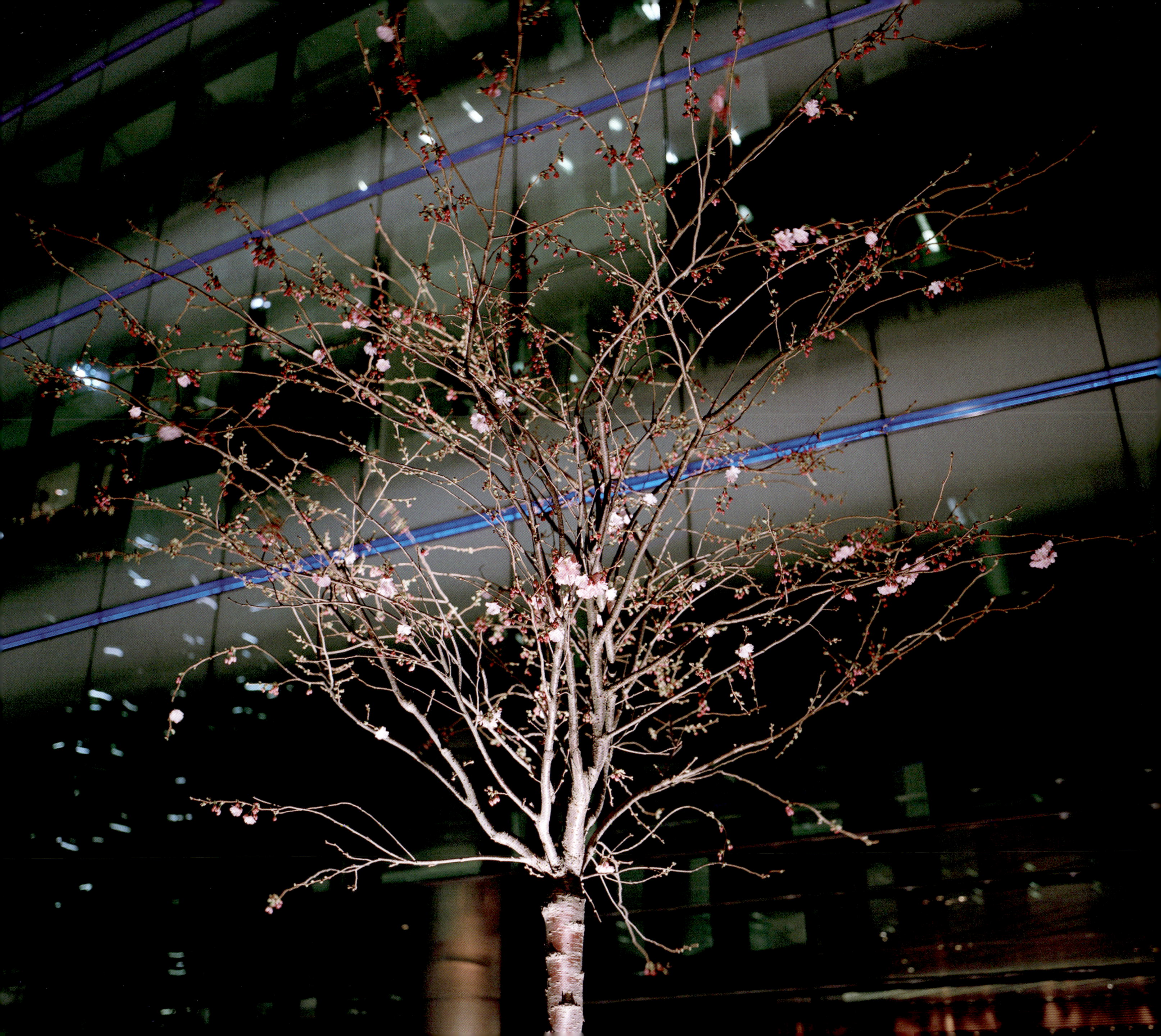

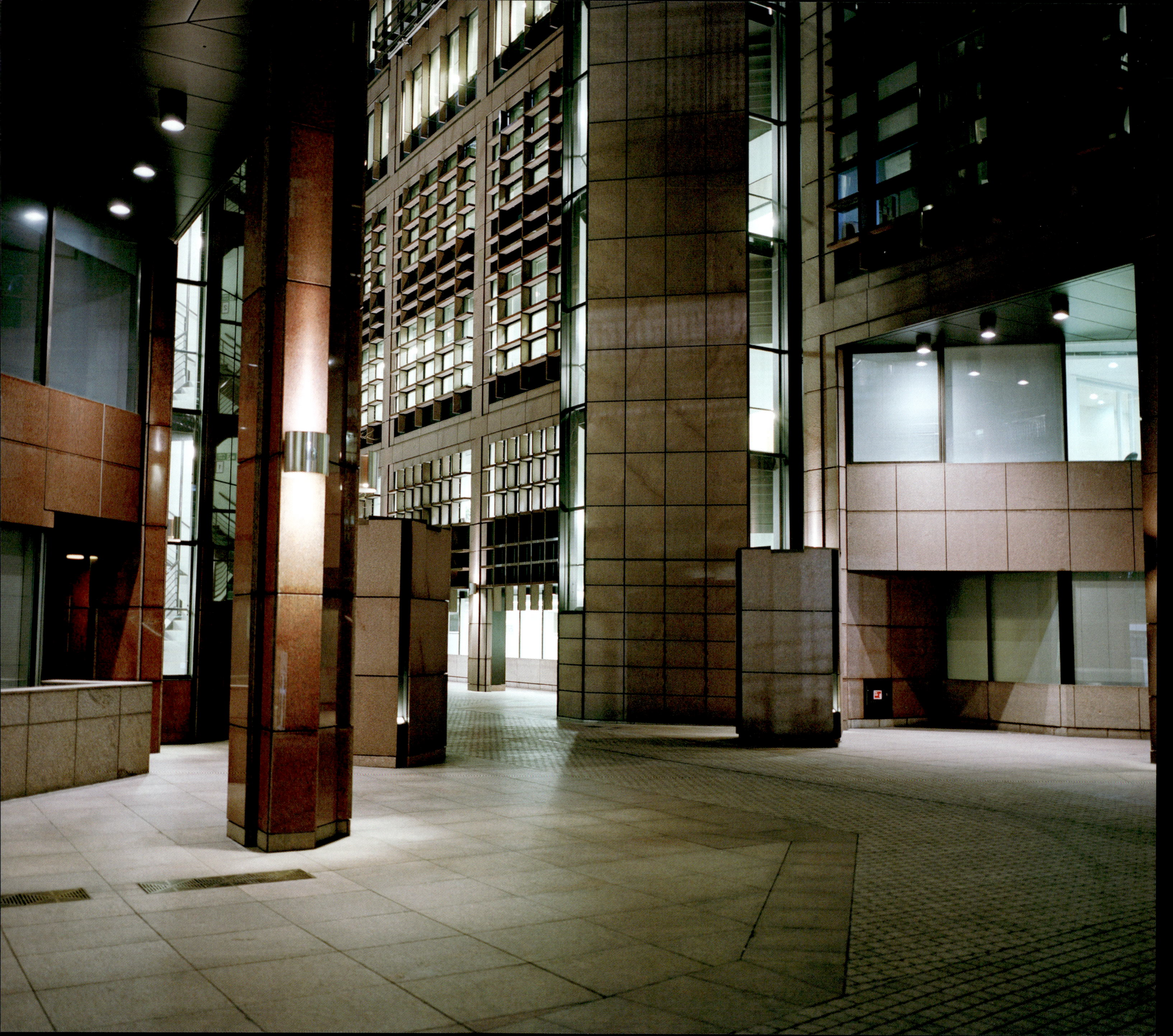

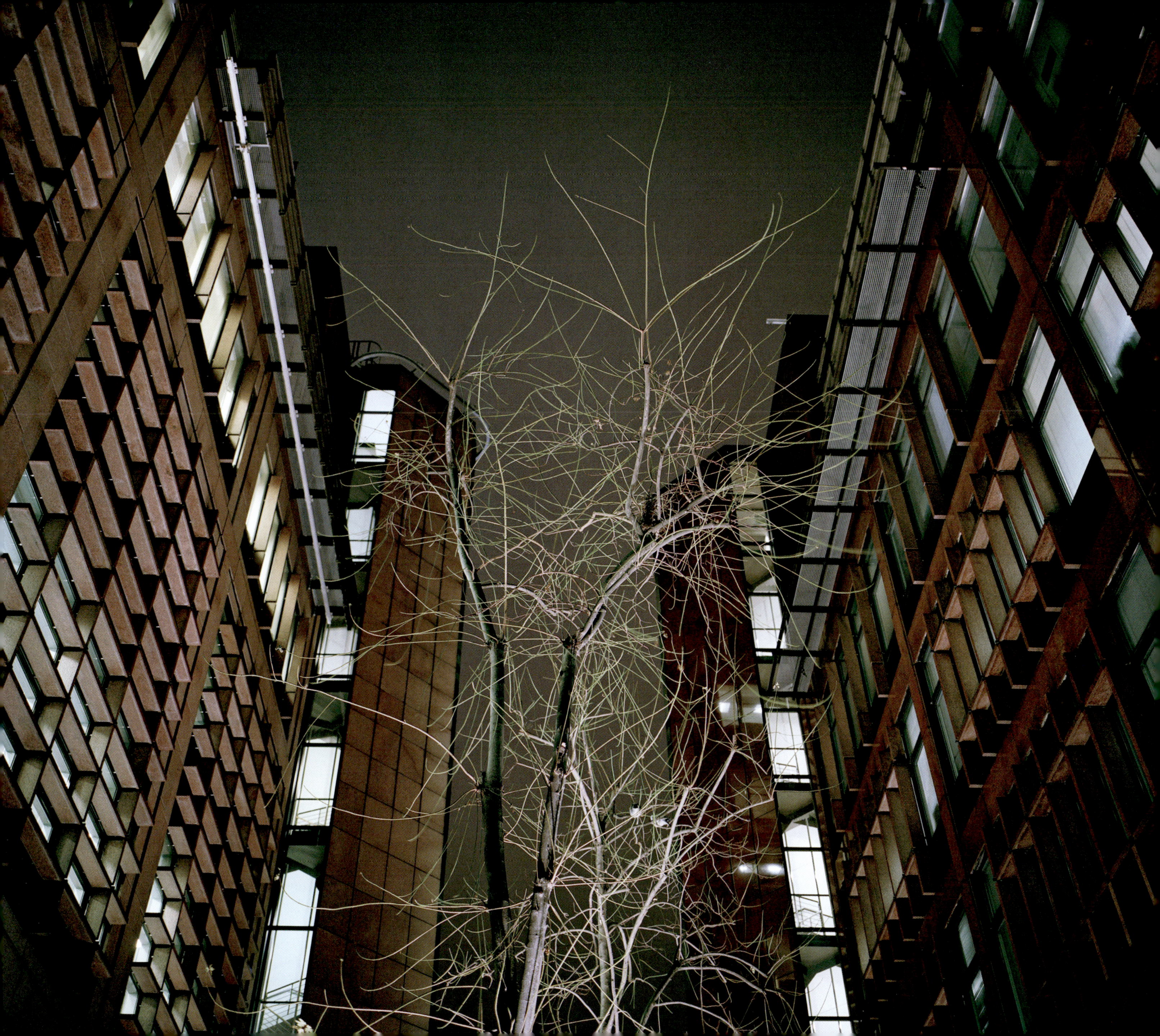

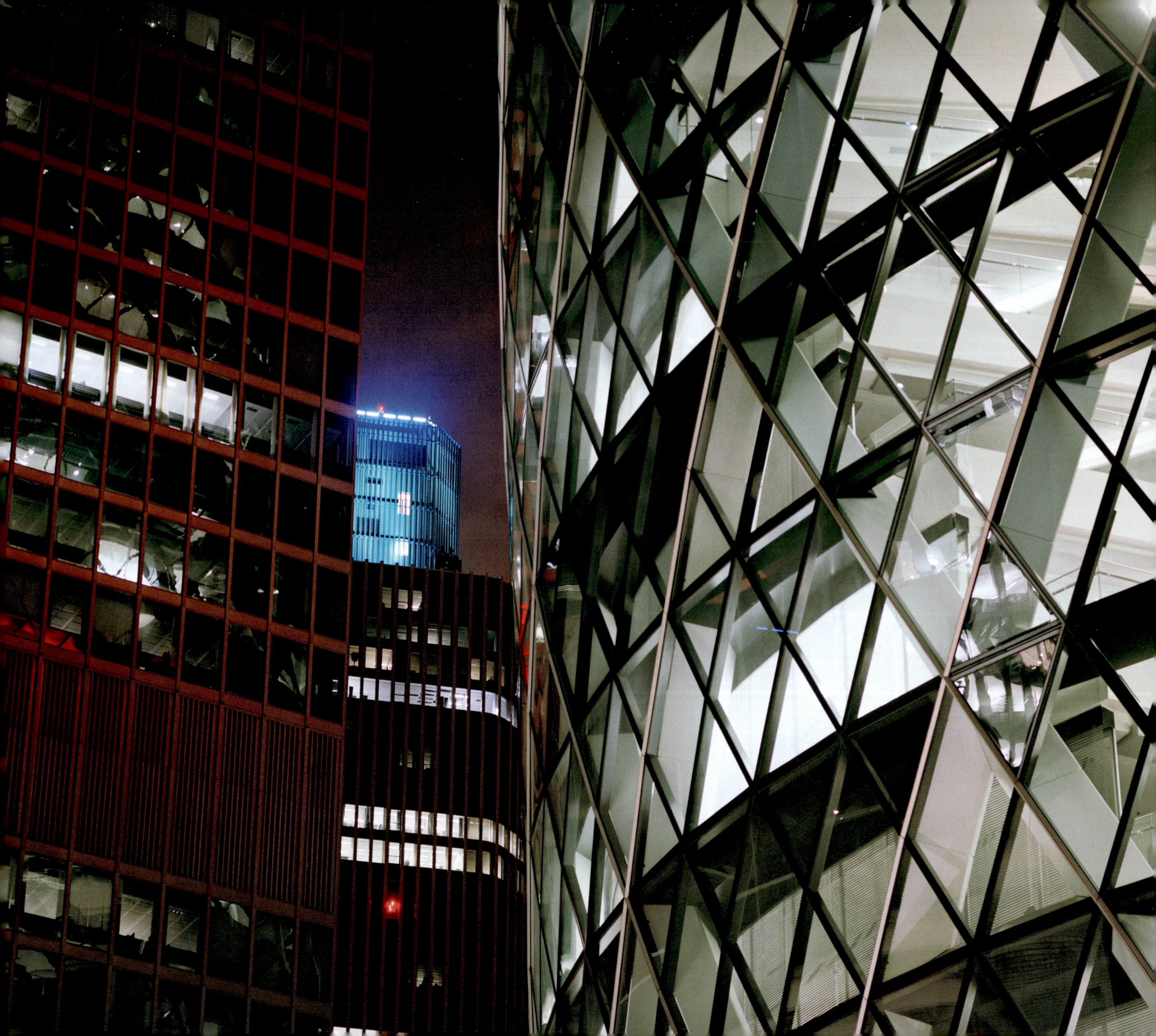

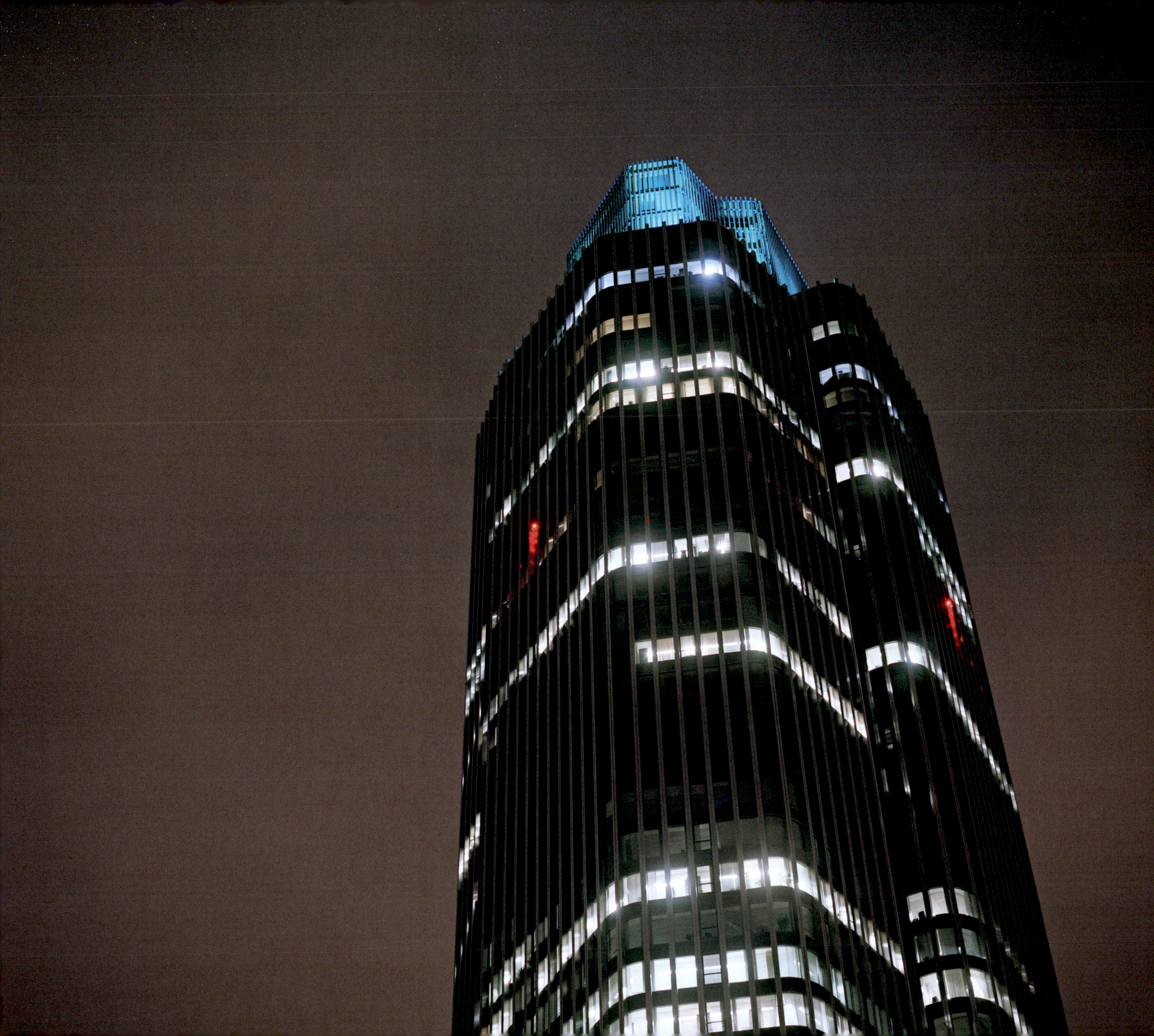

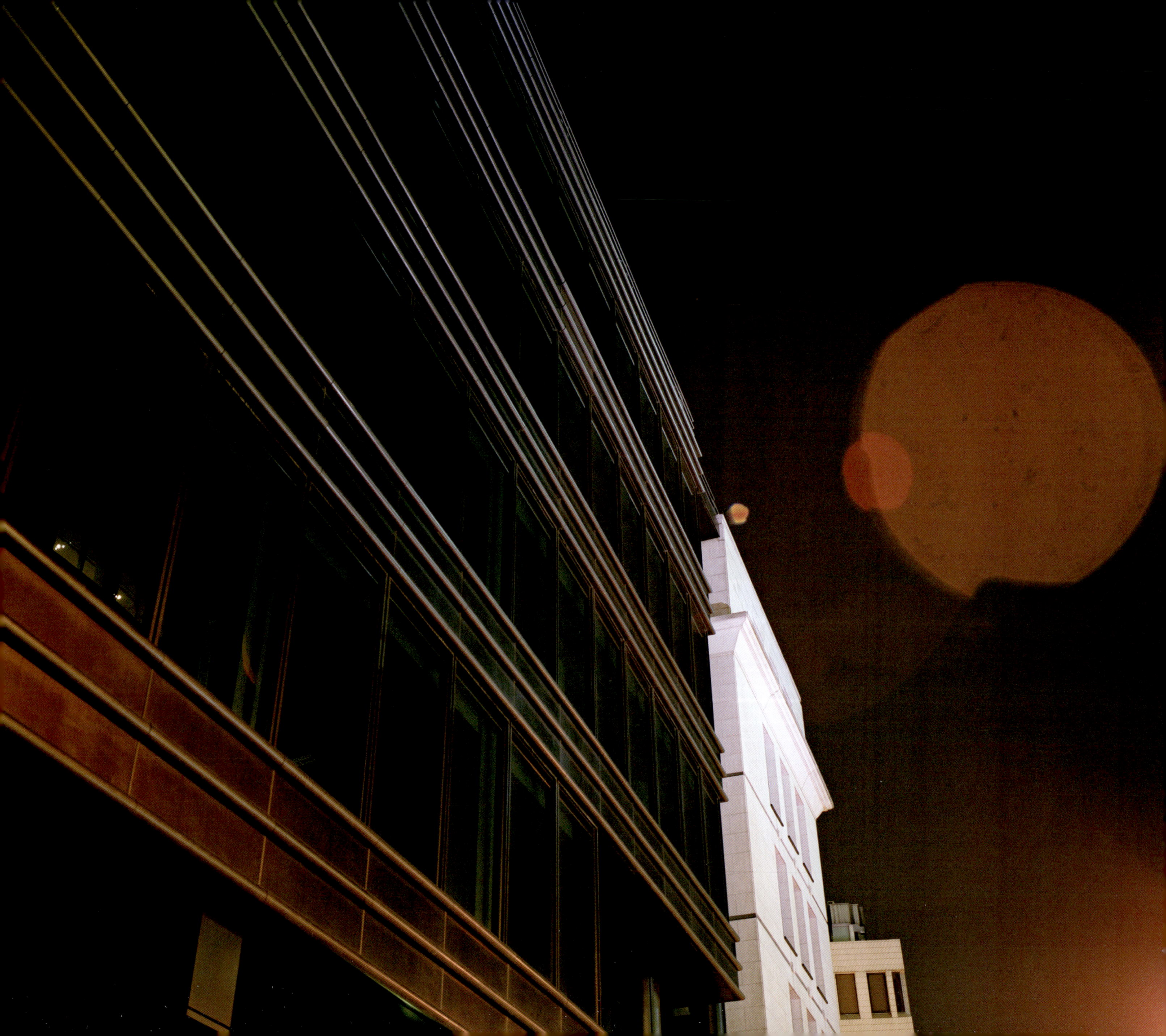

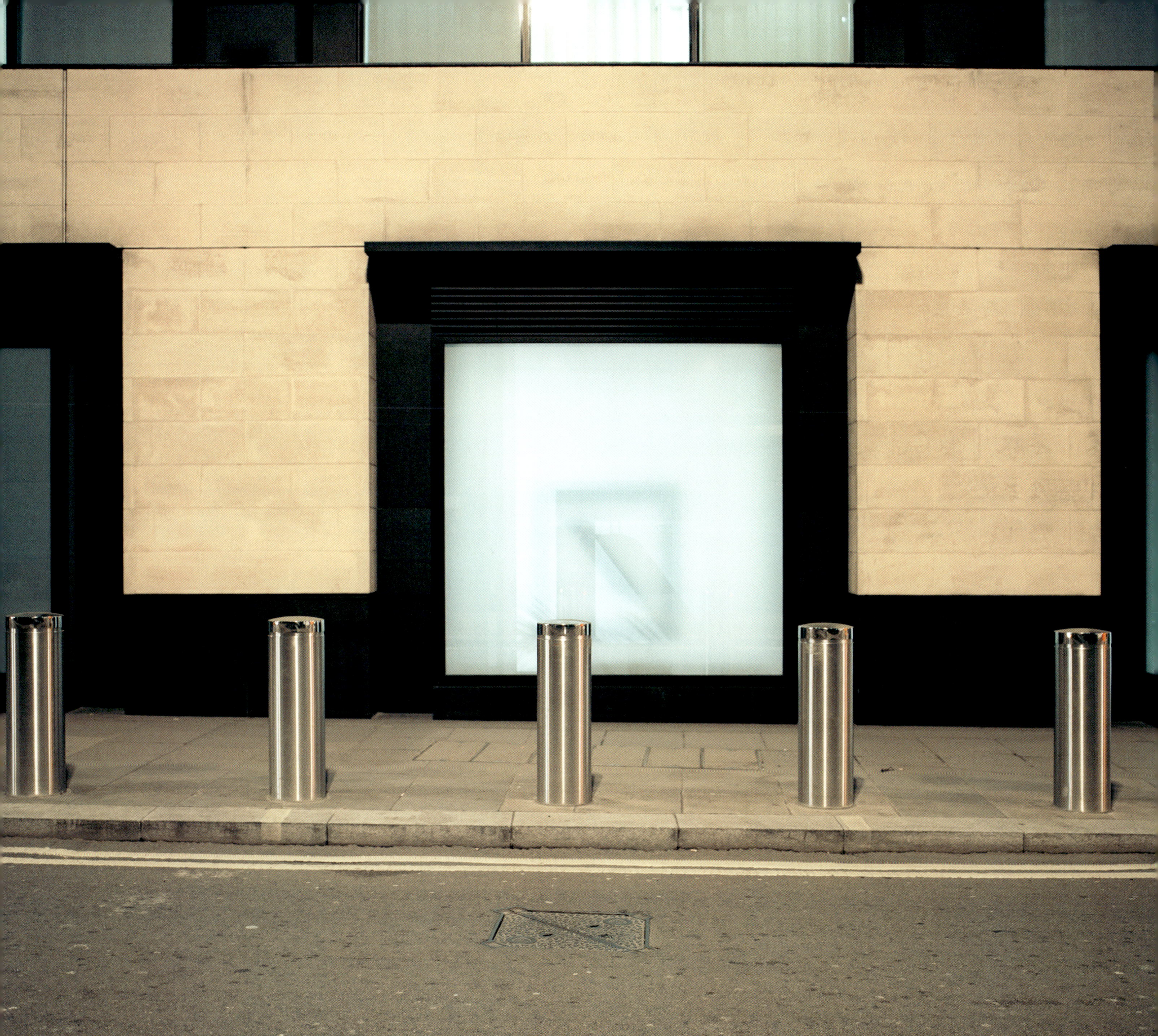

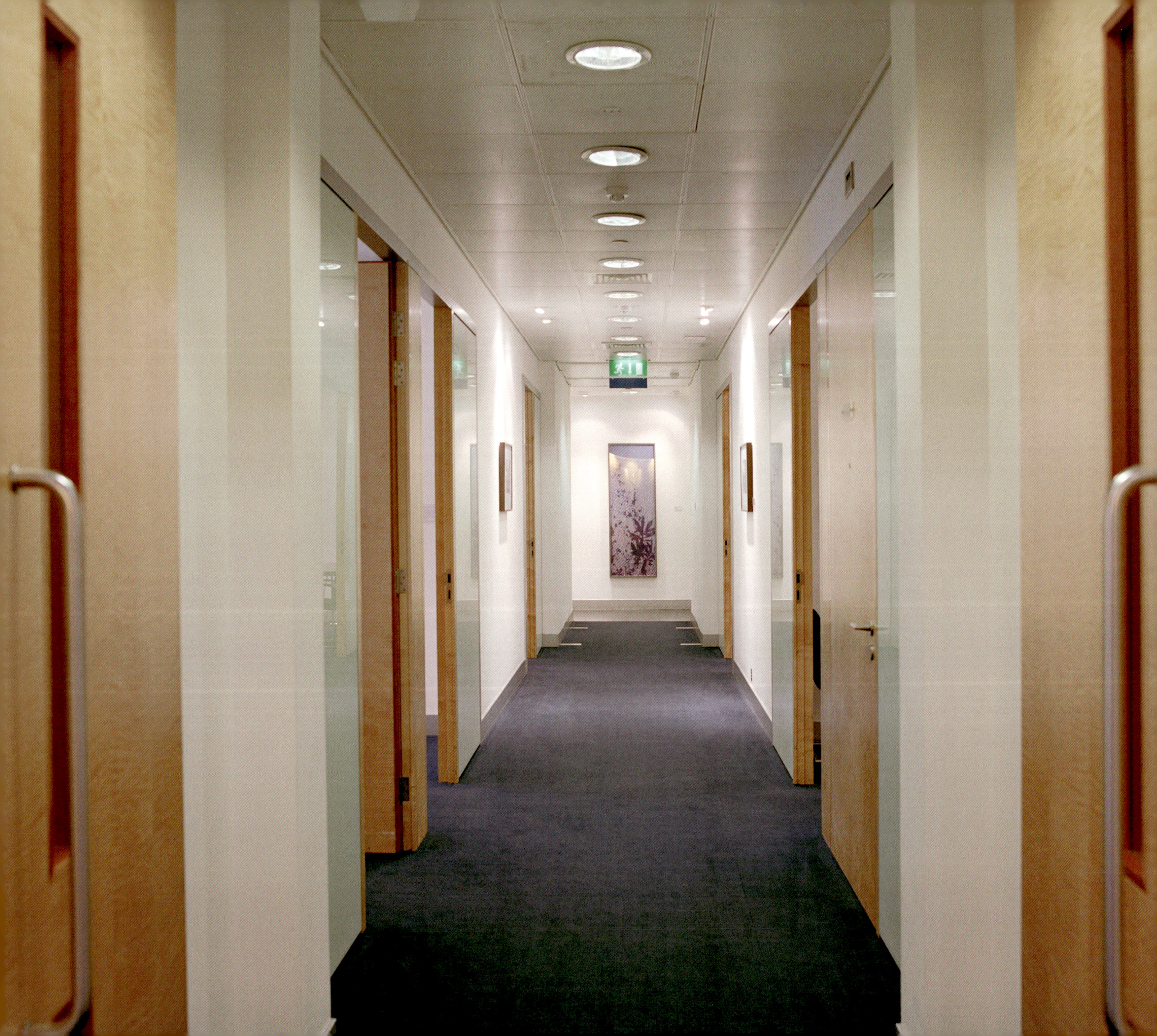

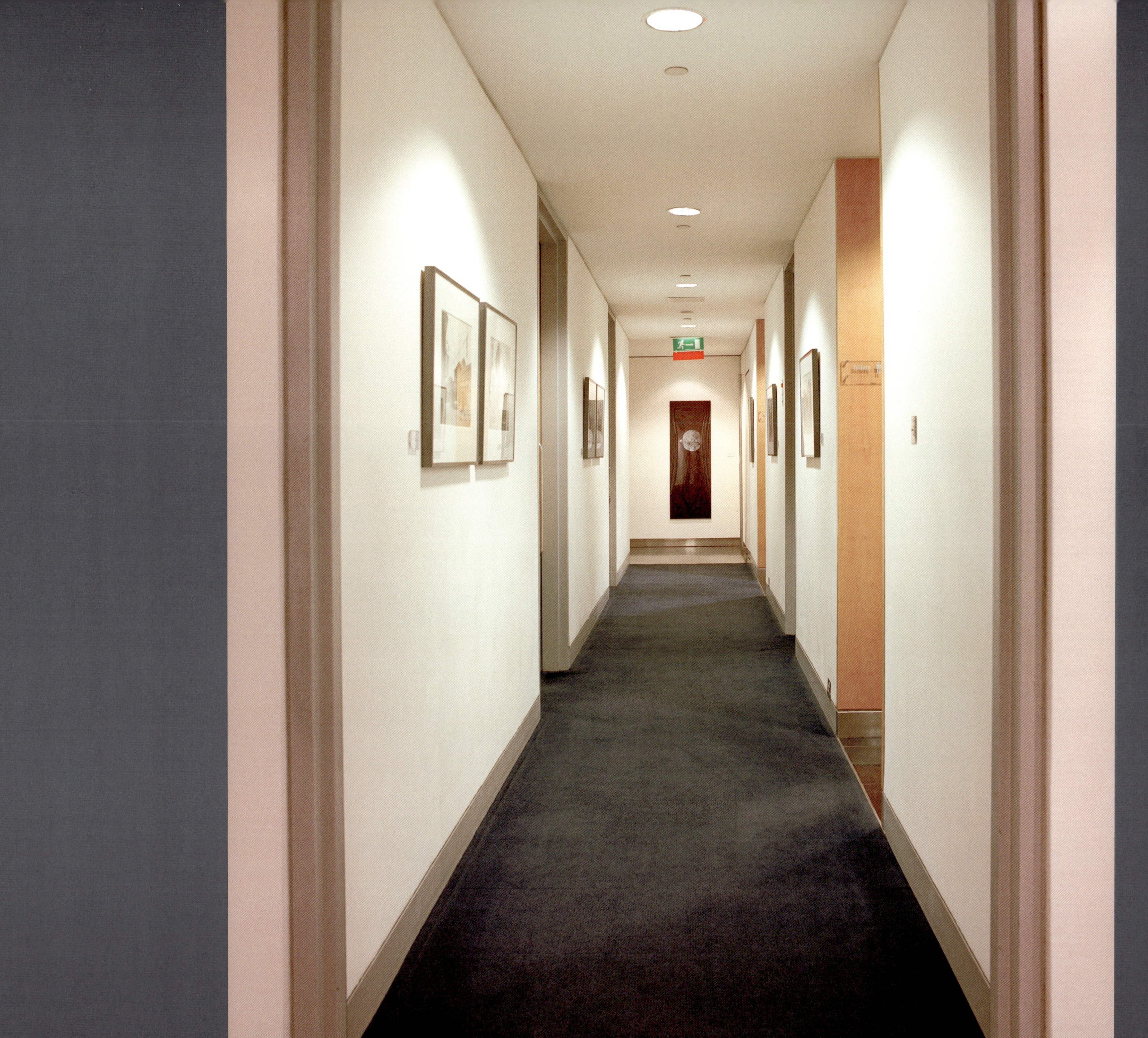

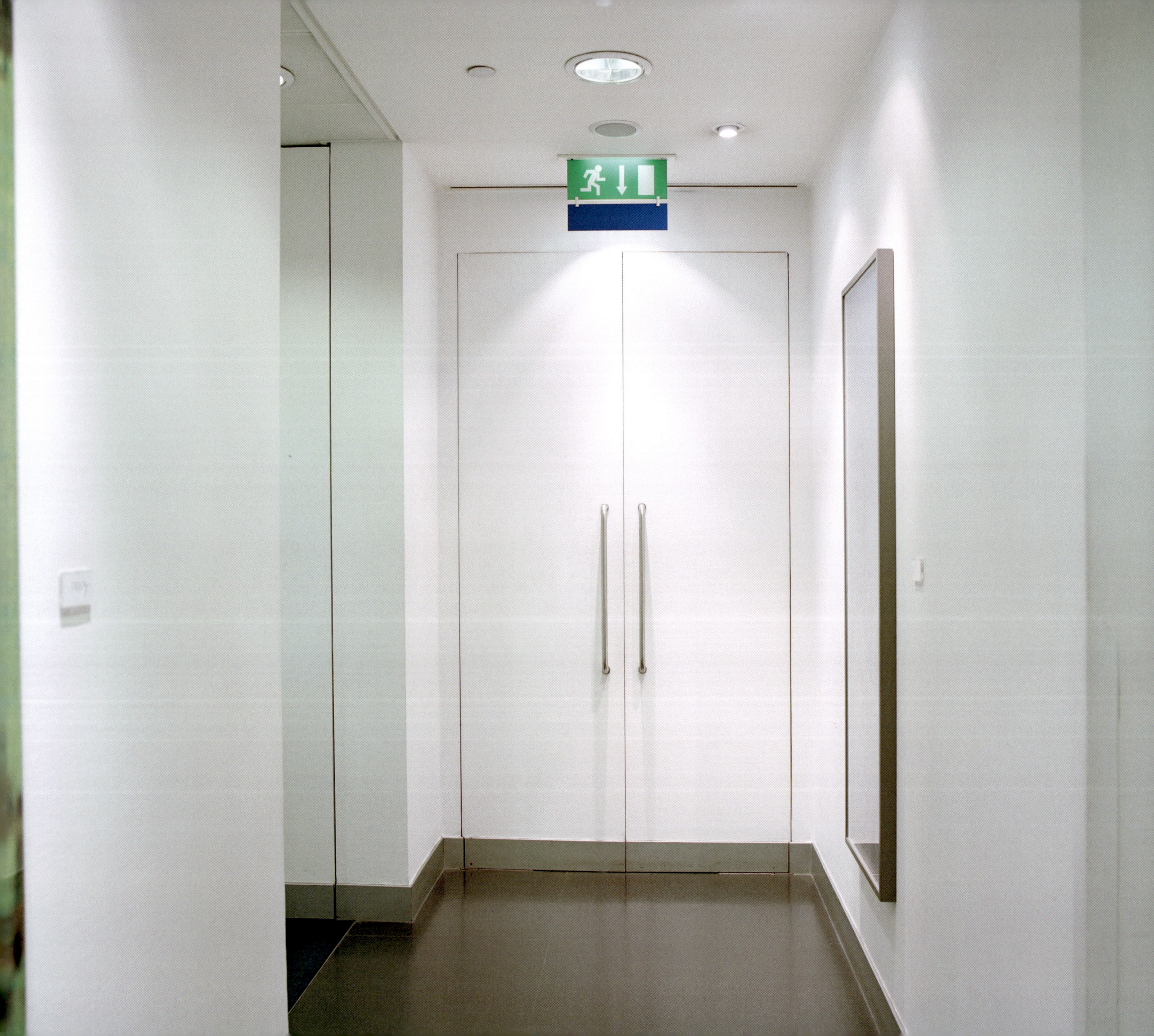

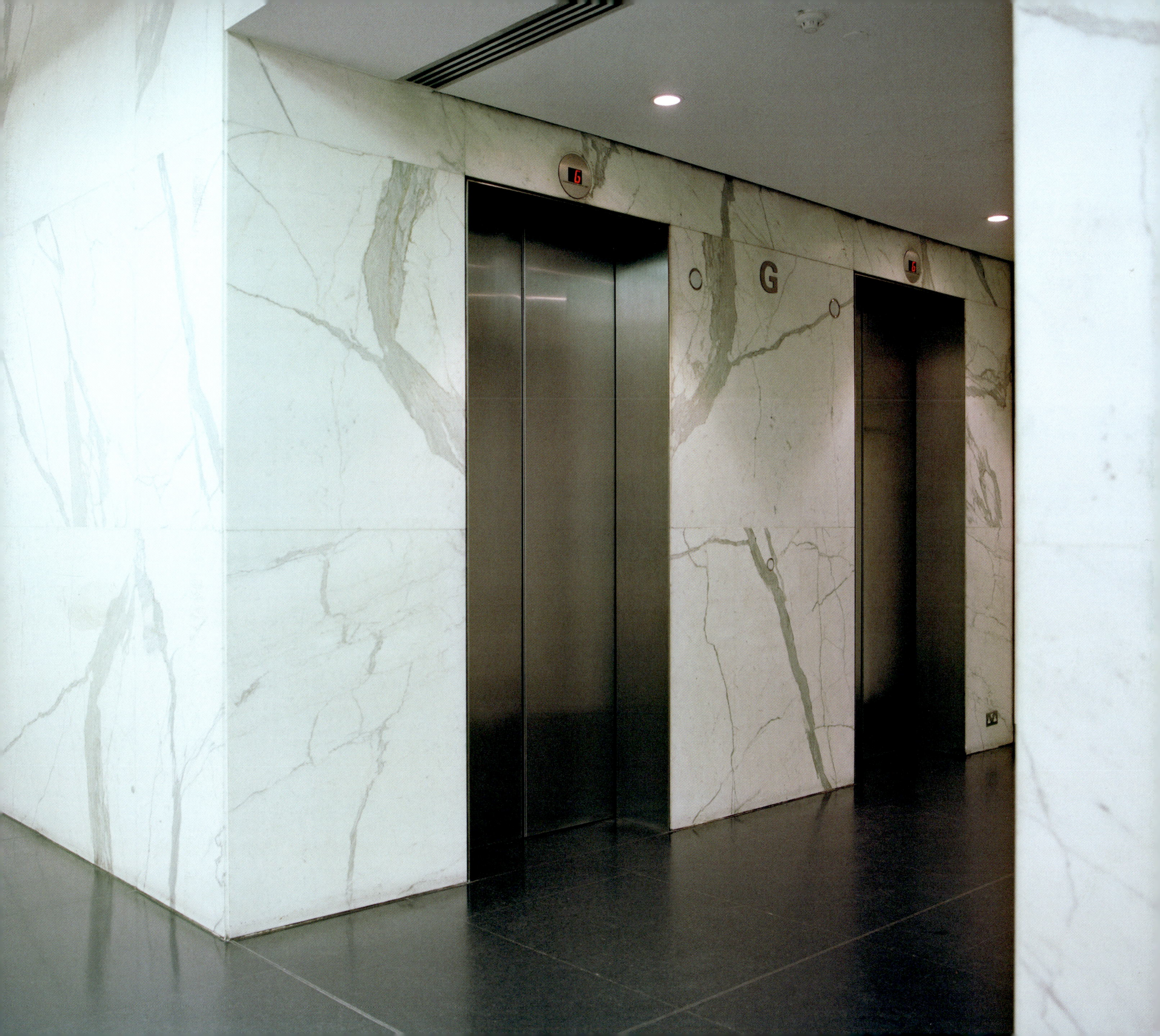
G

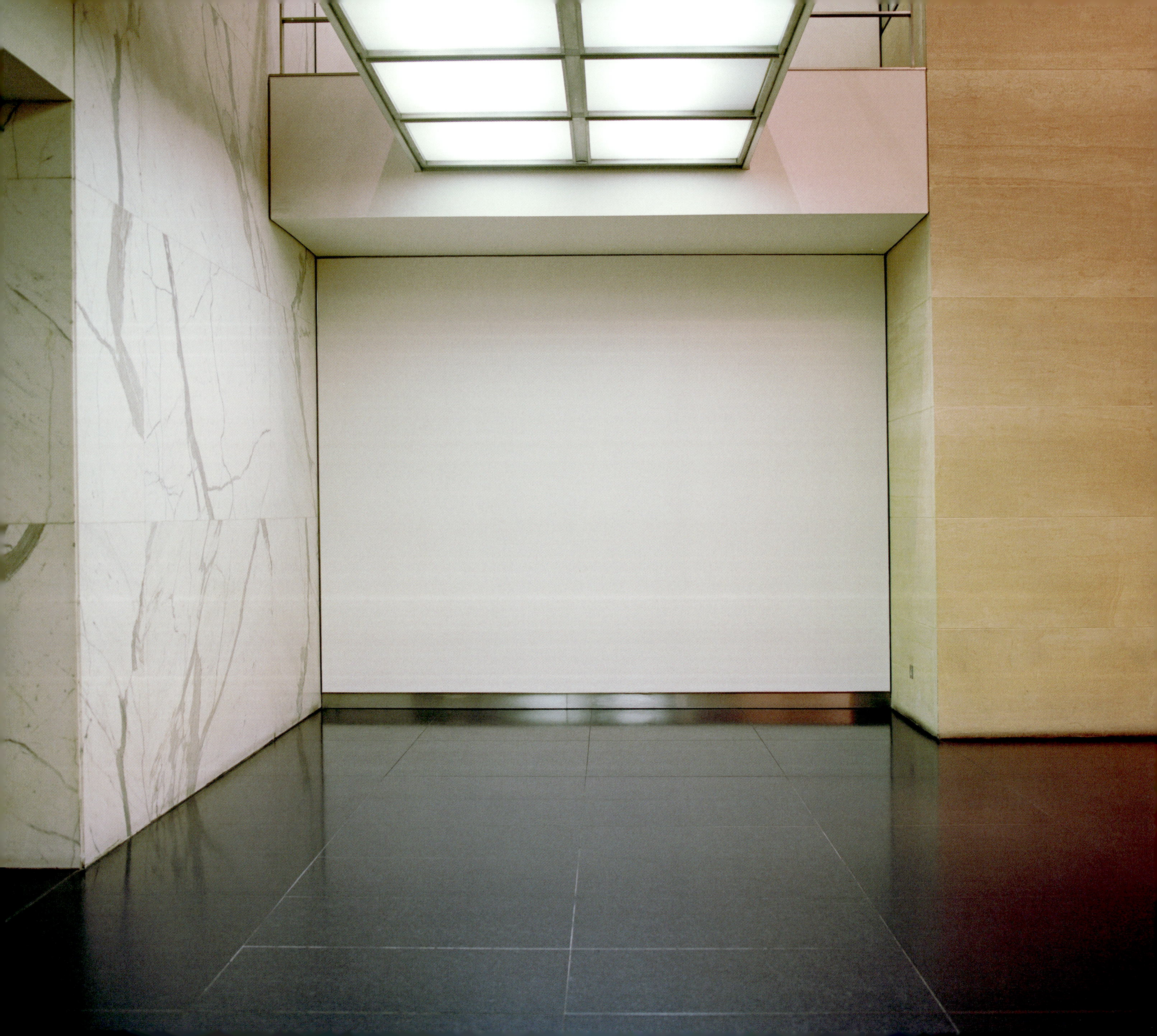

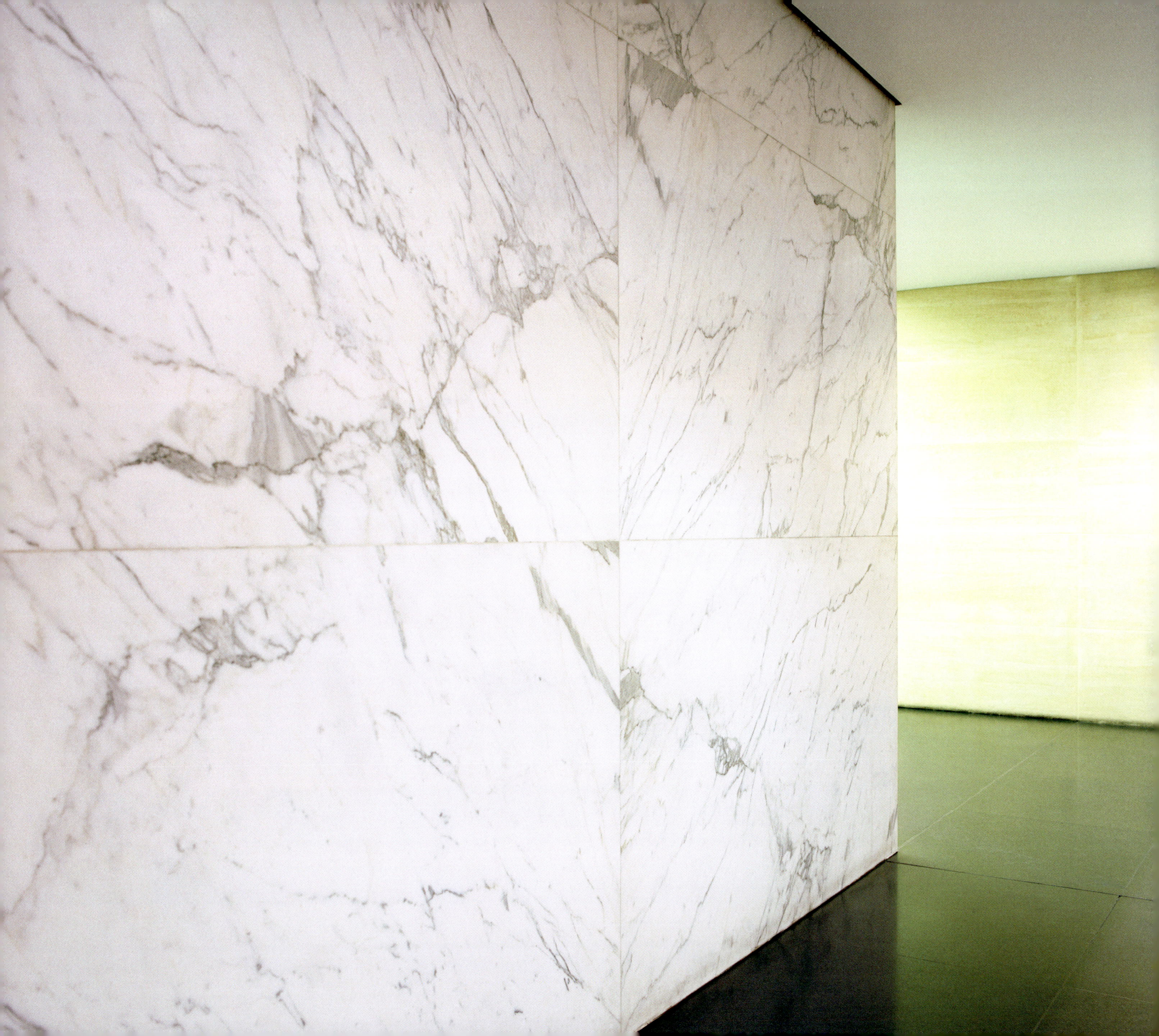

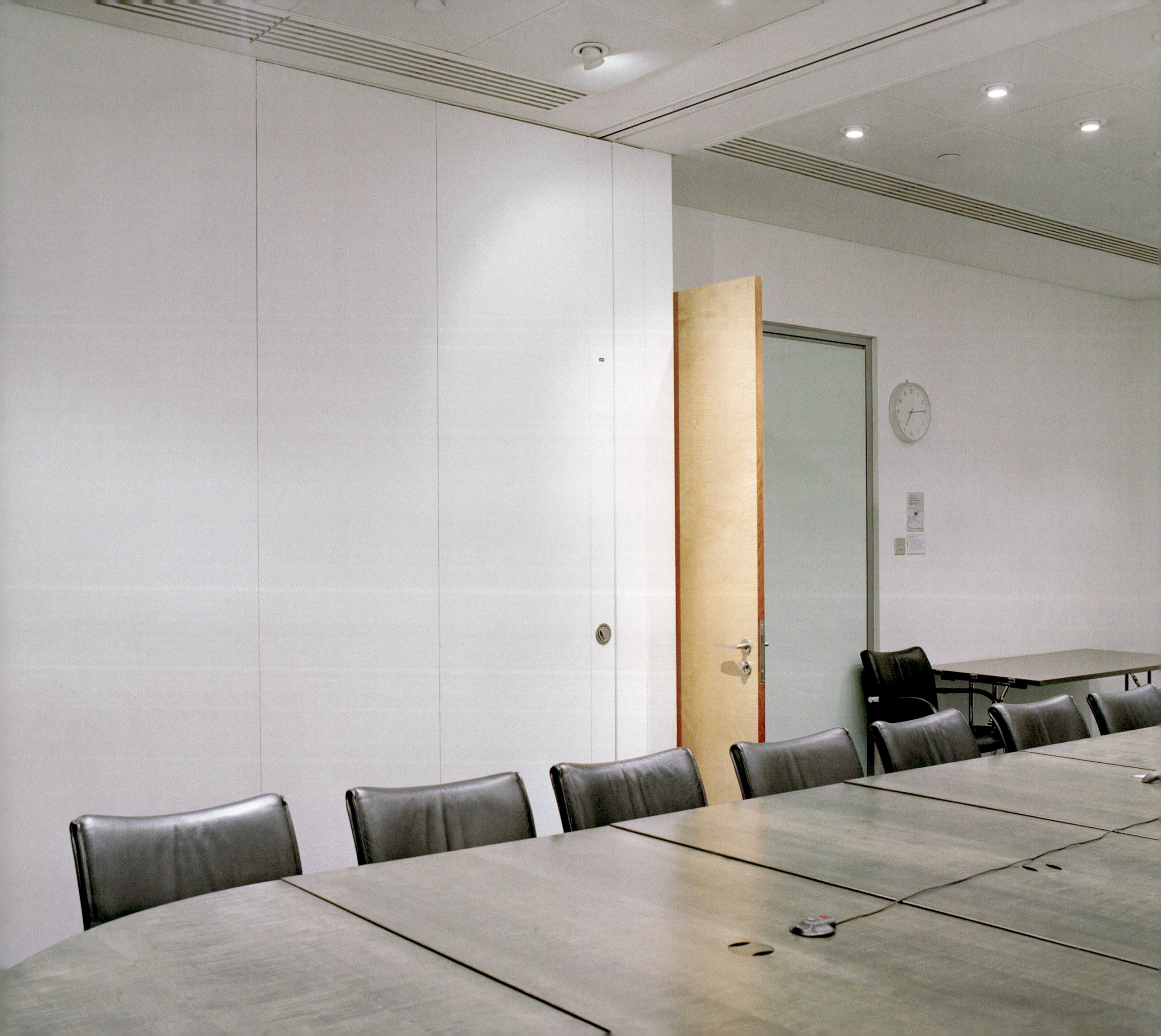

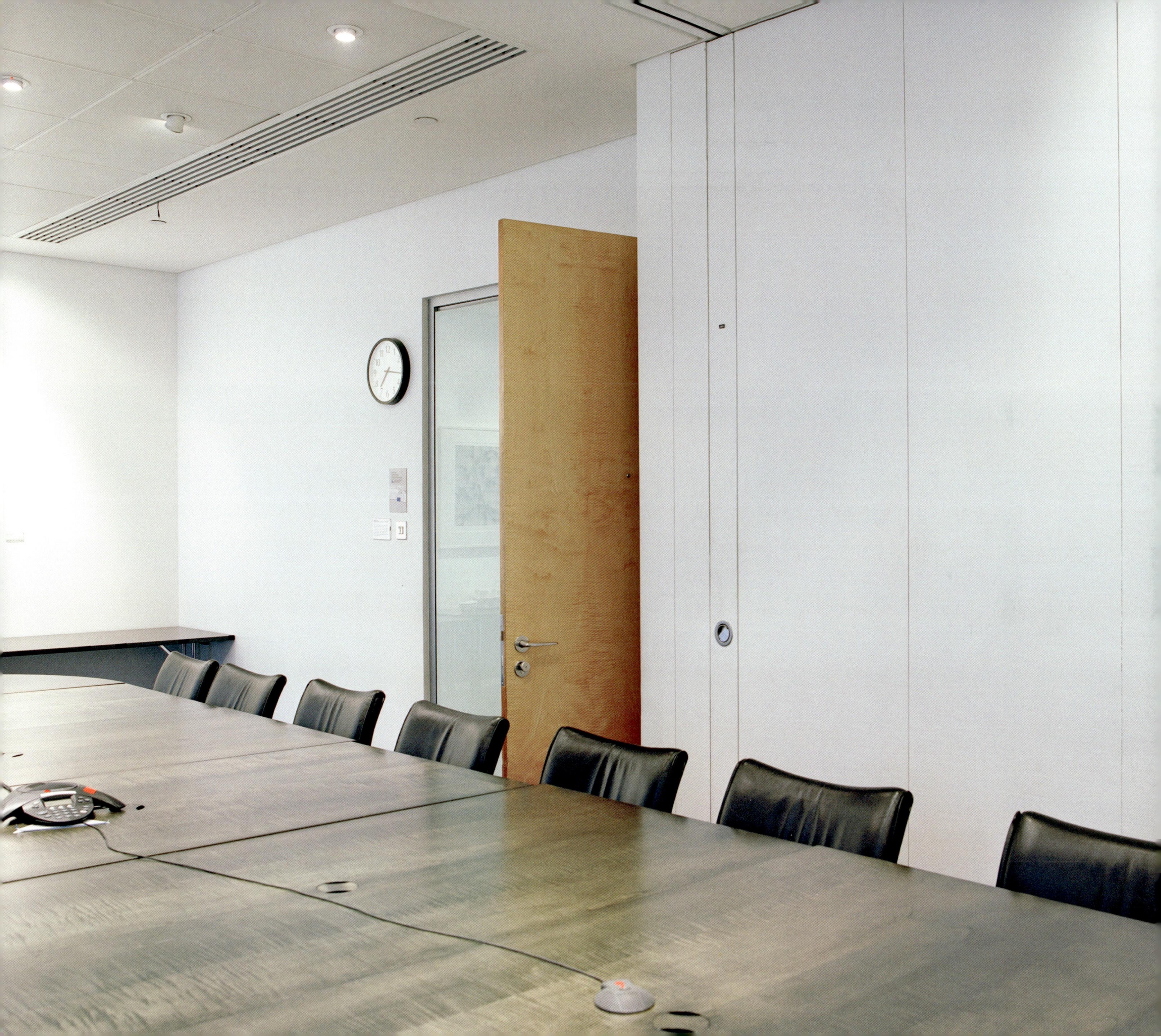

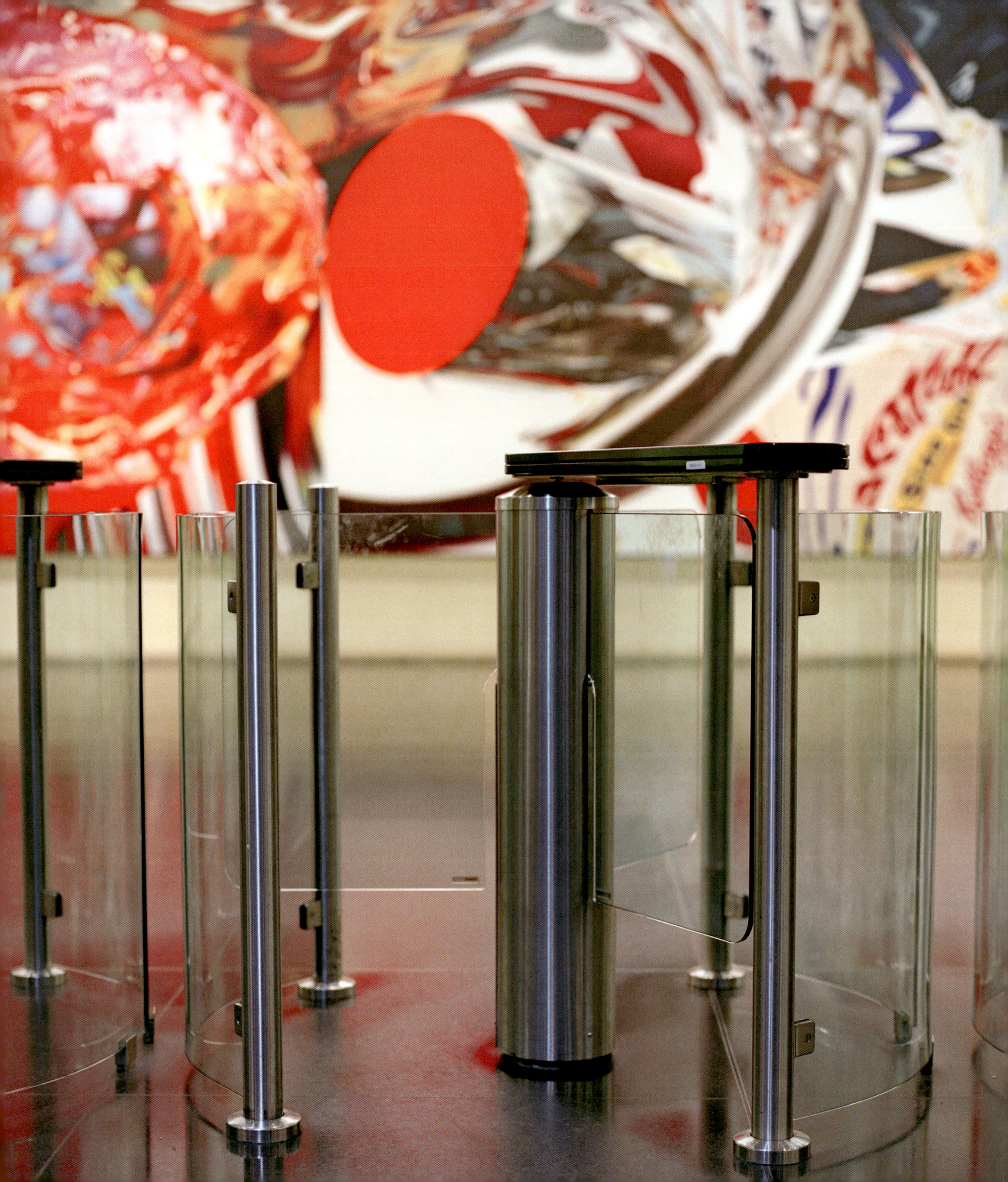

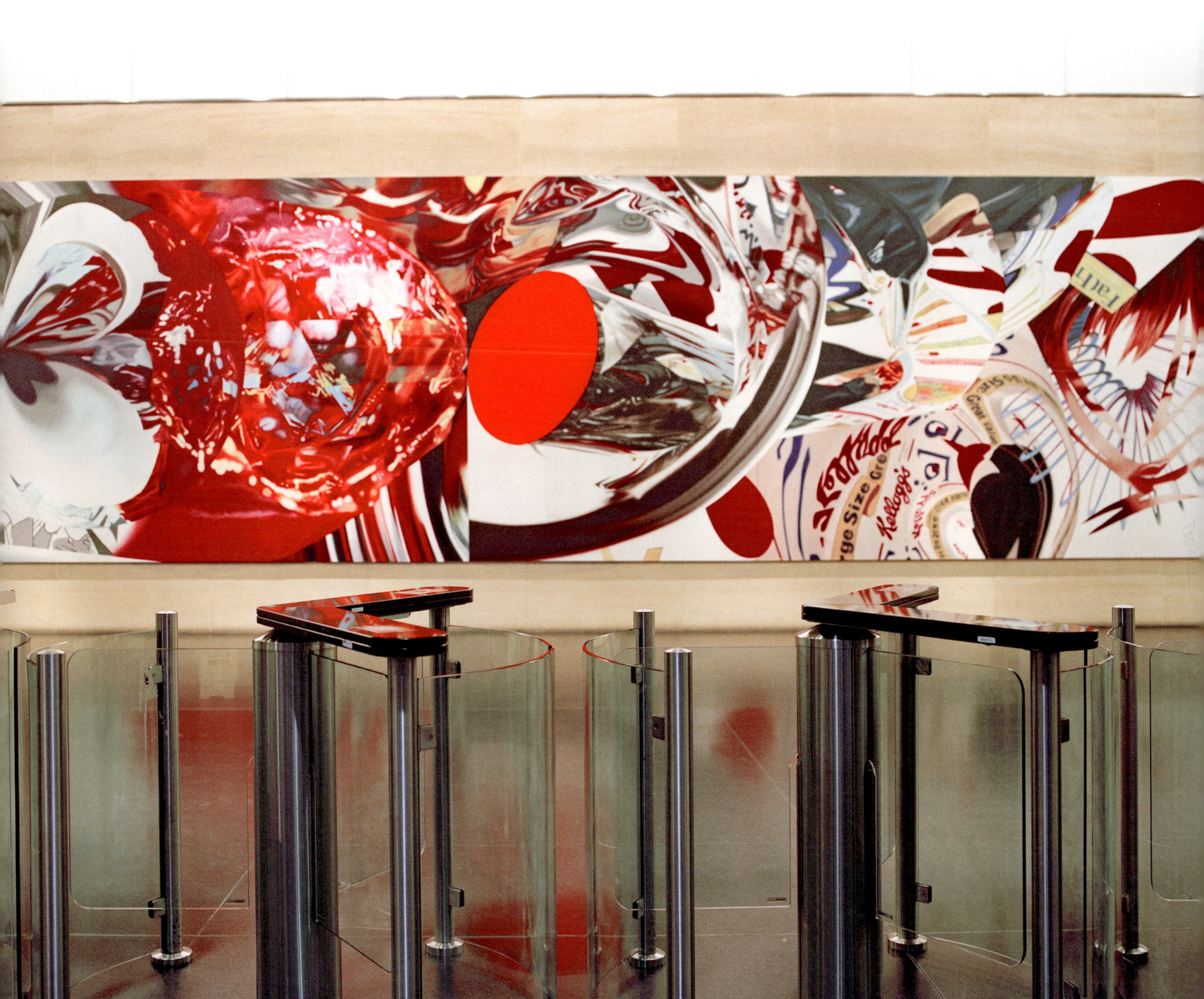
Kellogg's
Large Size Great

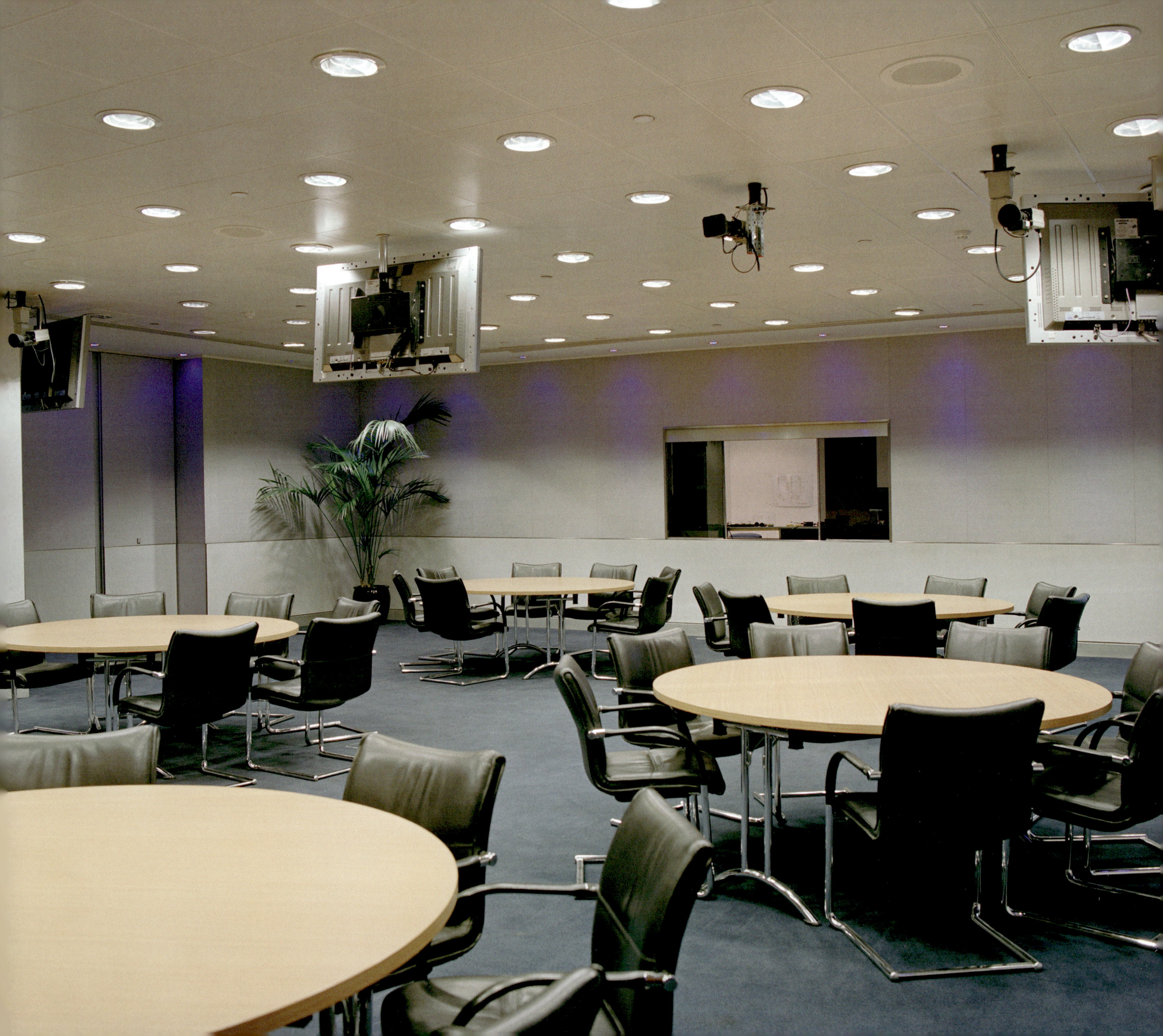

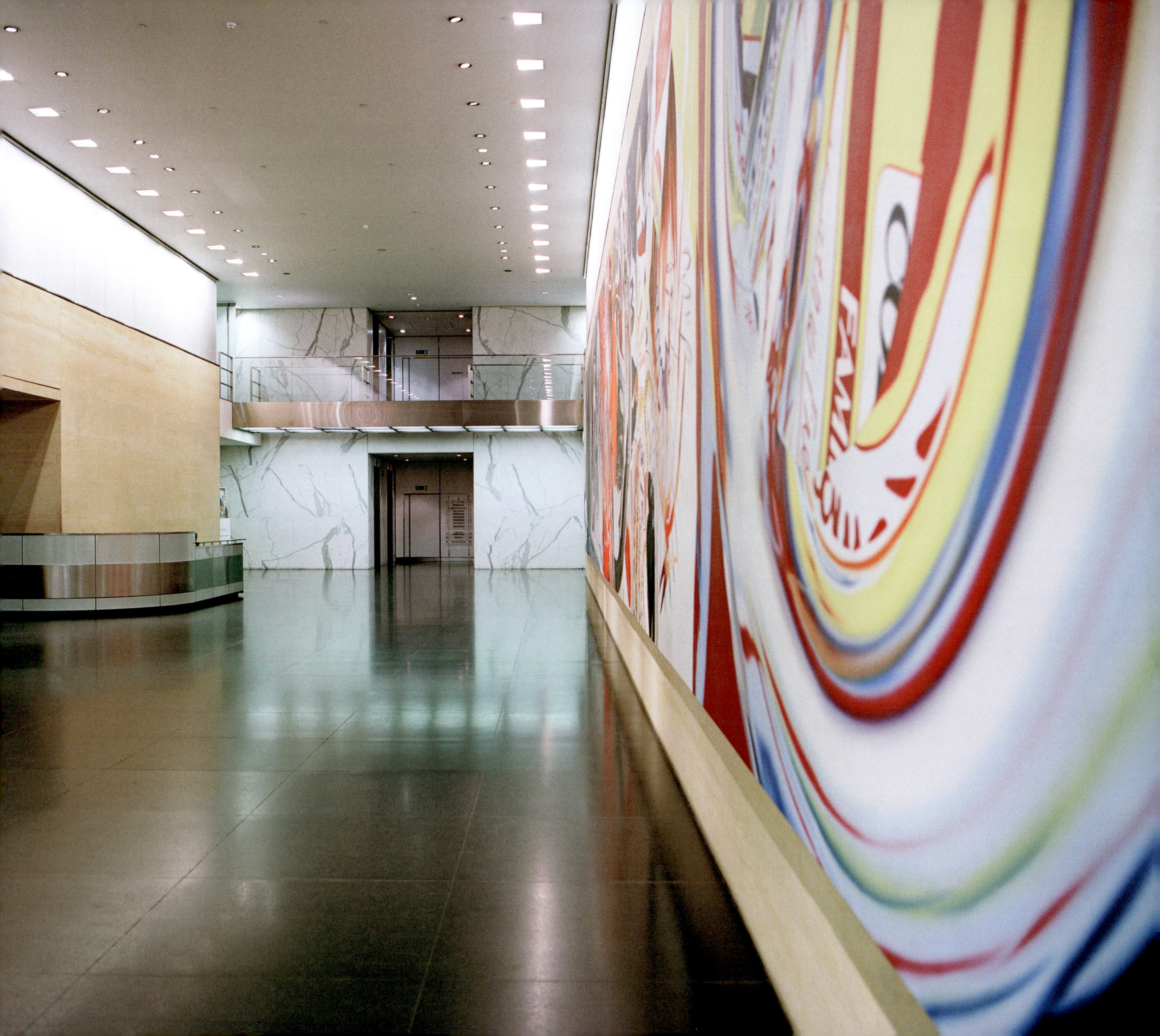

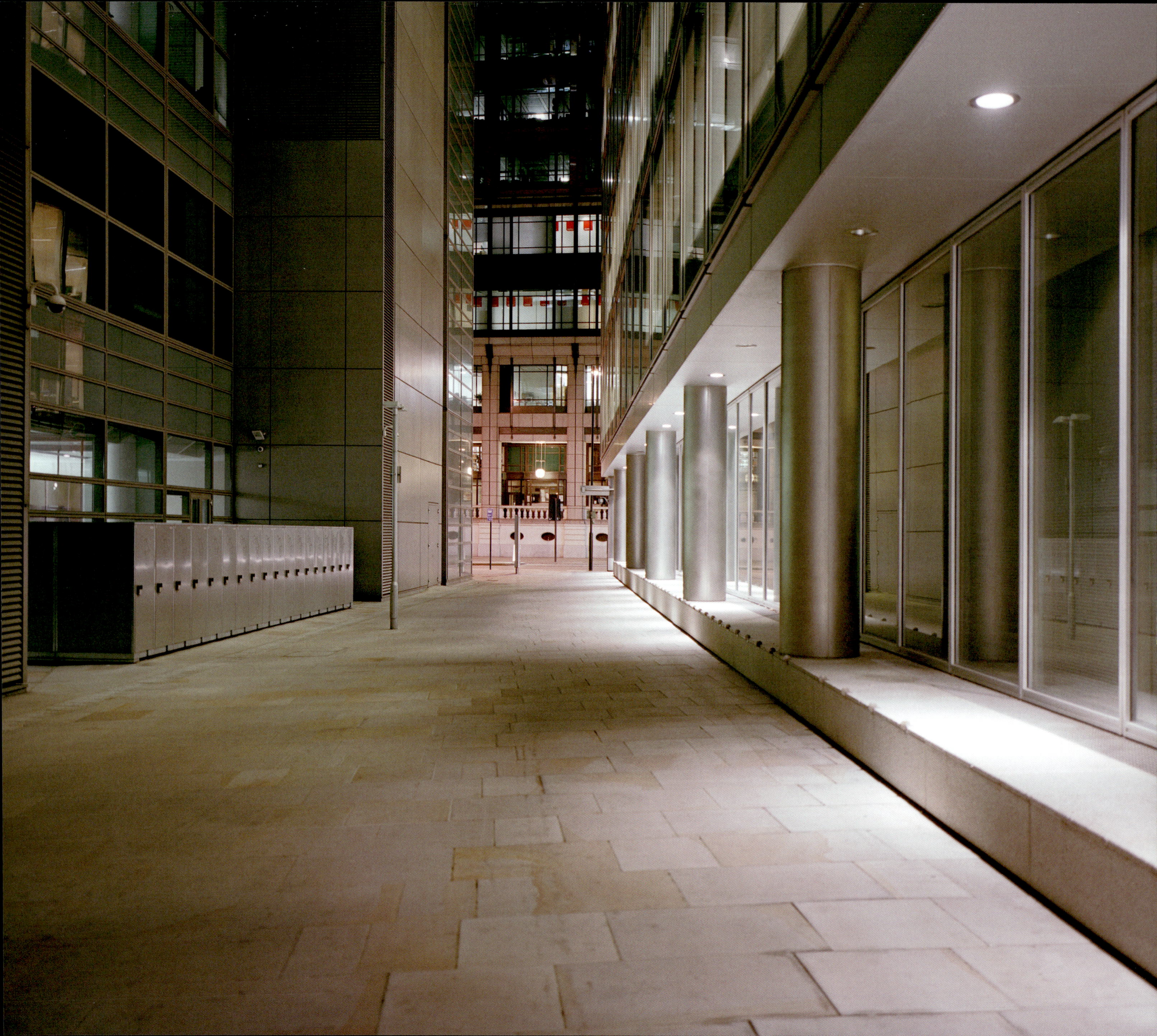

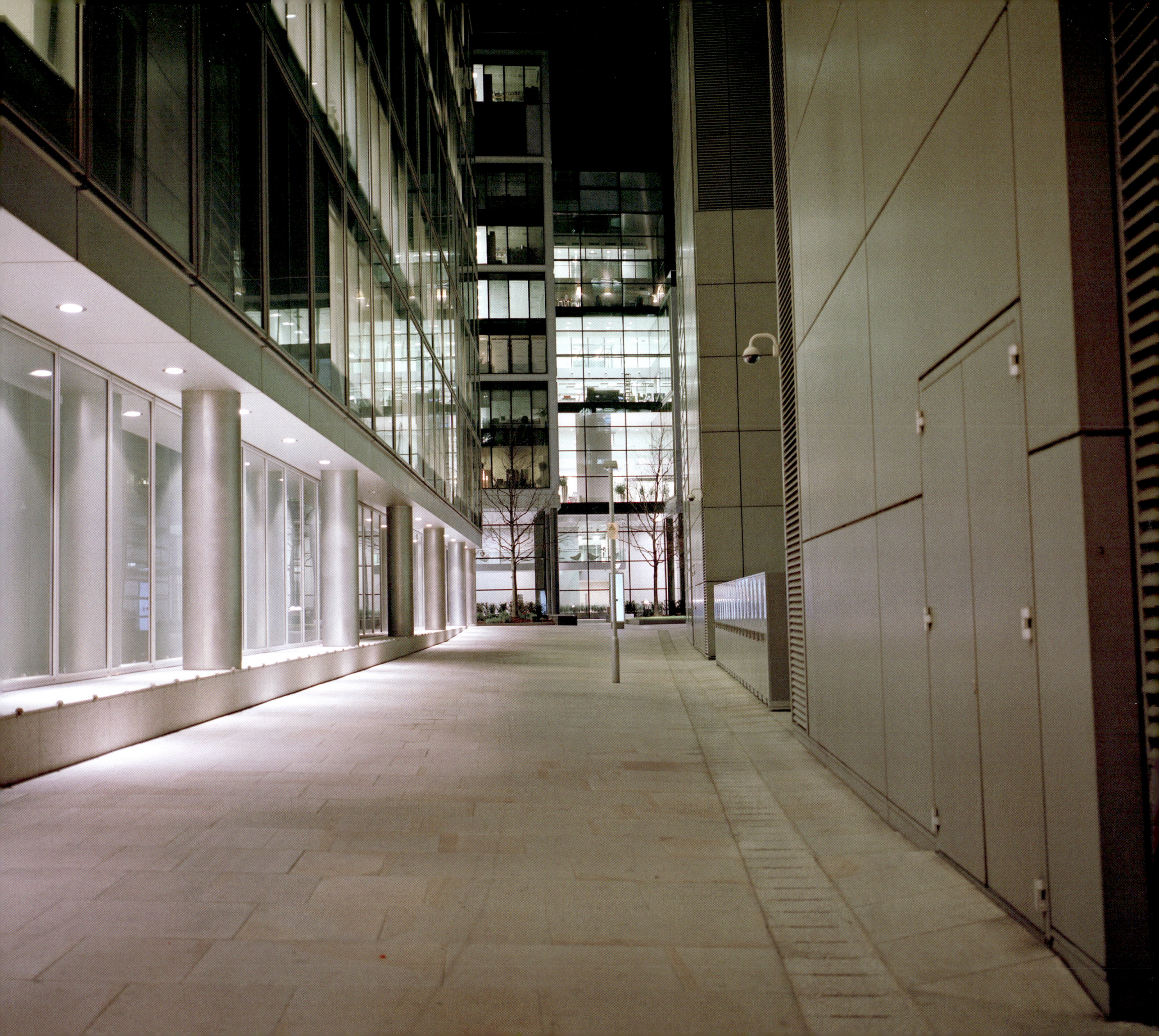

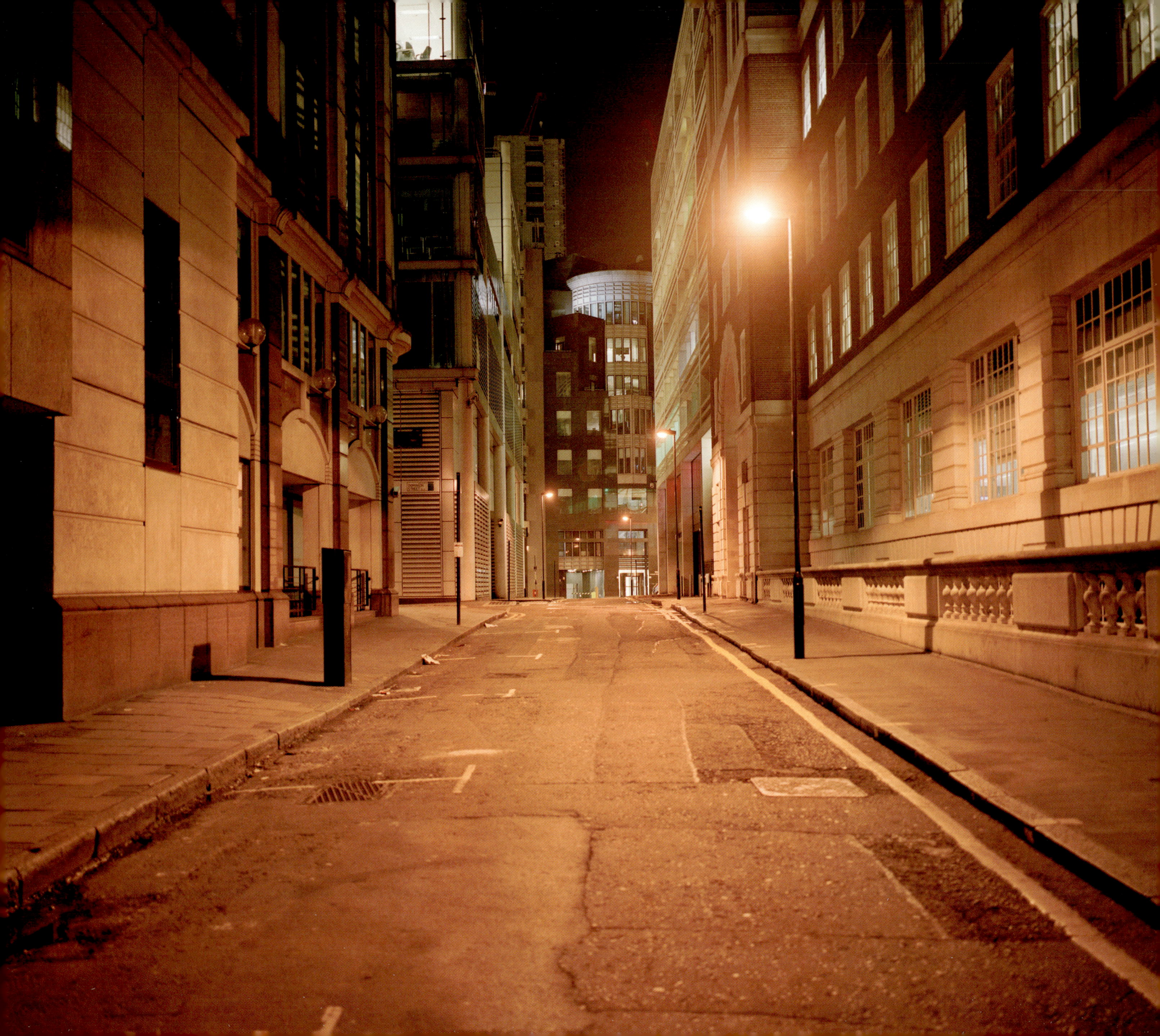

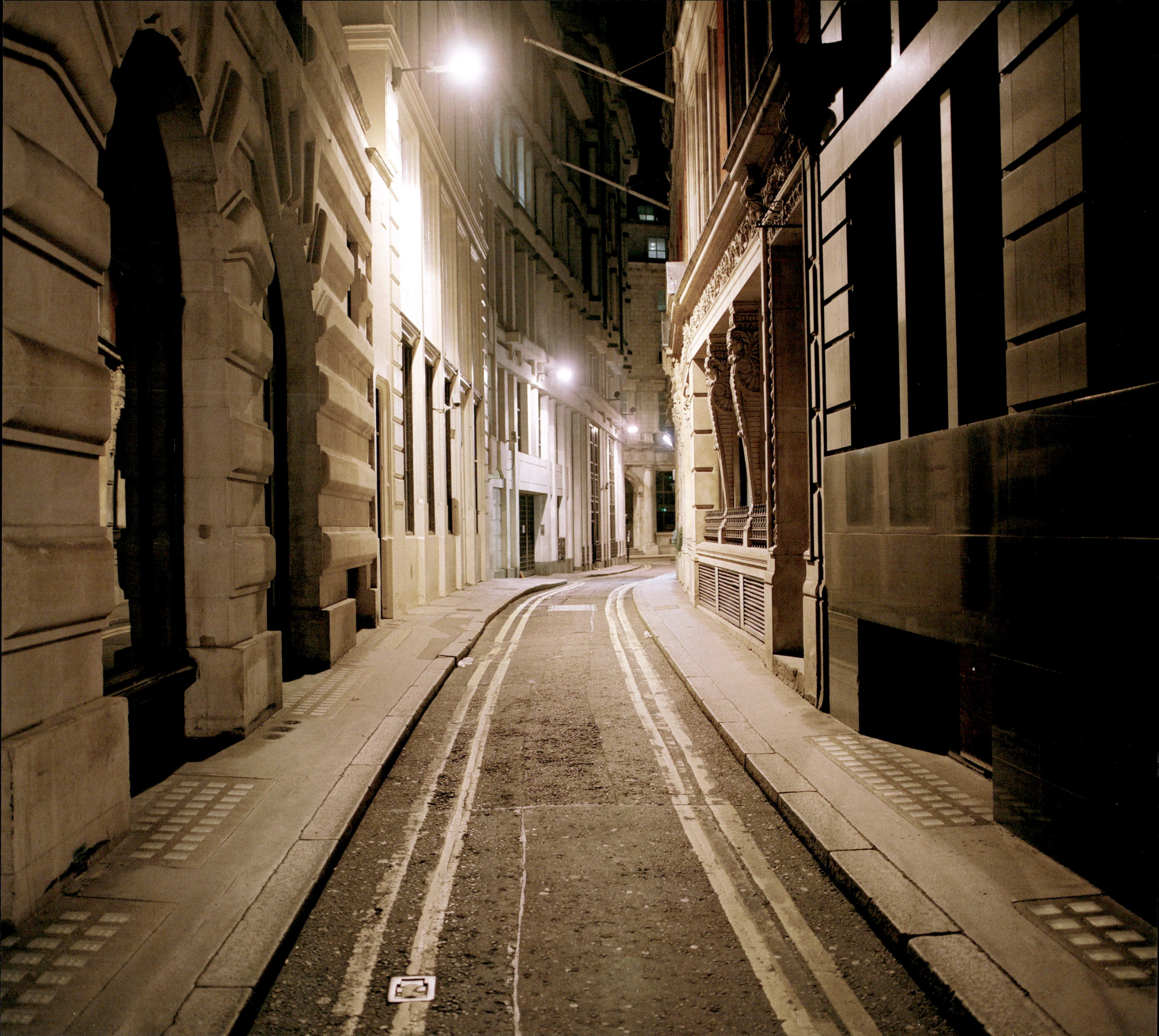

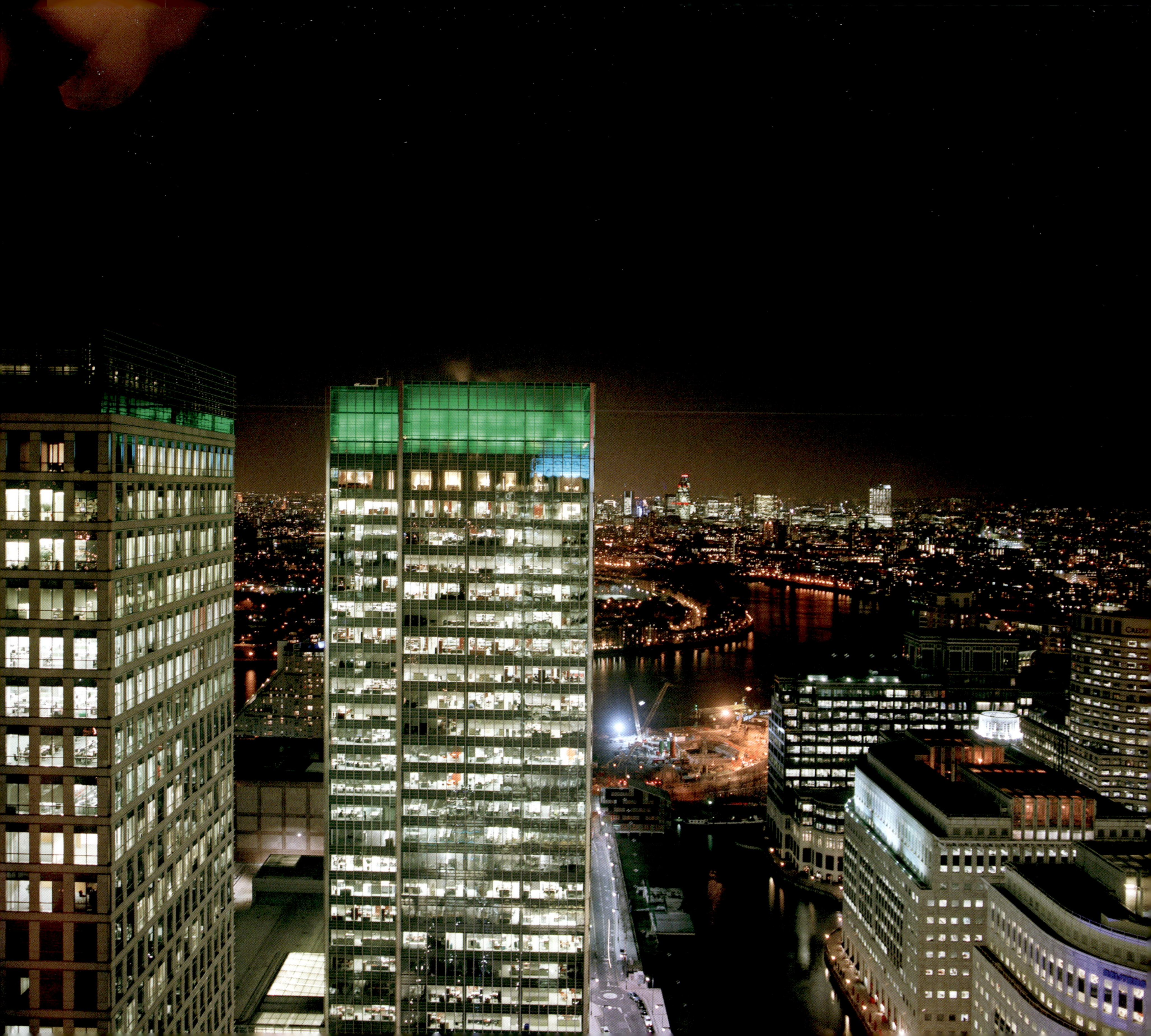

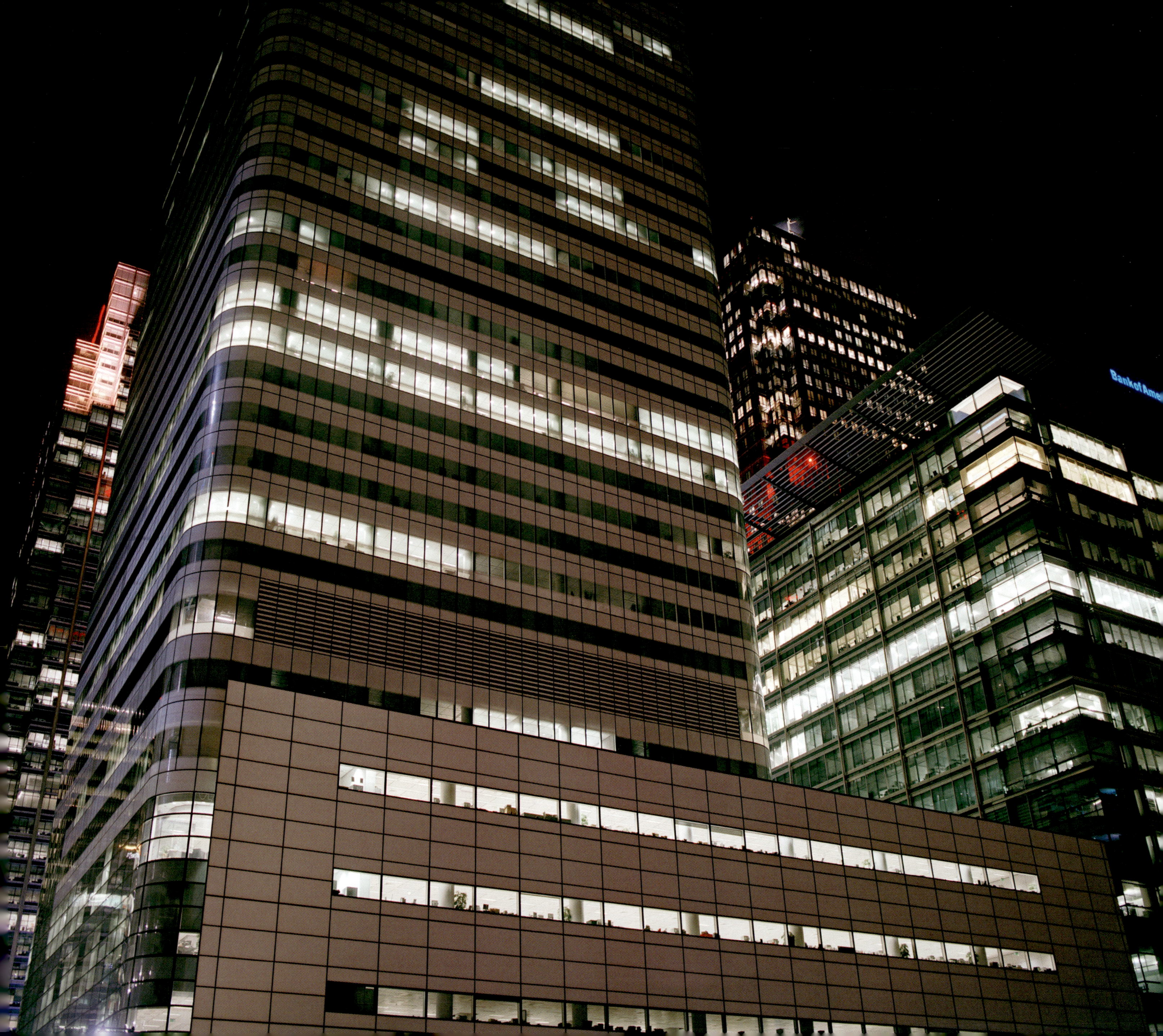

Bank of Ame

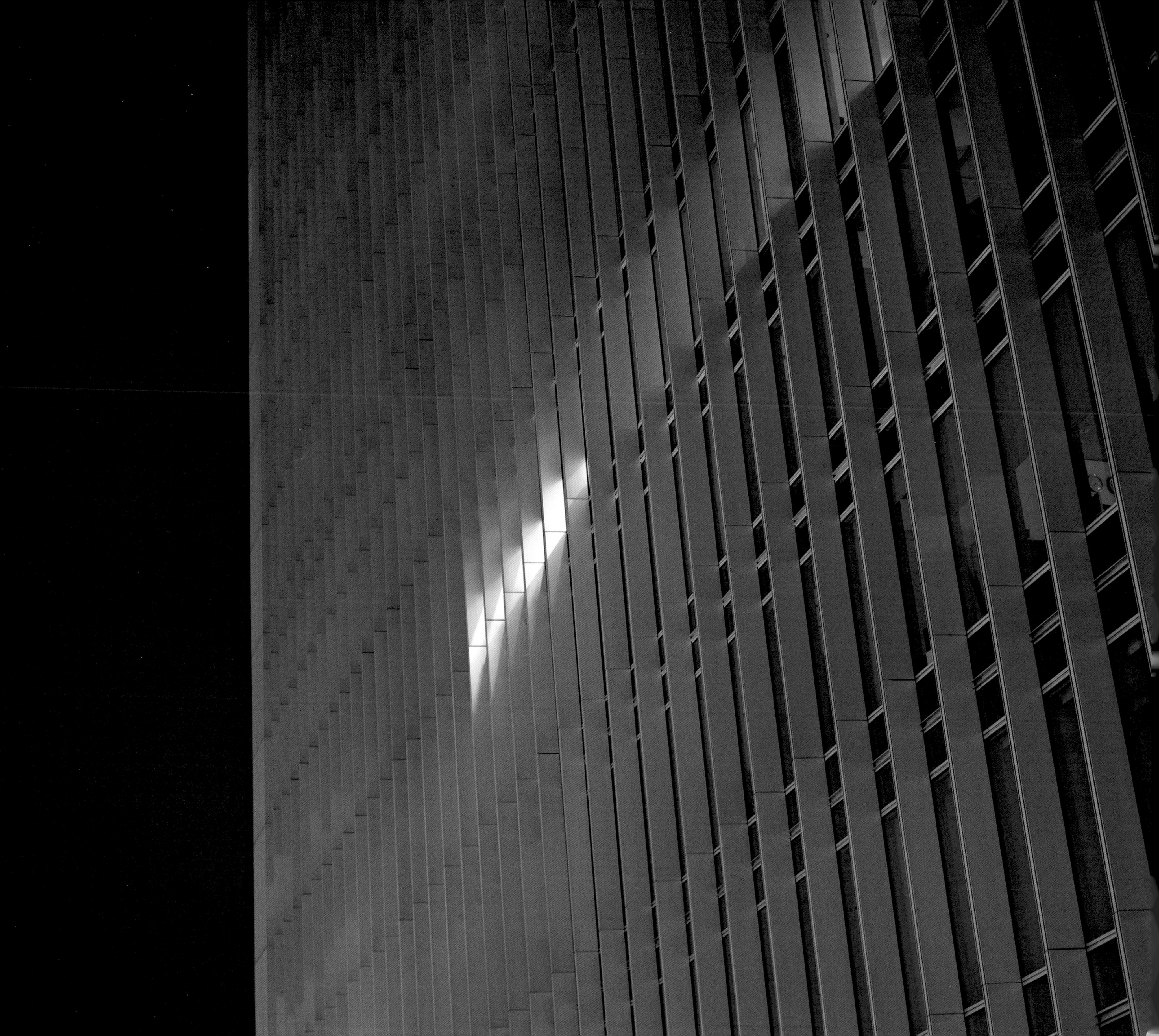

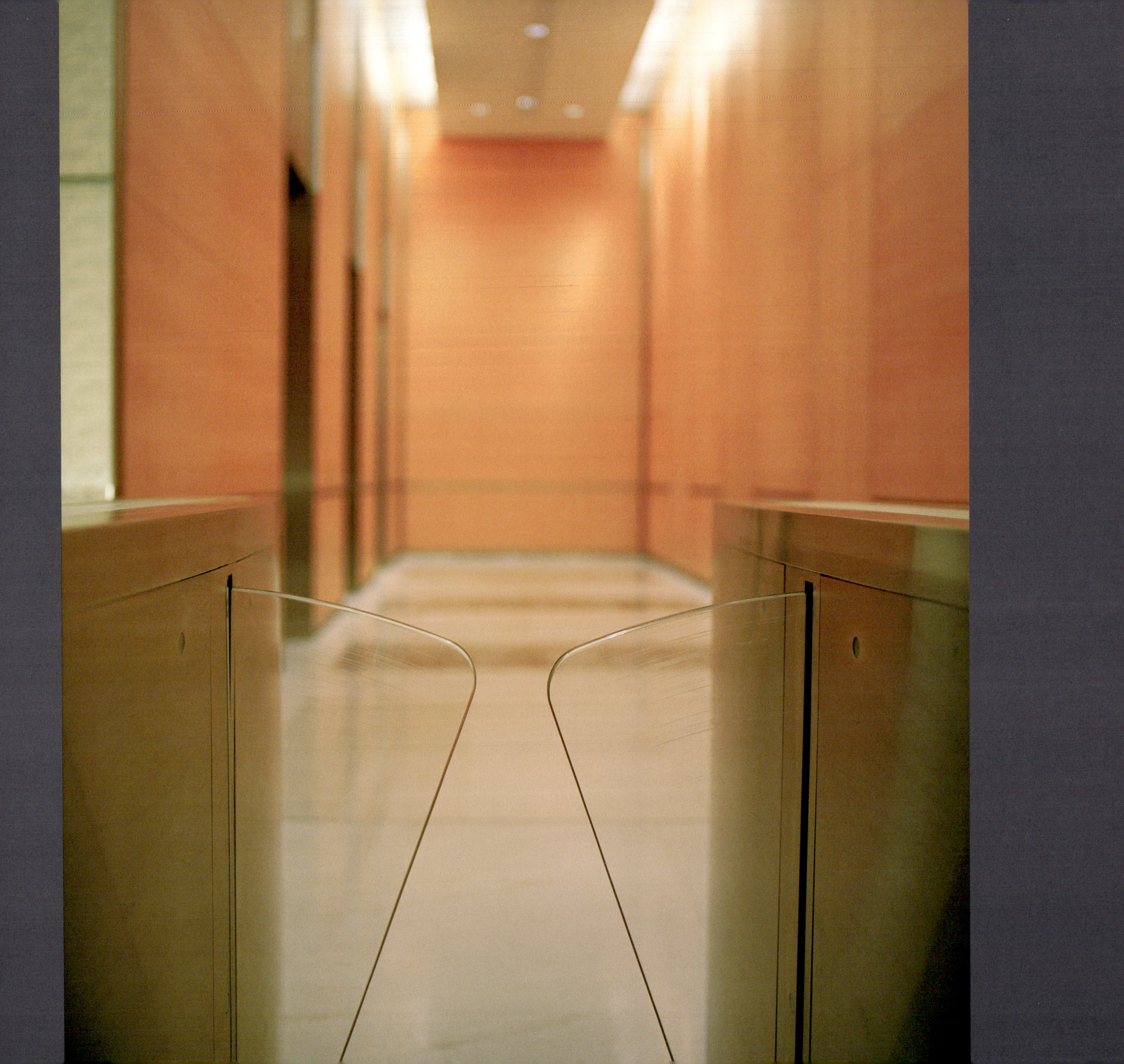

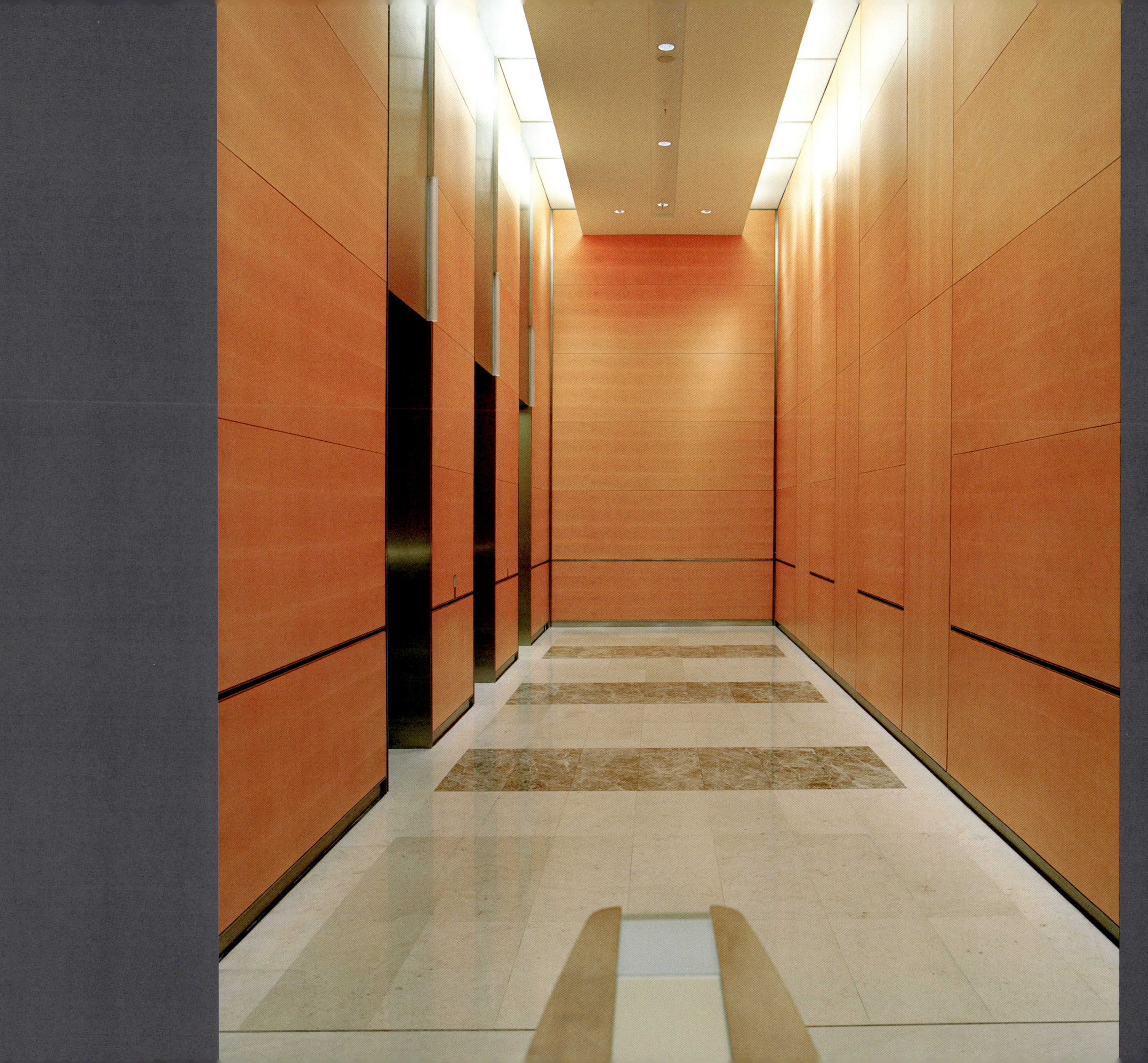

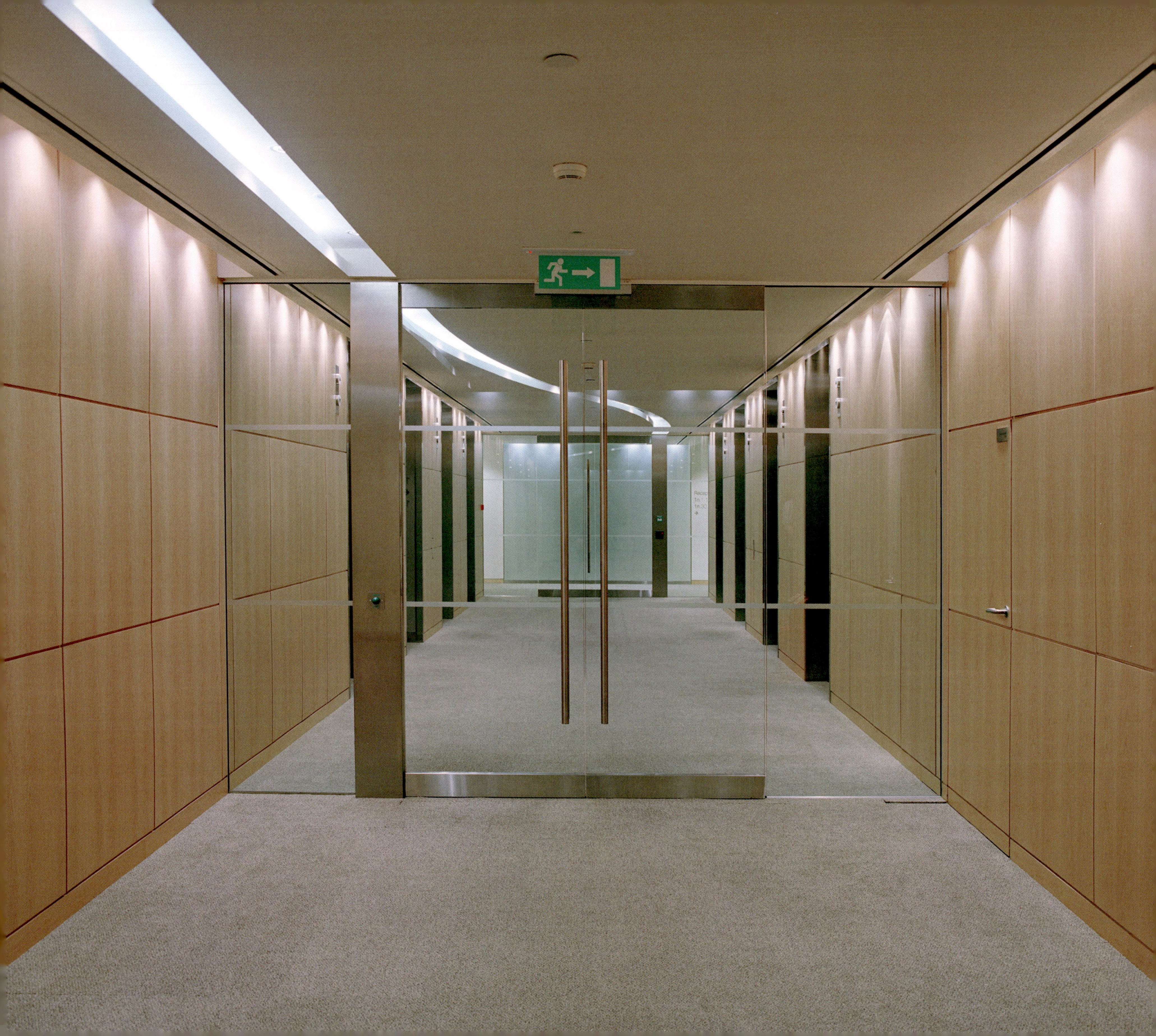

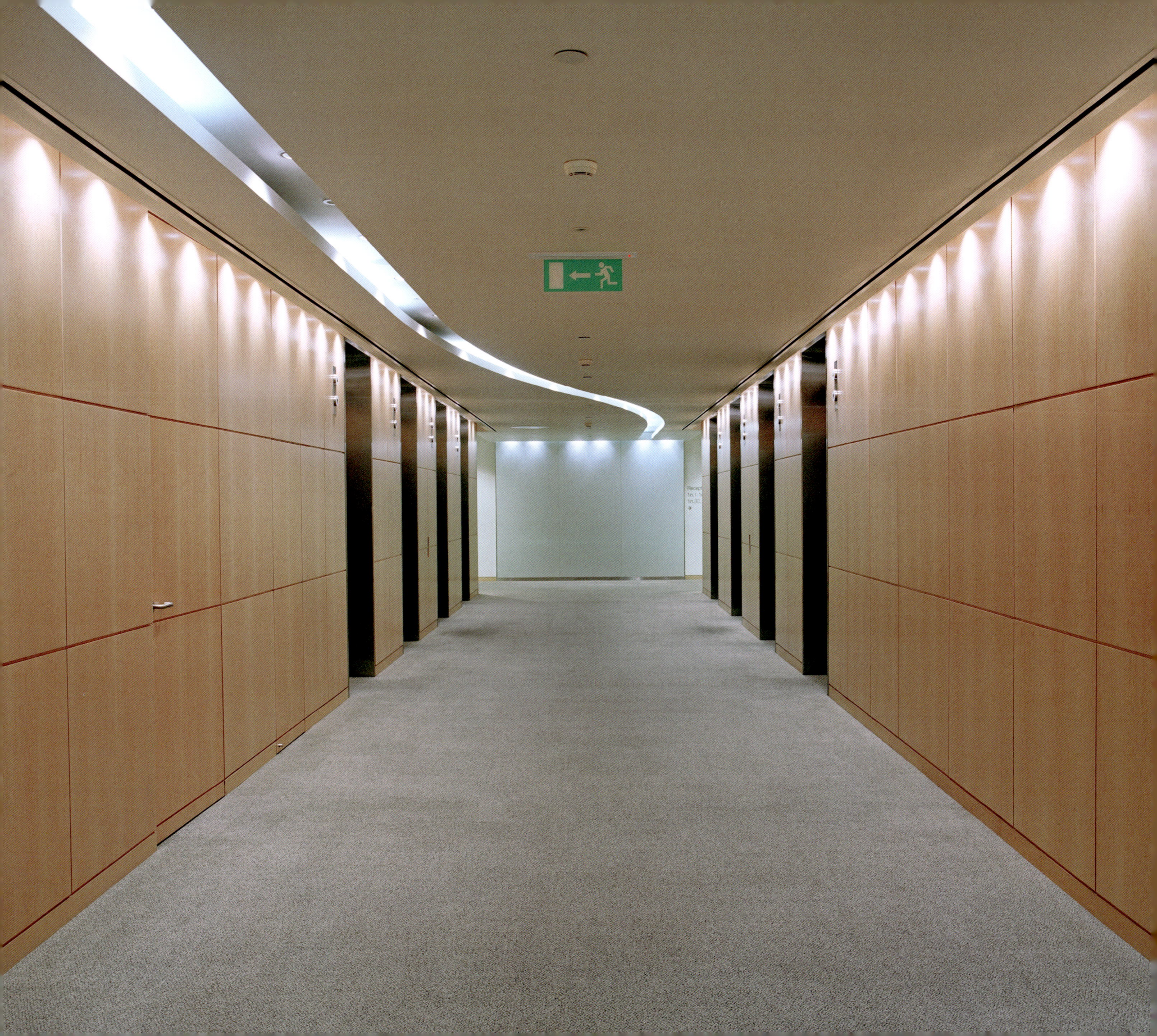

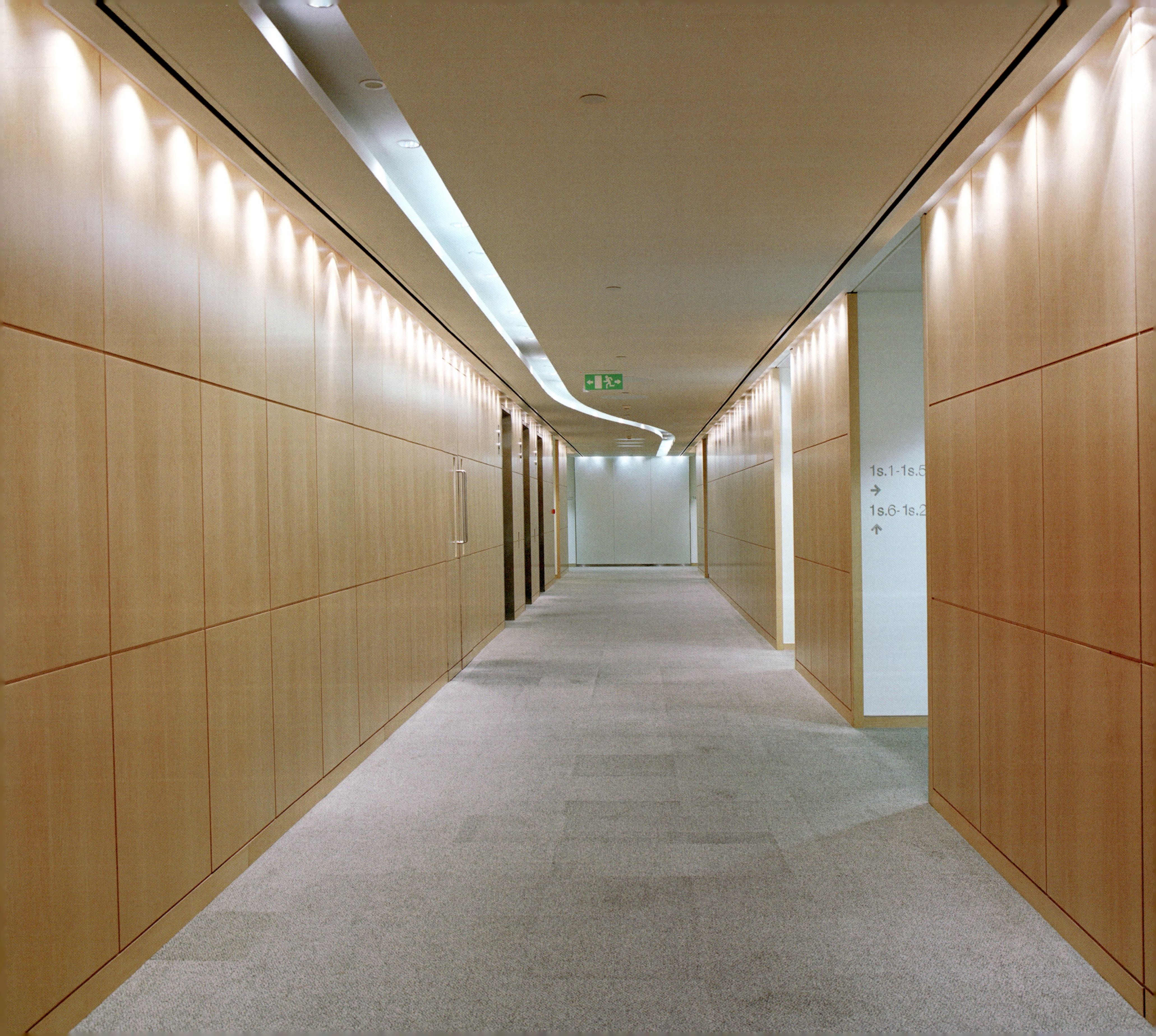

1s.1-1s.5
1s.6-1s.2

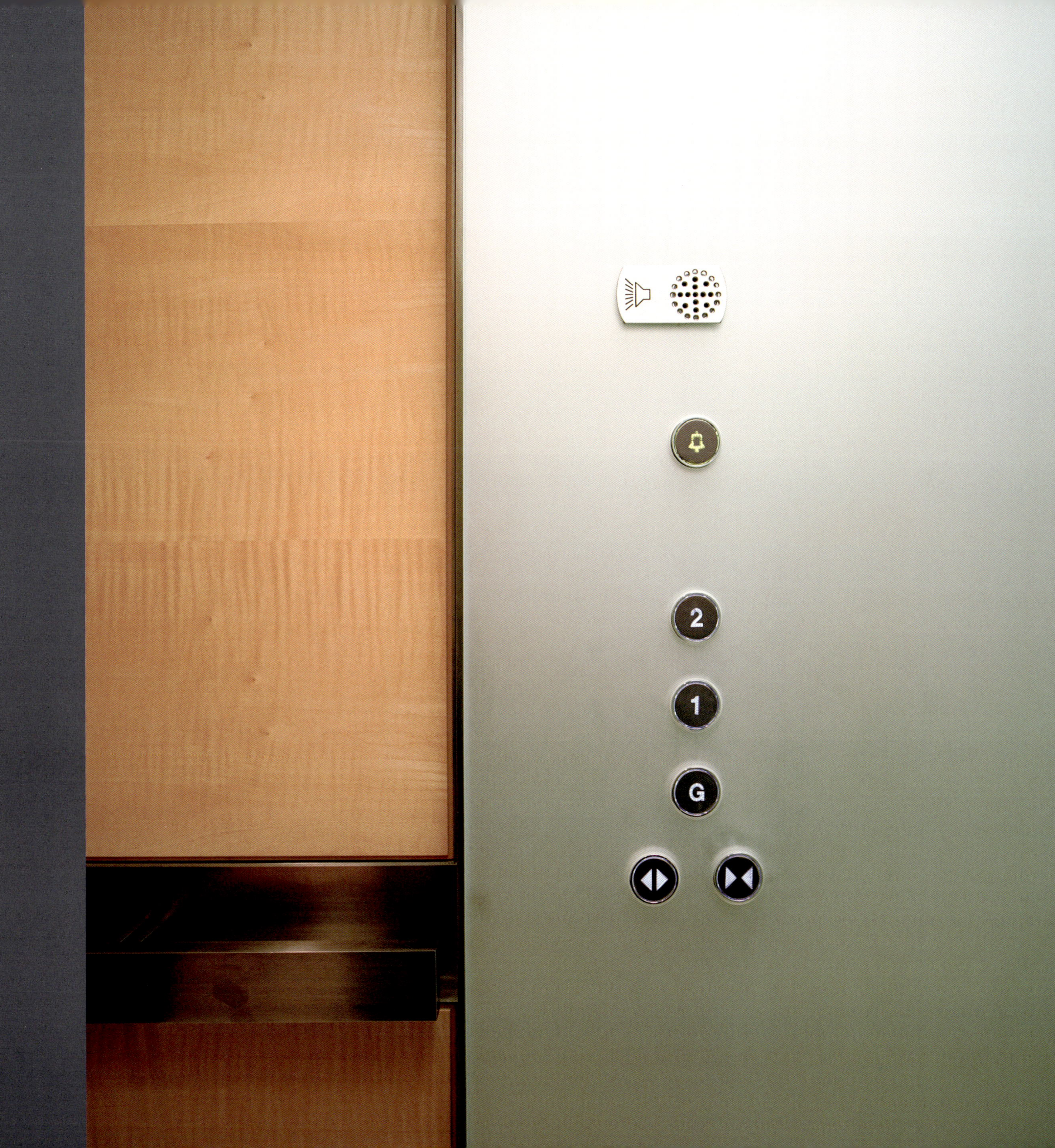

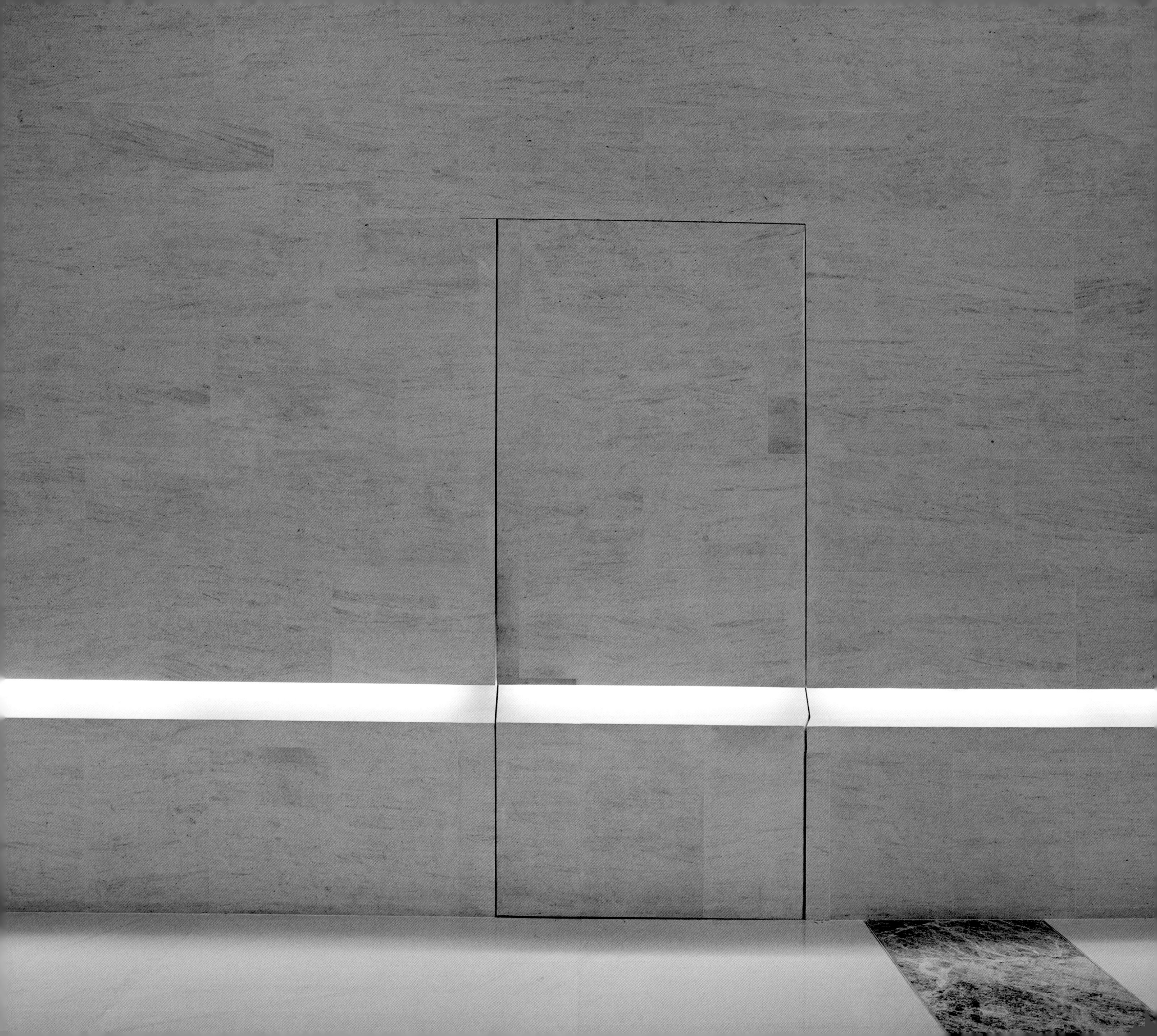

1 – 5

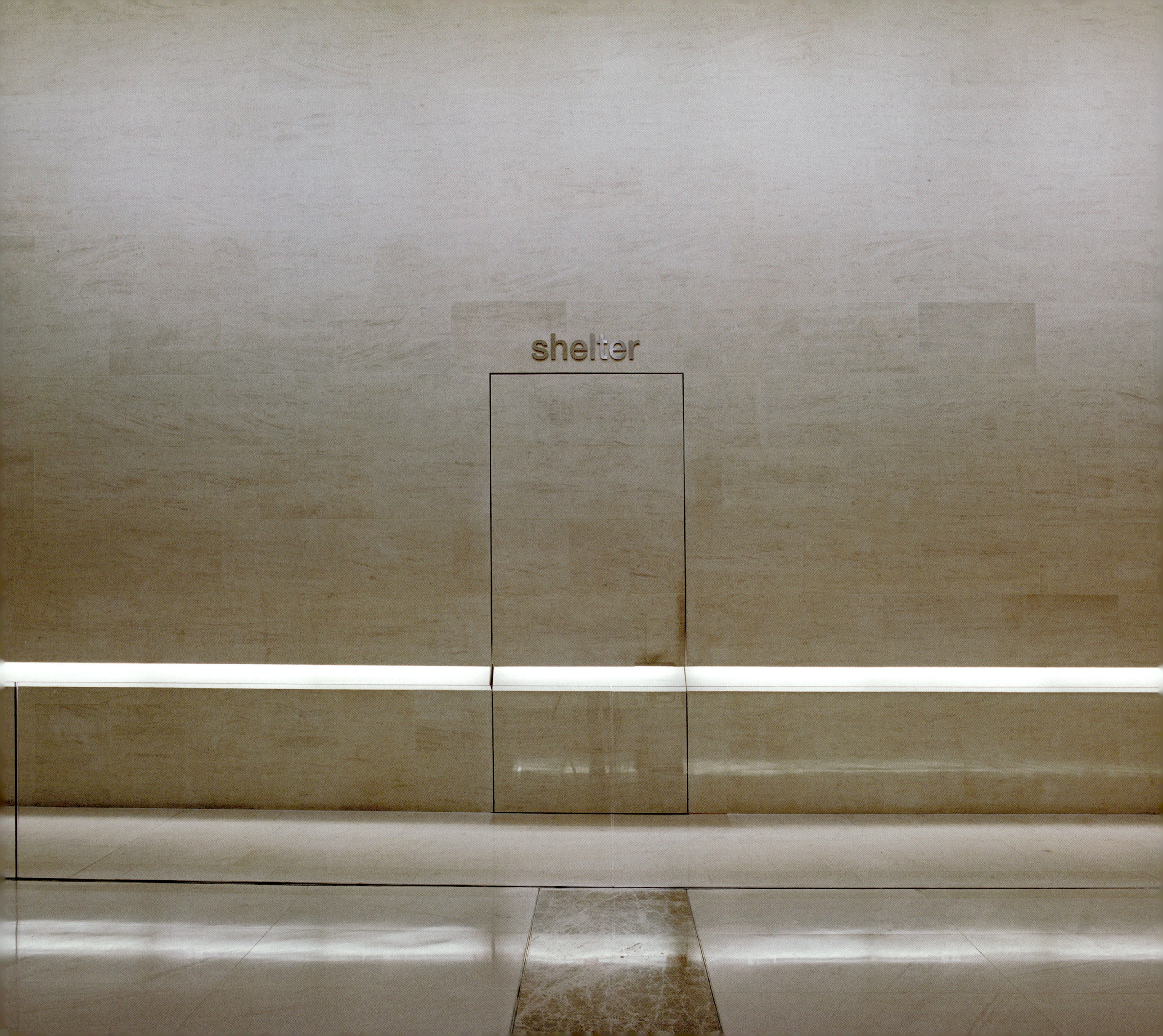
shelter

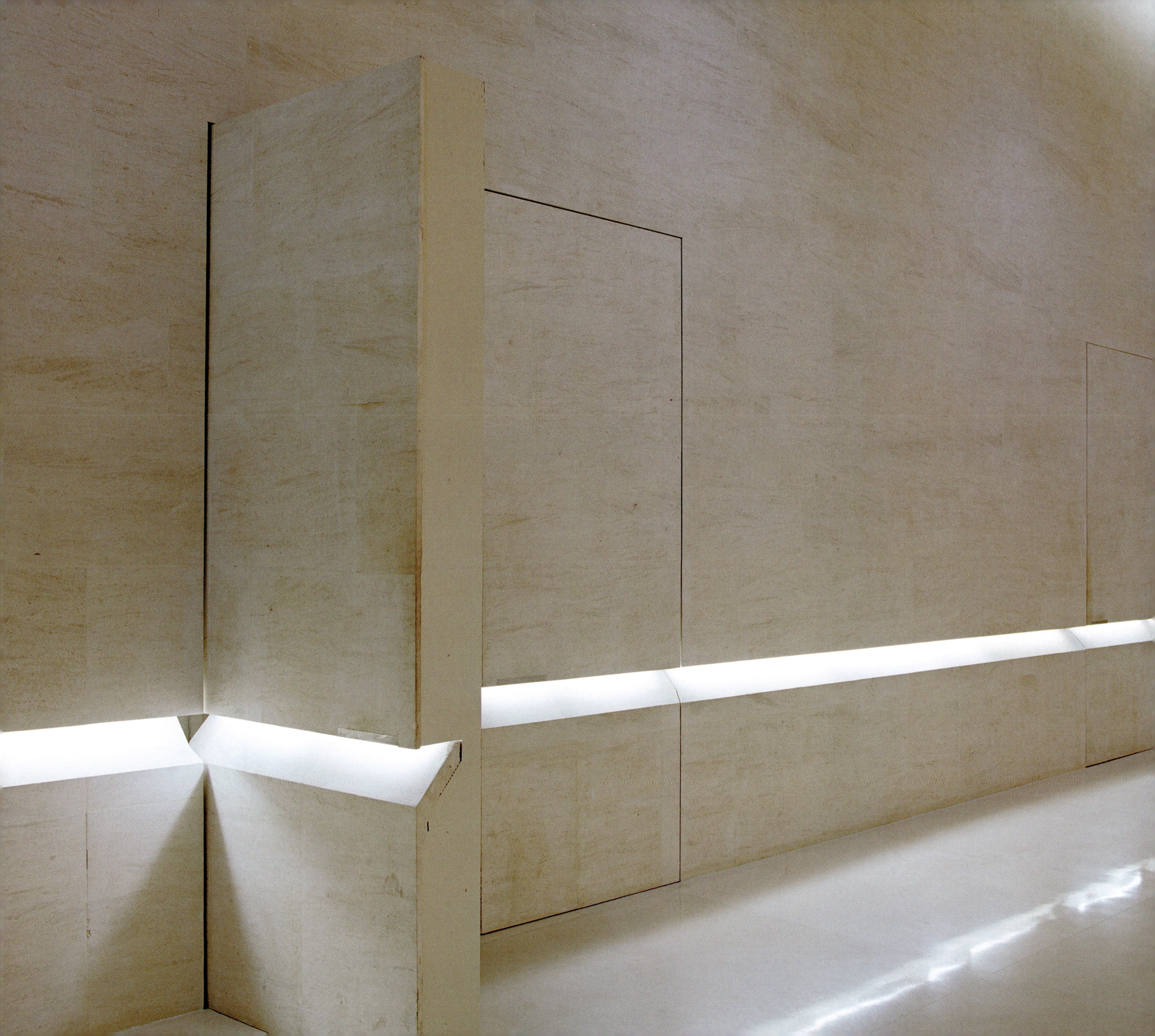

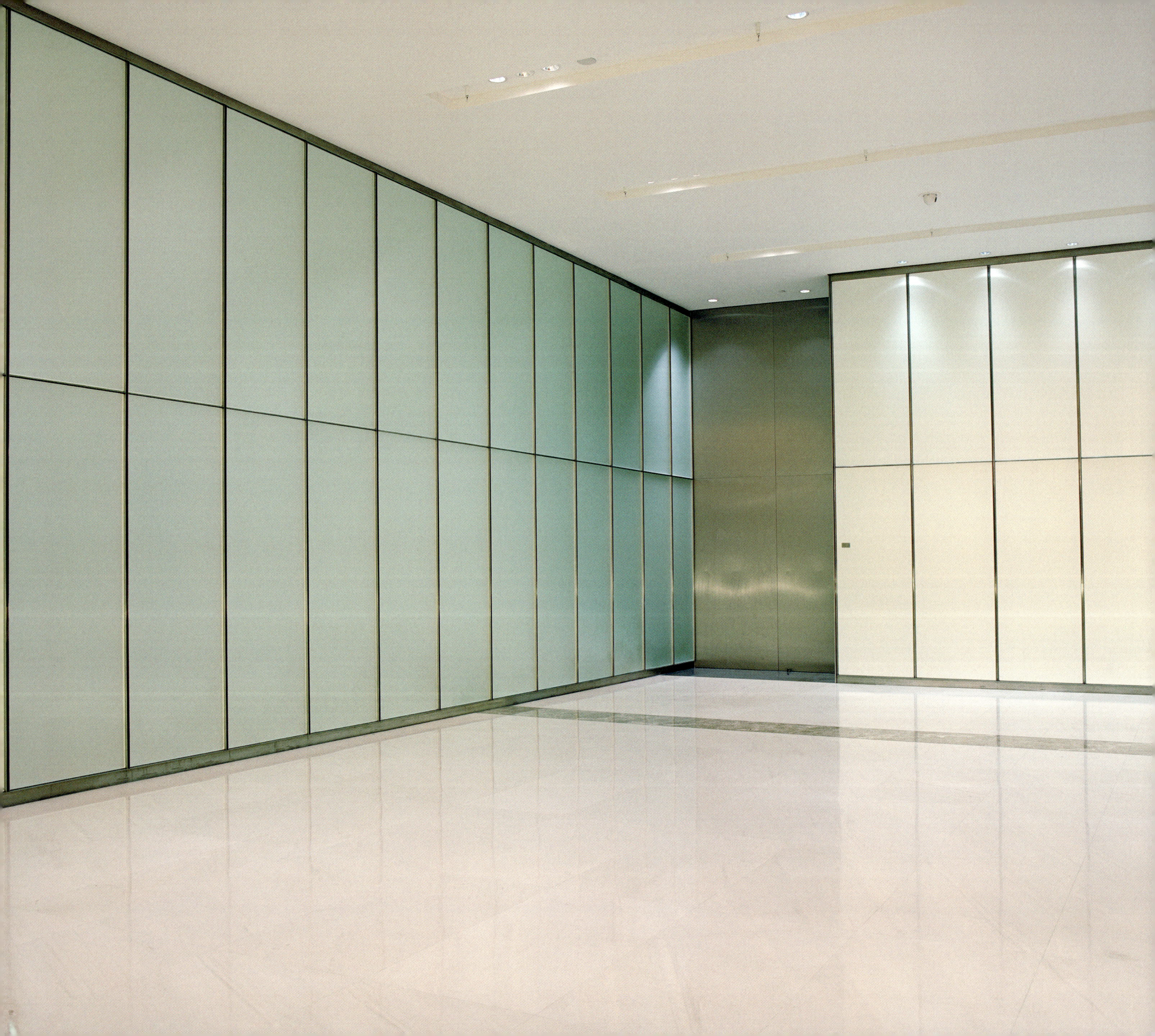

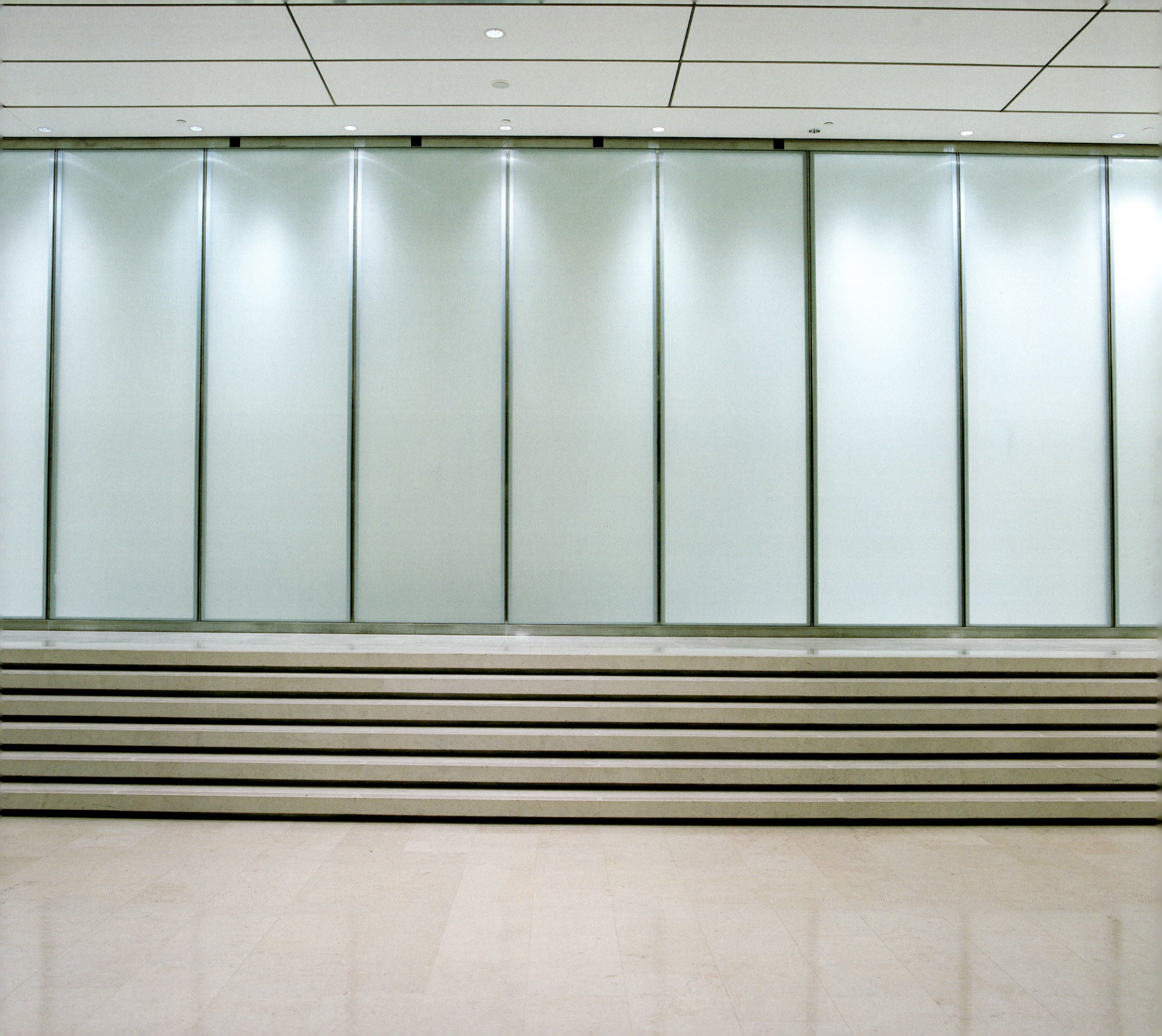

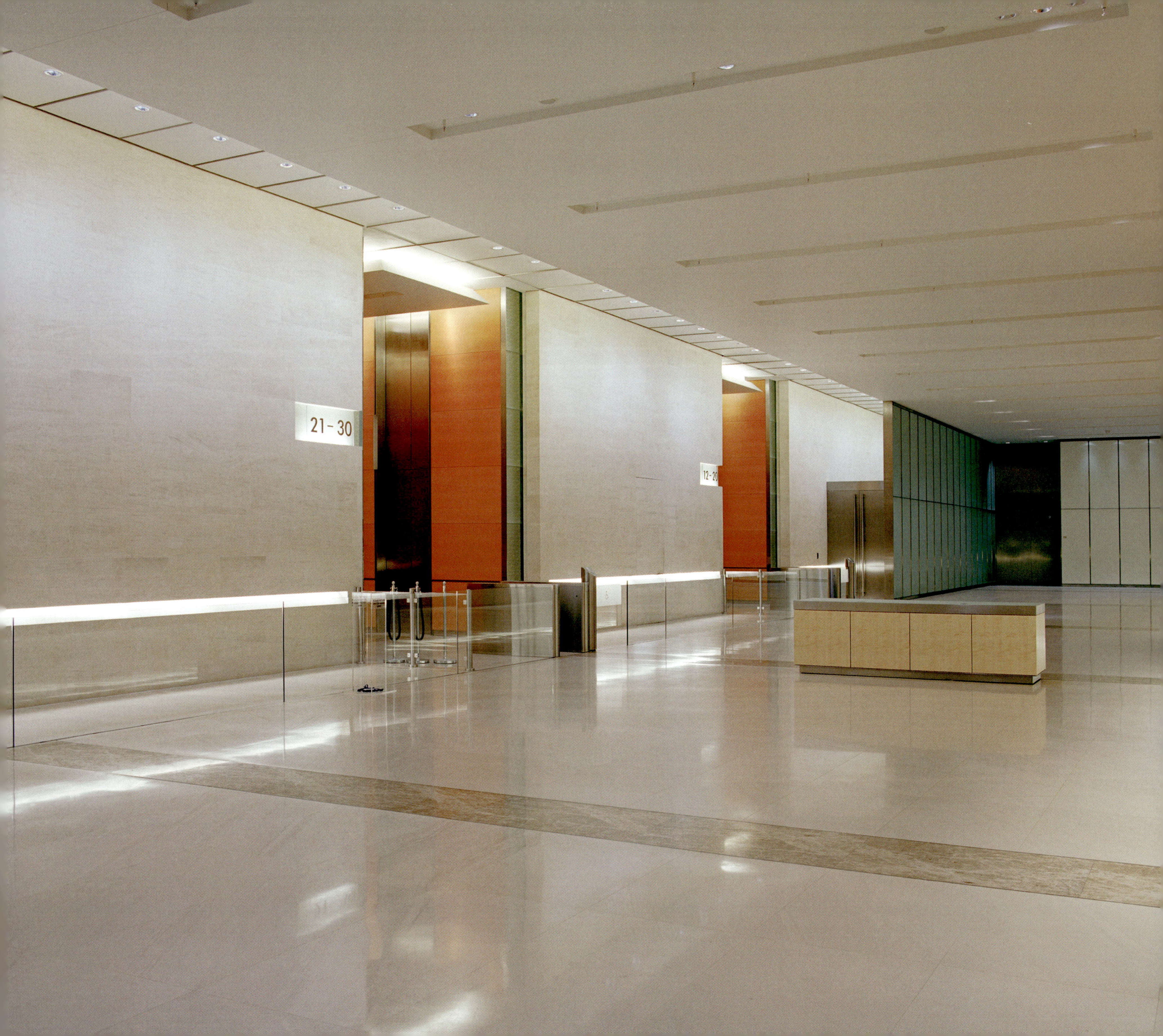
21-30
12-20

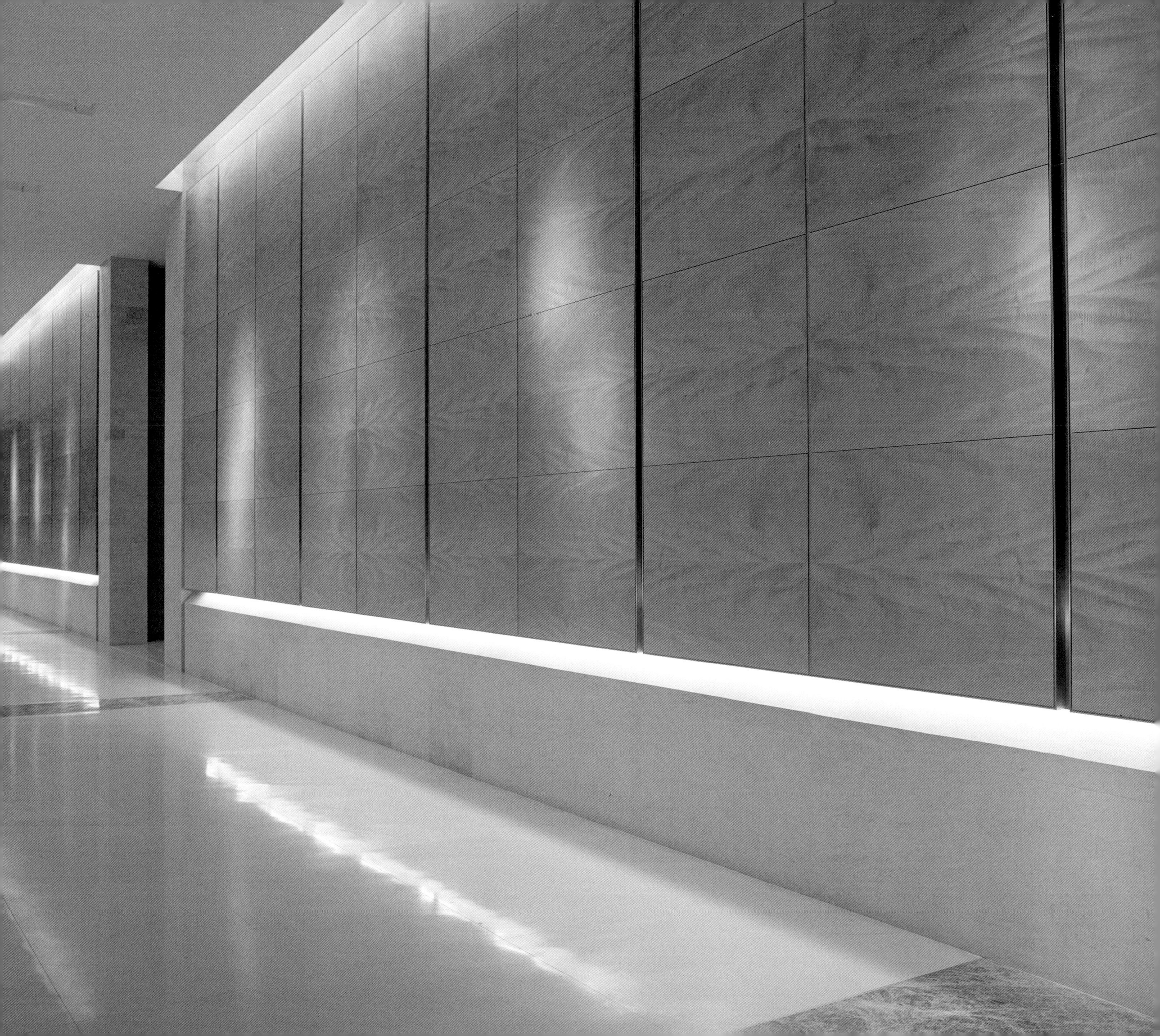

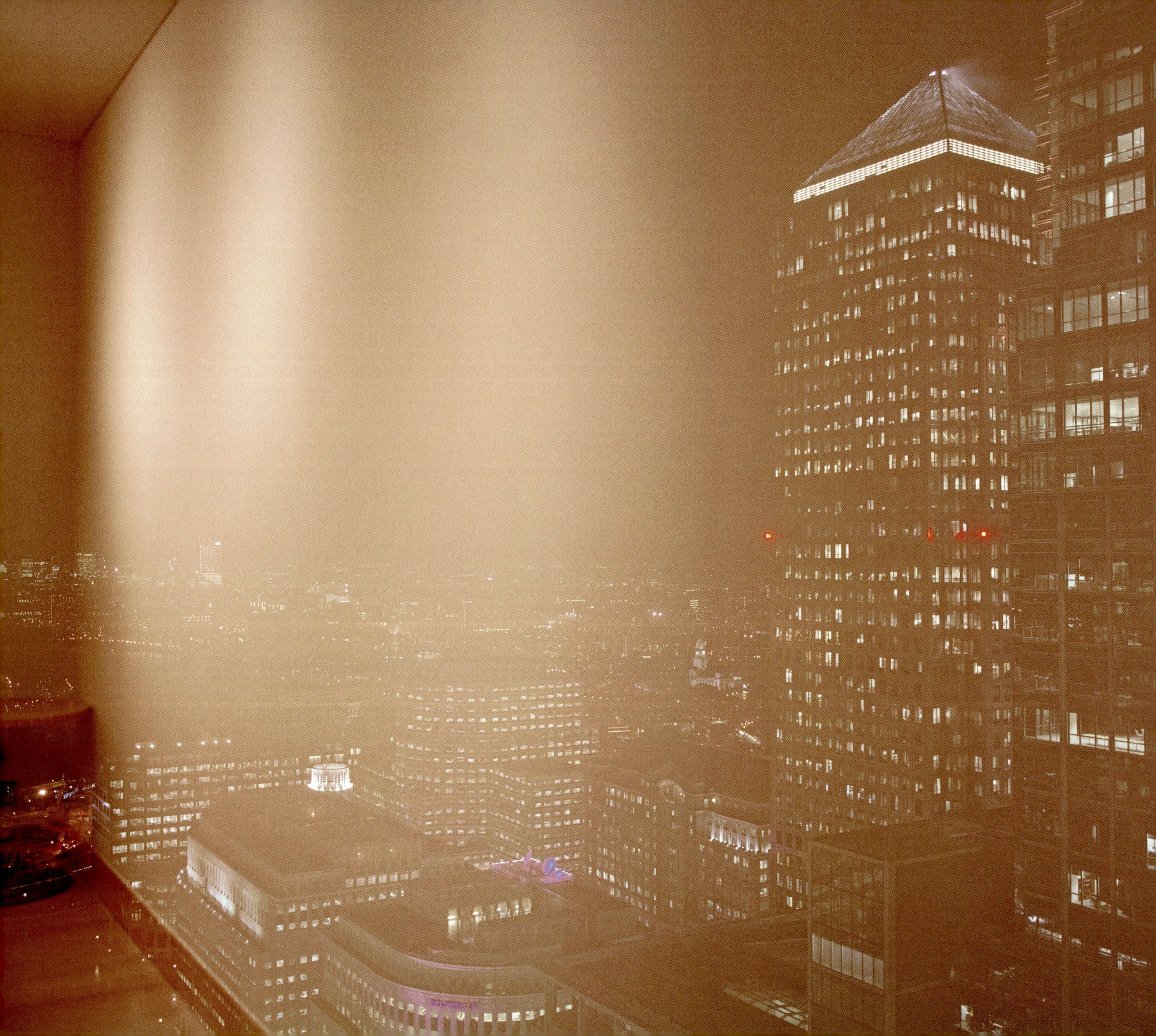

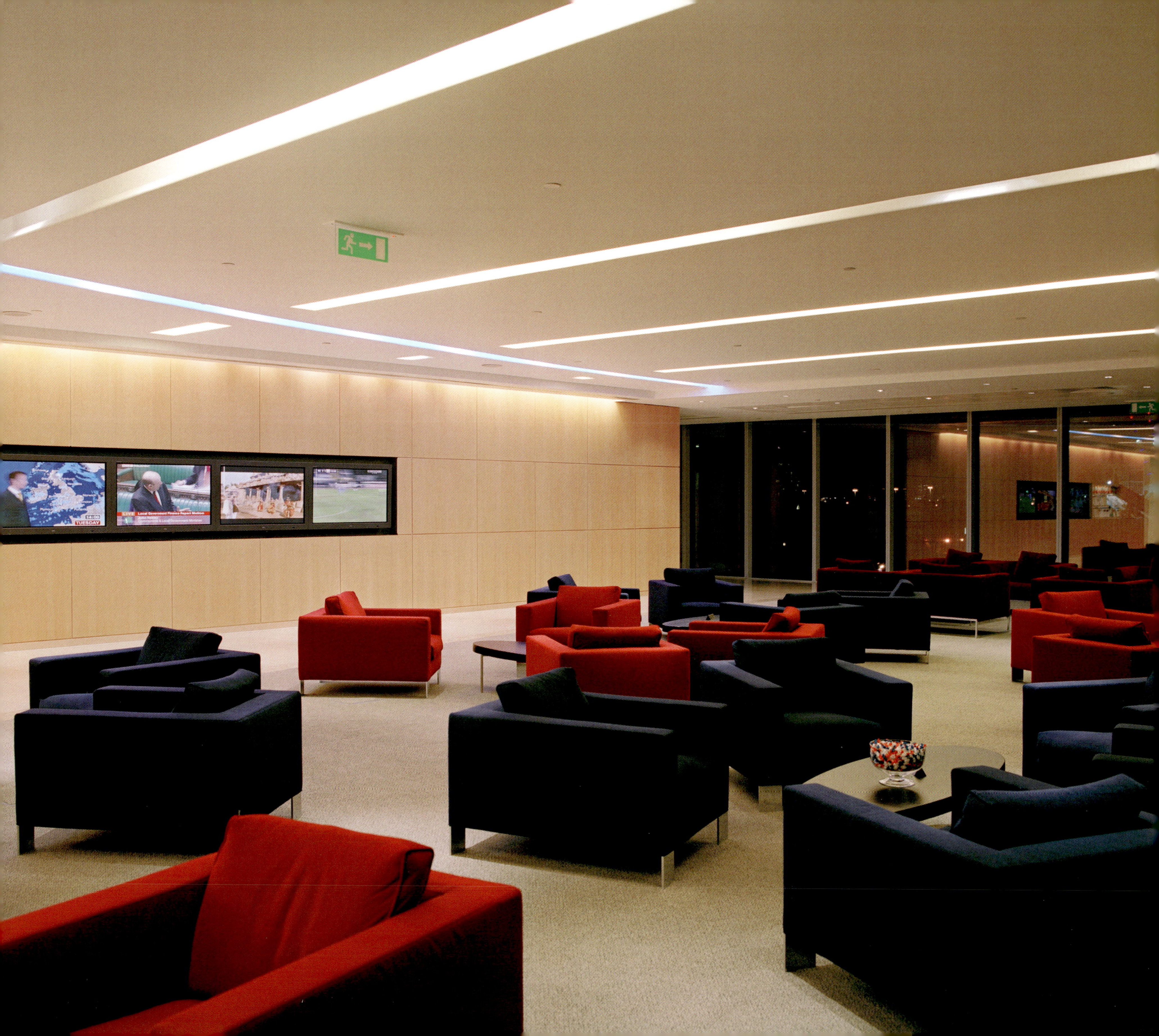

LIVE
Local Government Finance Report Motion
14:00
TUESDAY

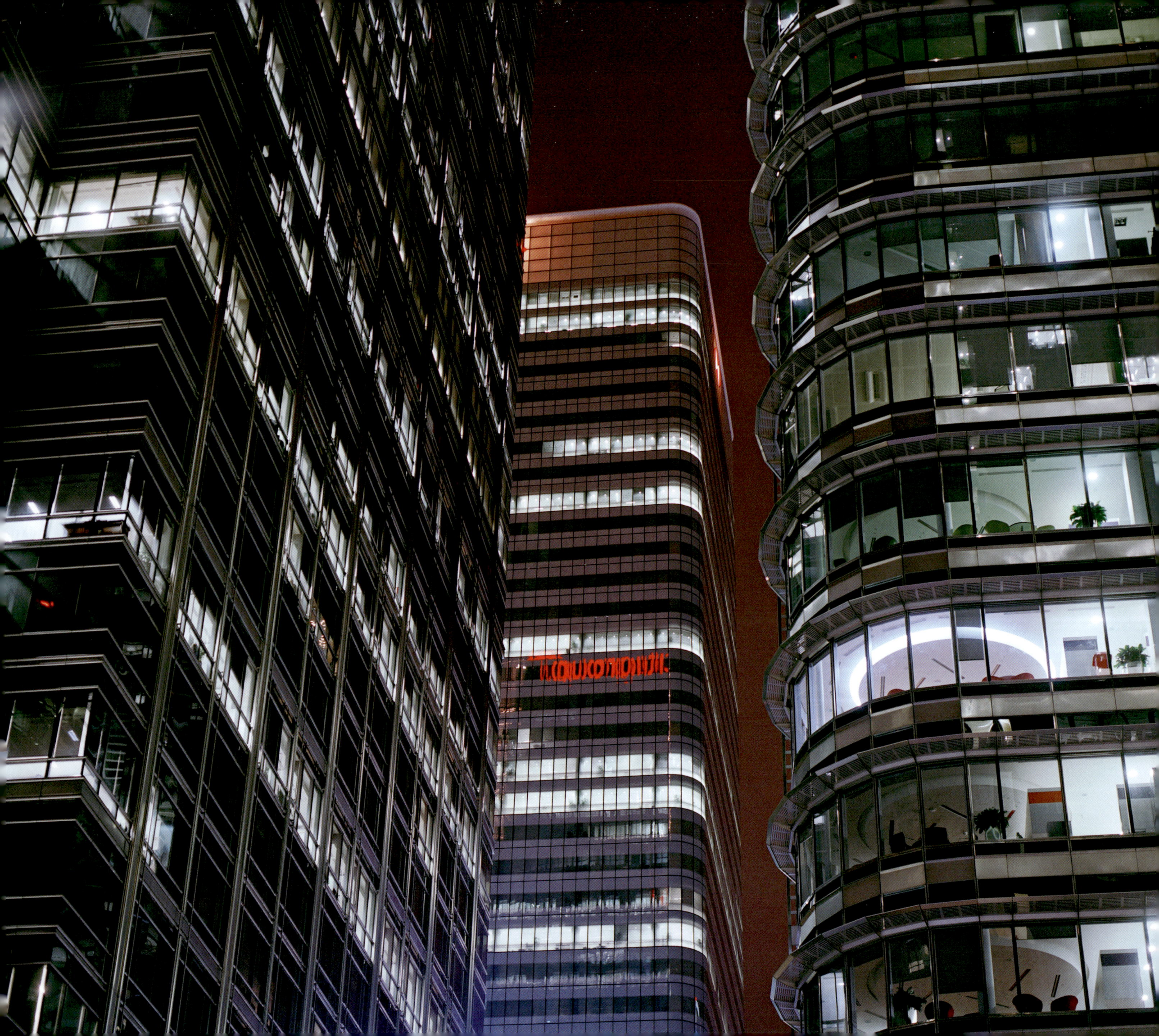

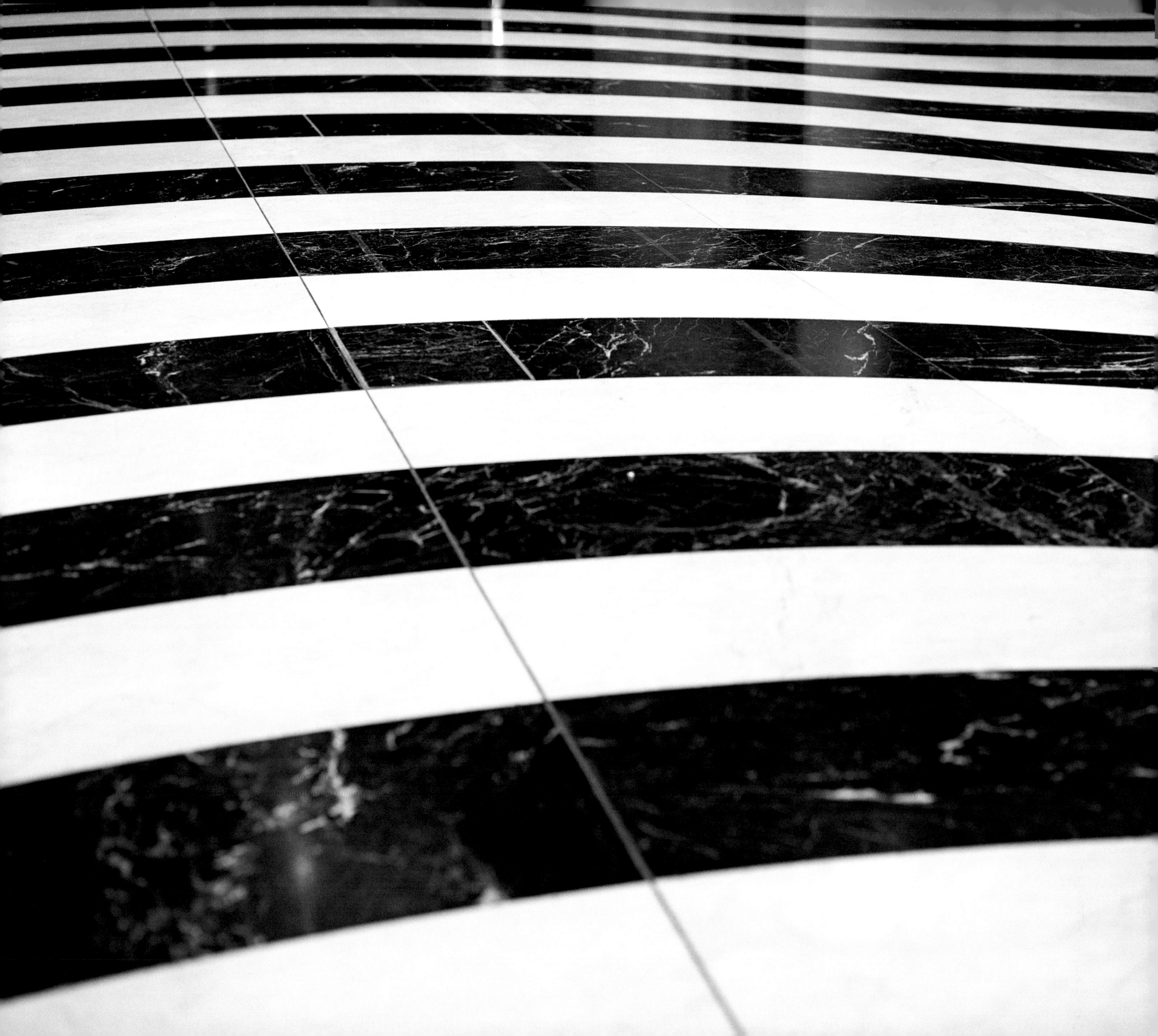

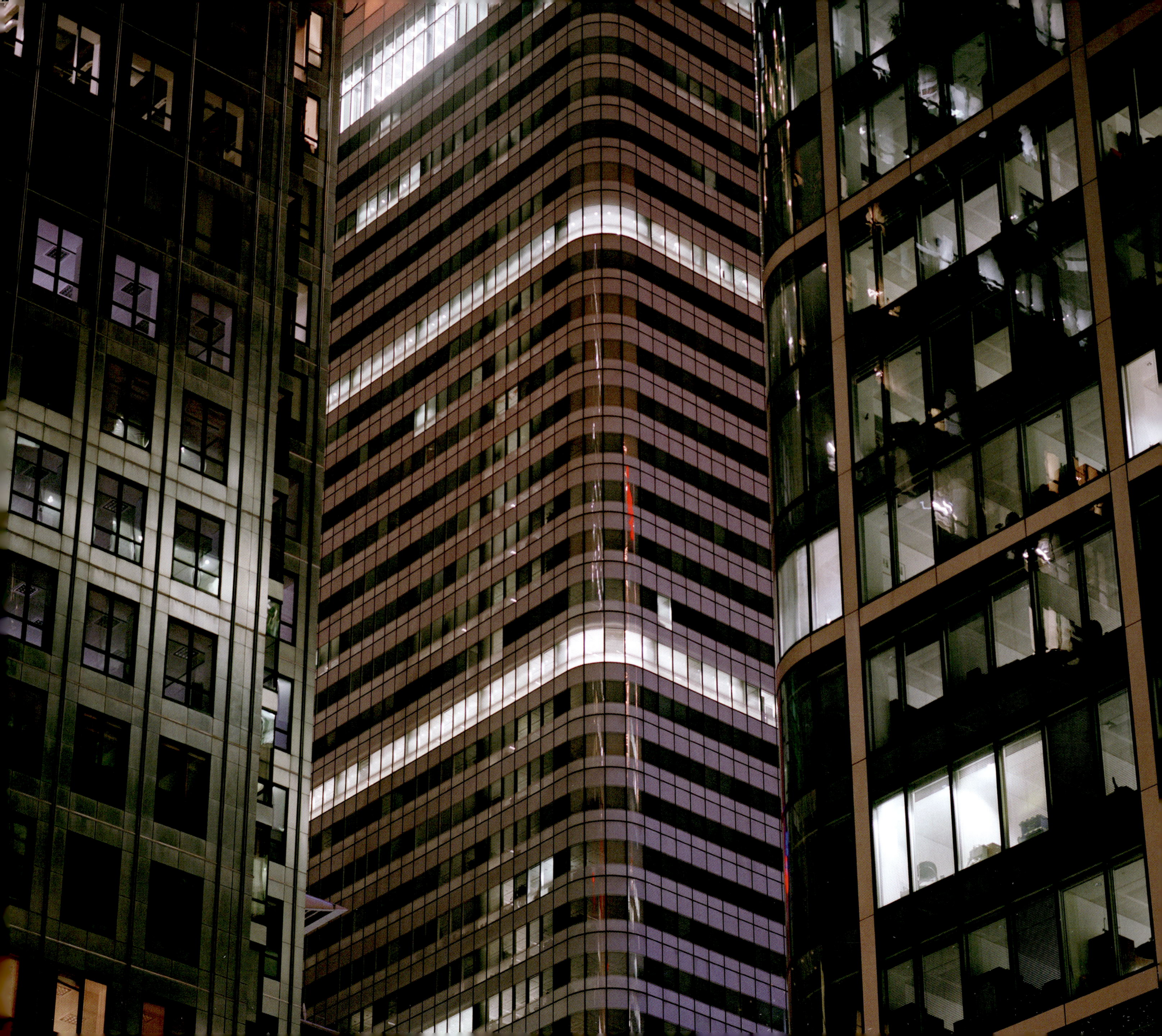

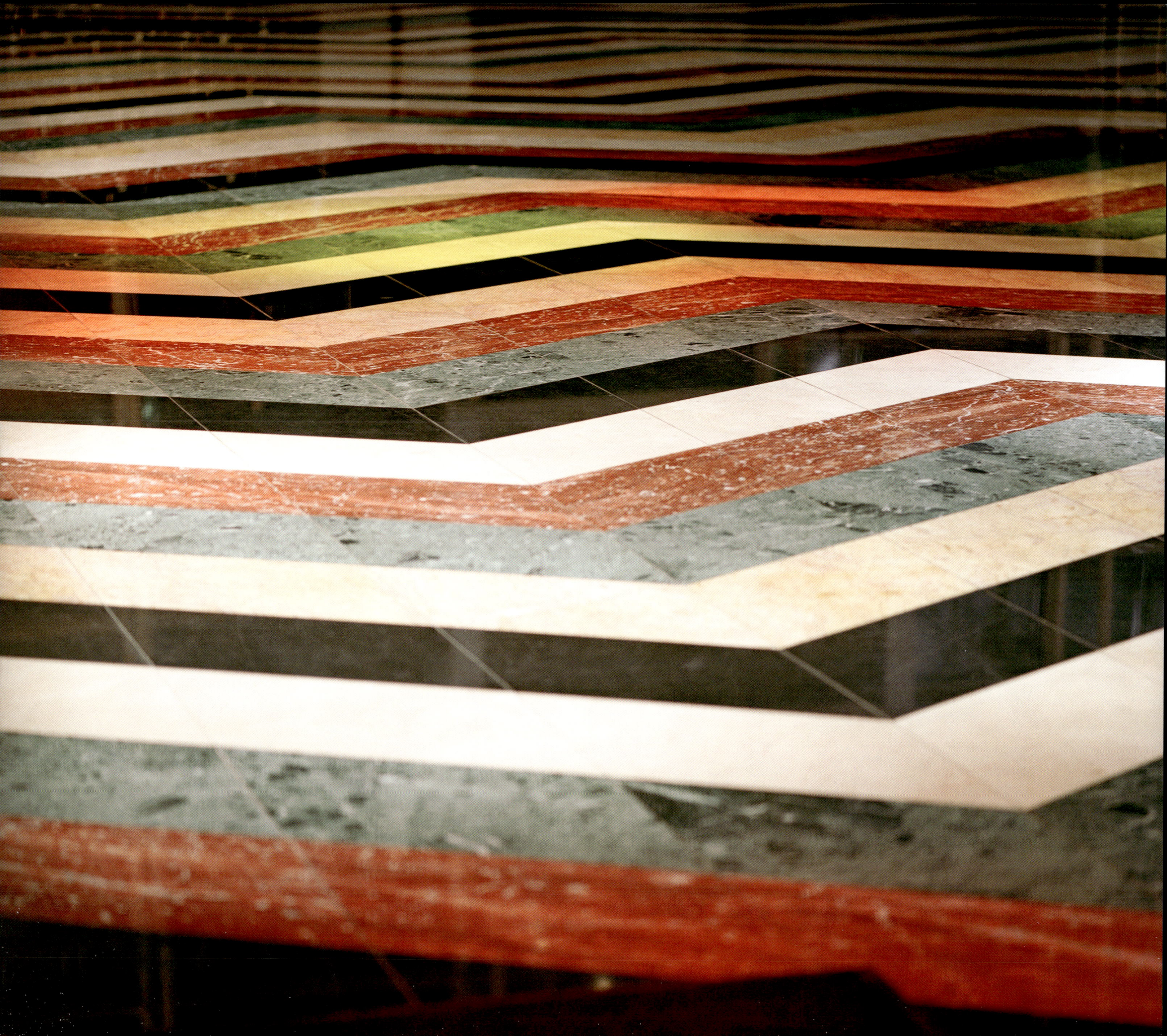

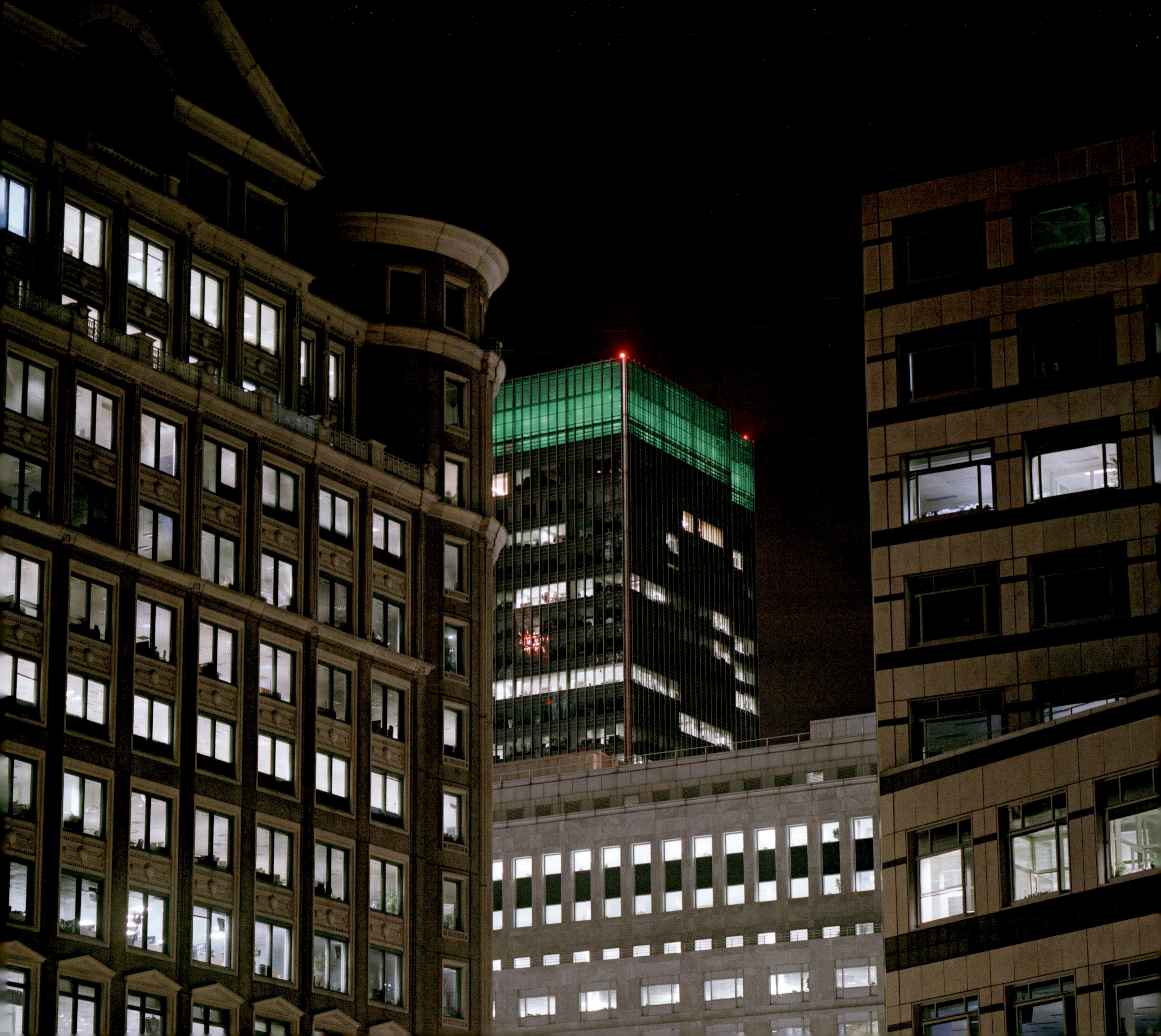

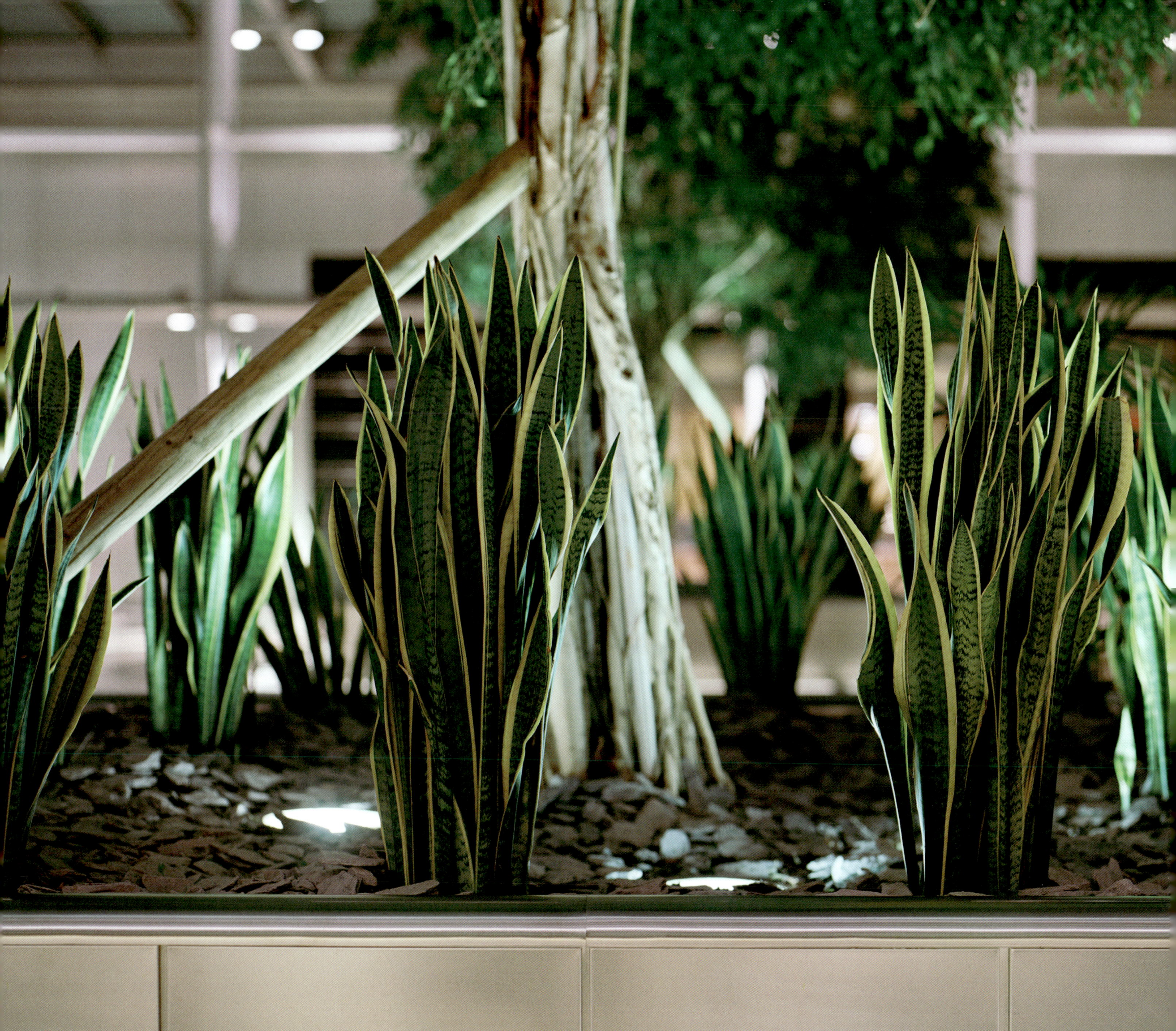

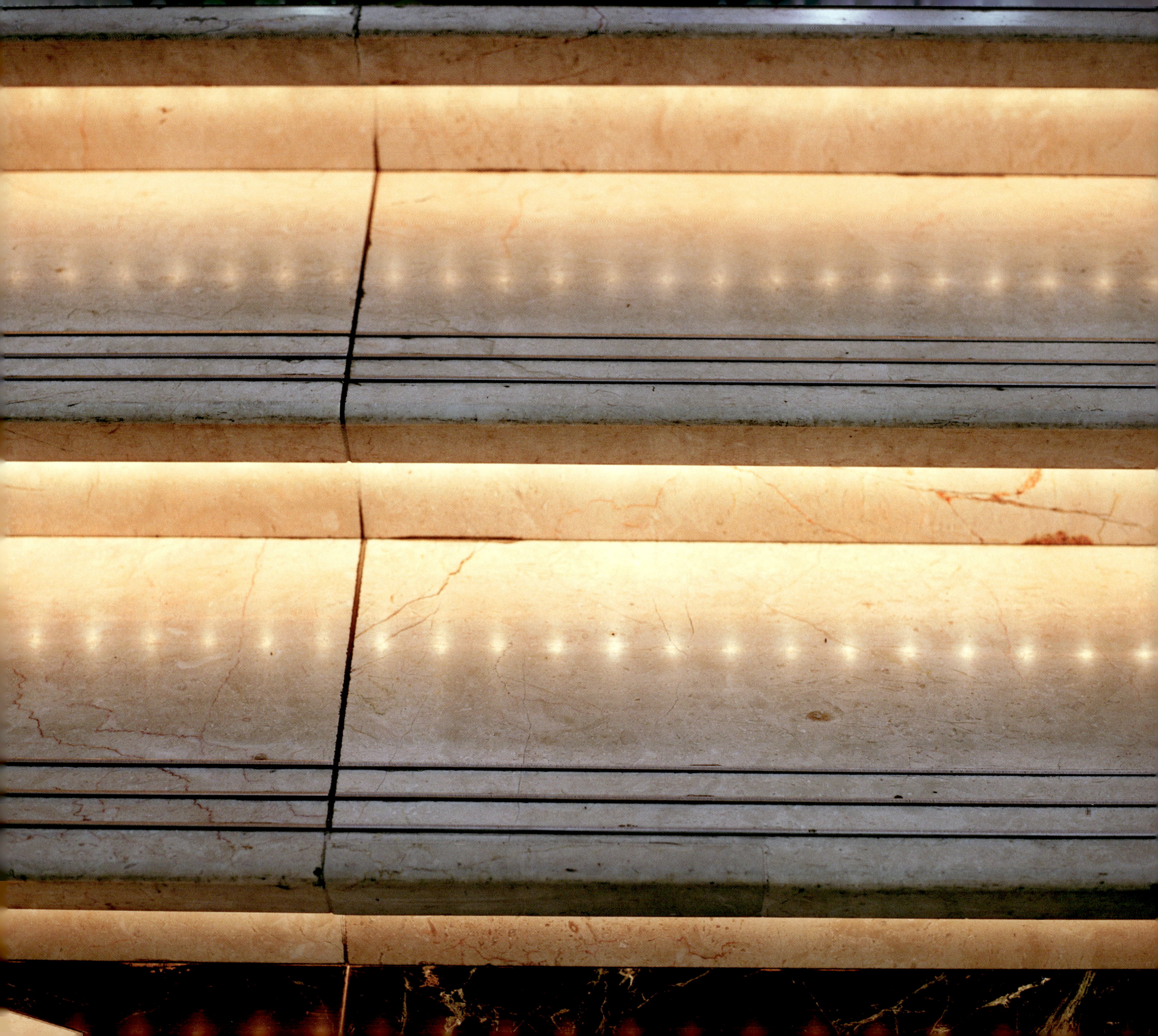

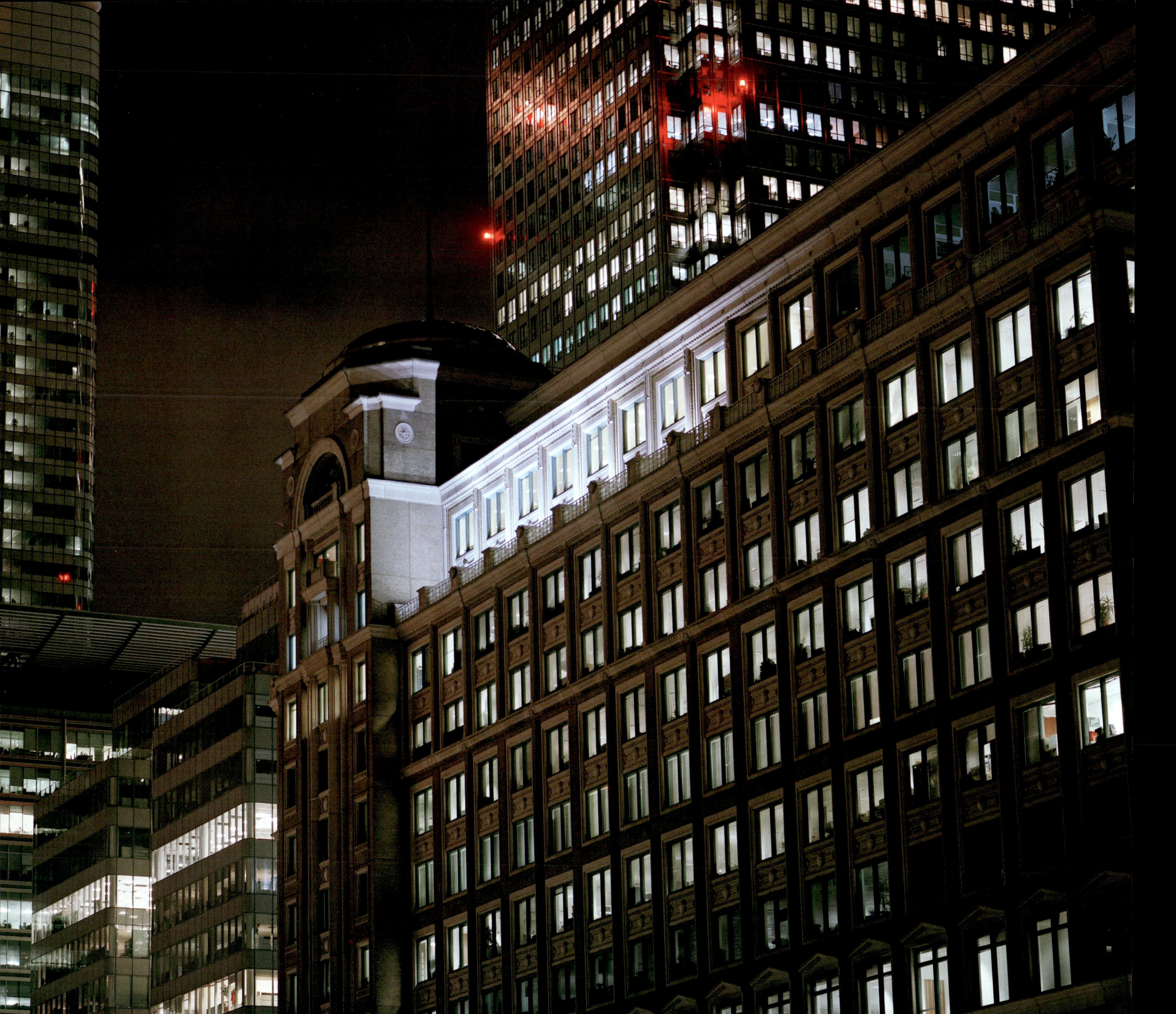

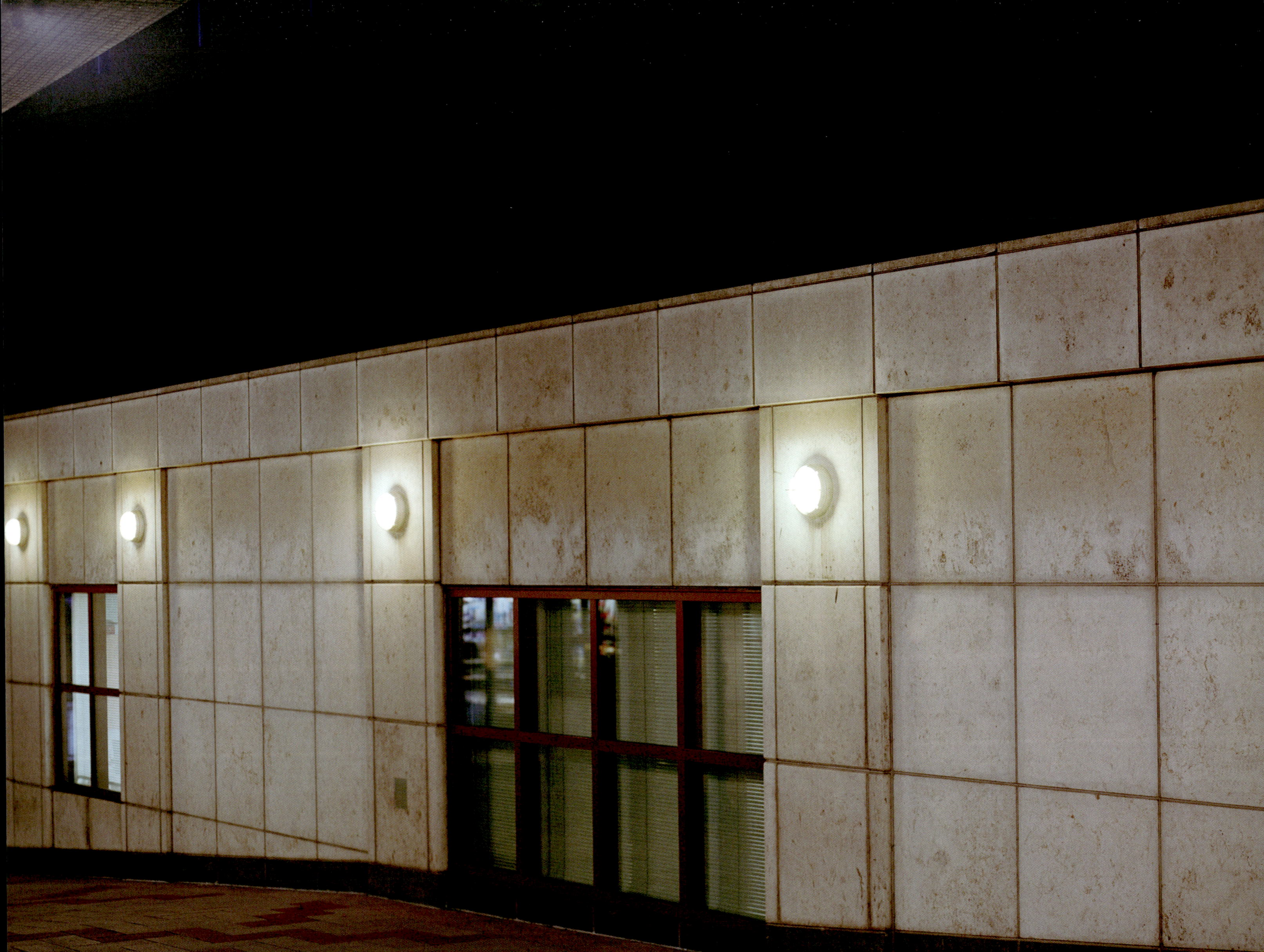

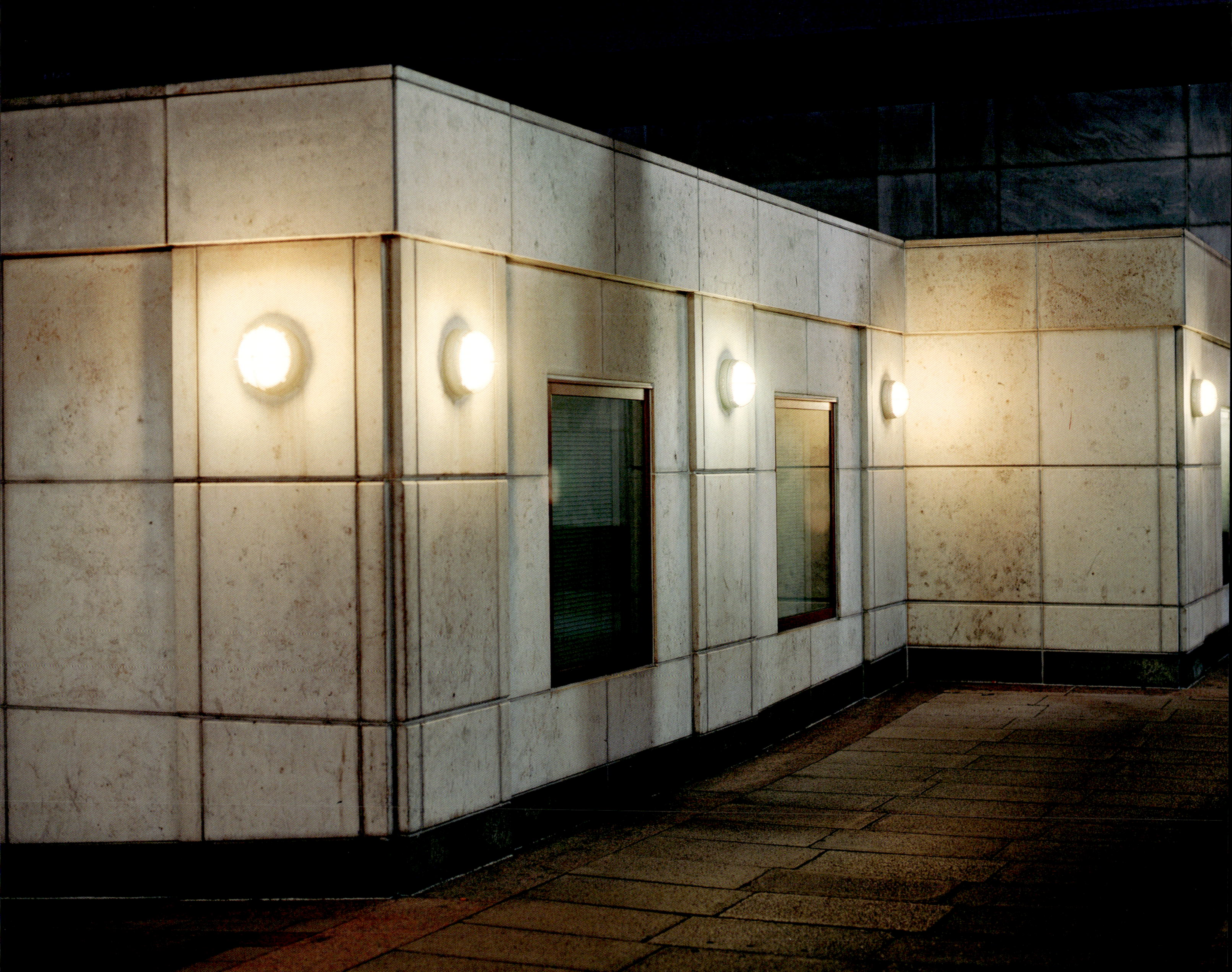

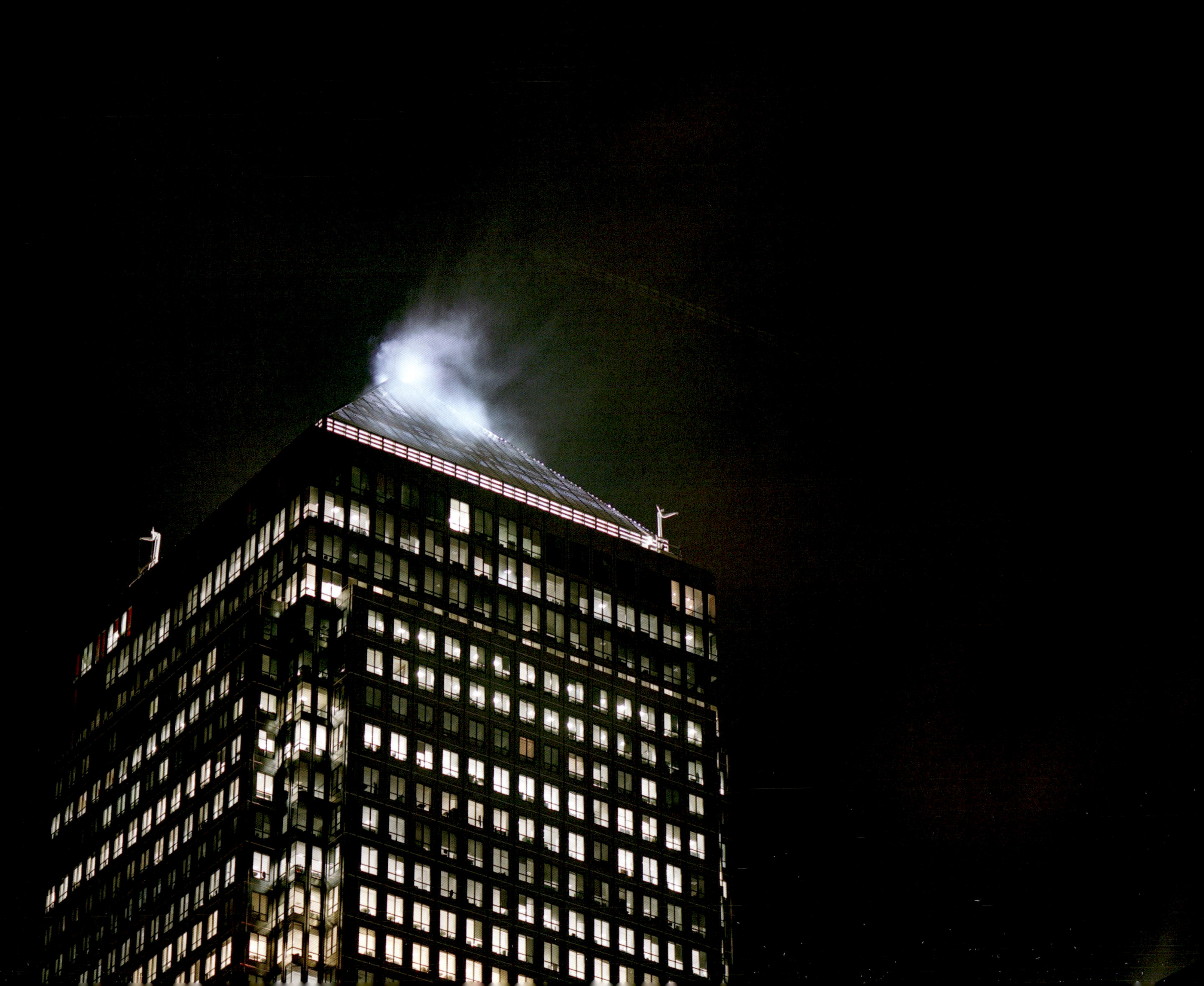

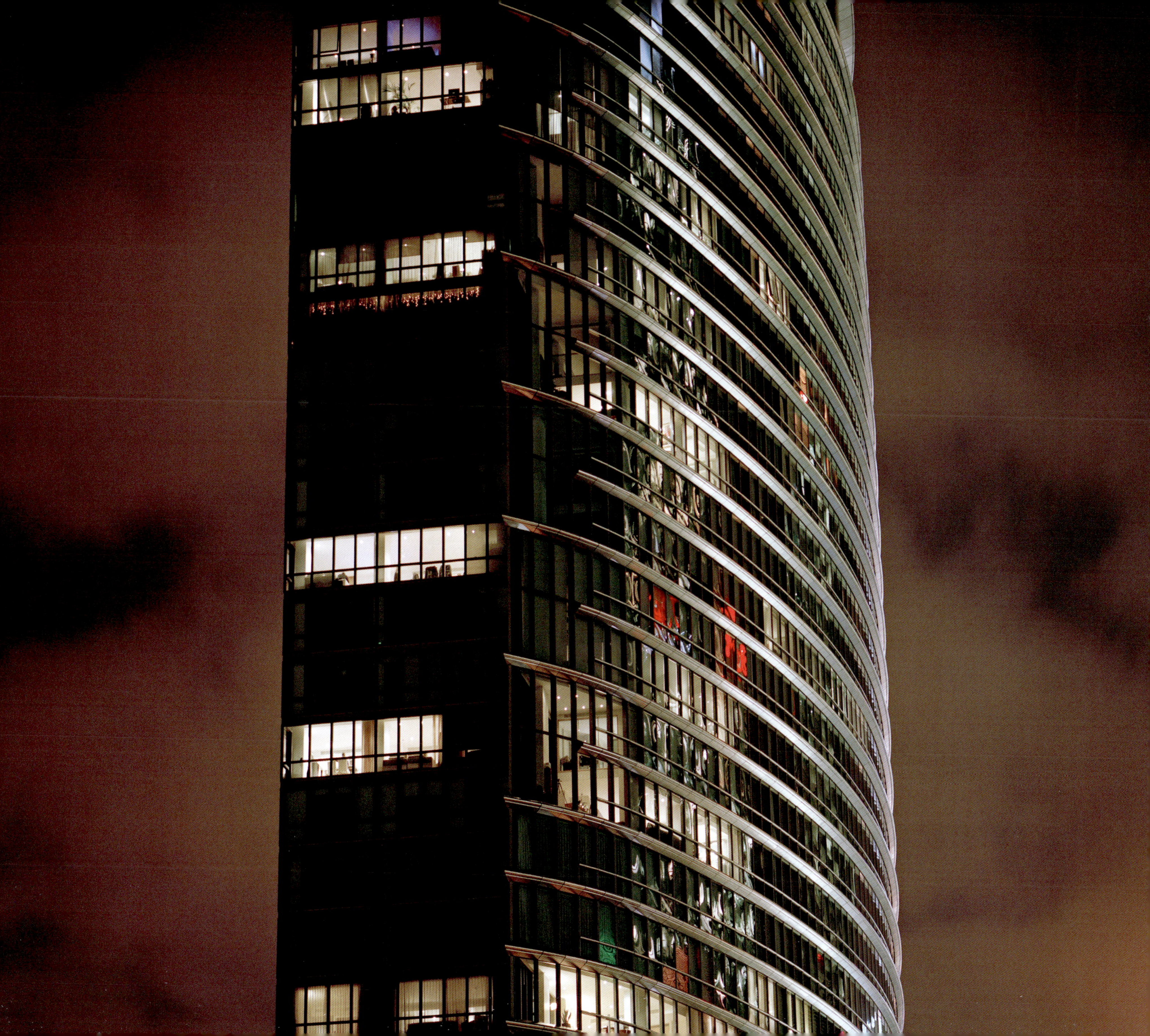

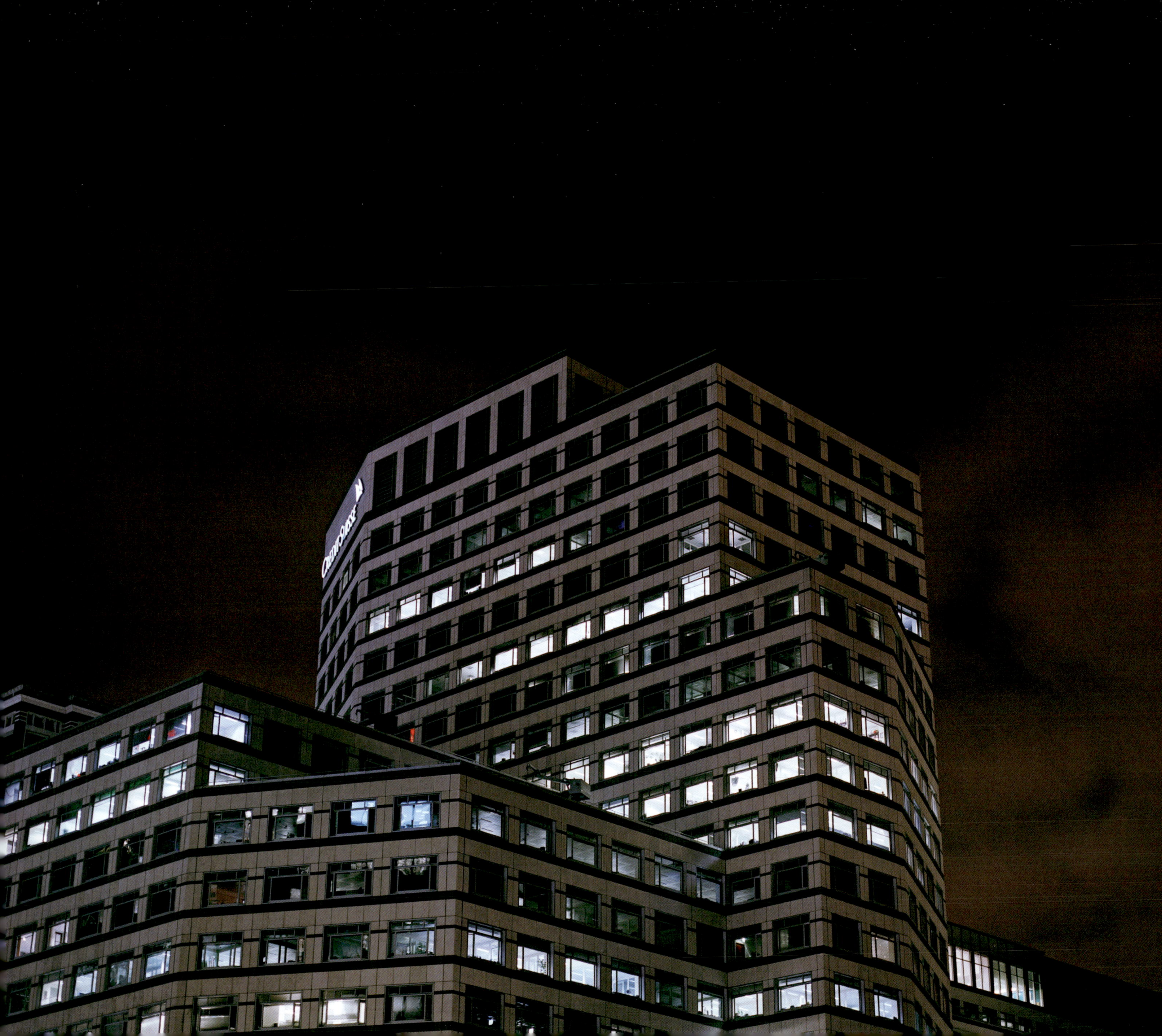

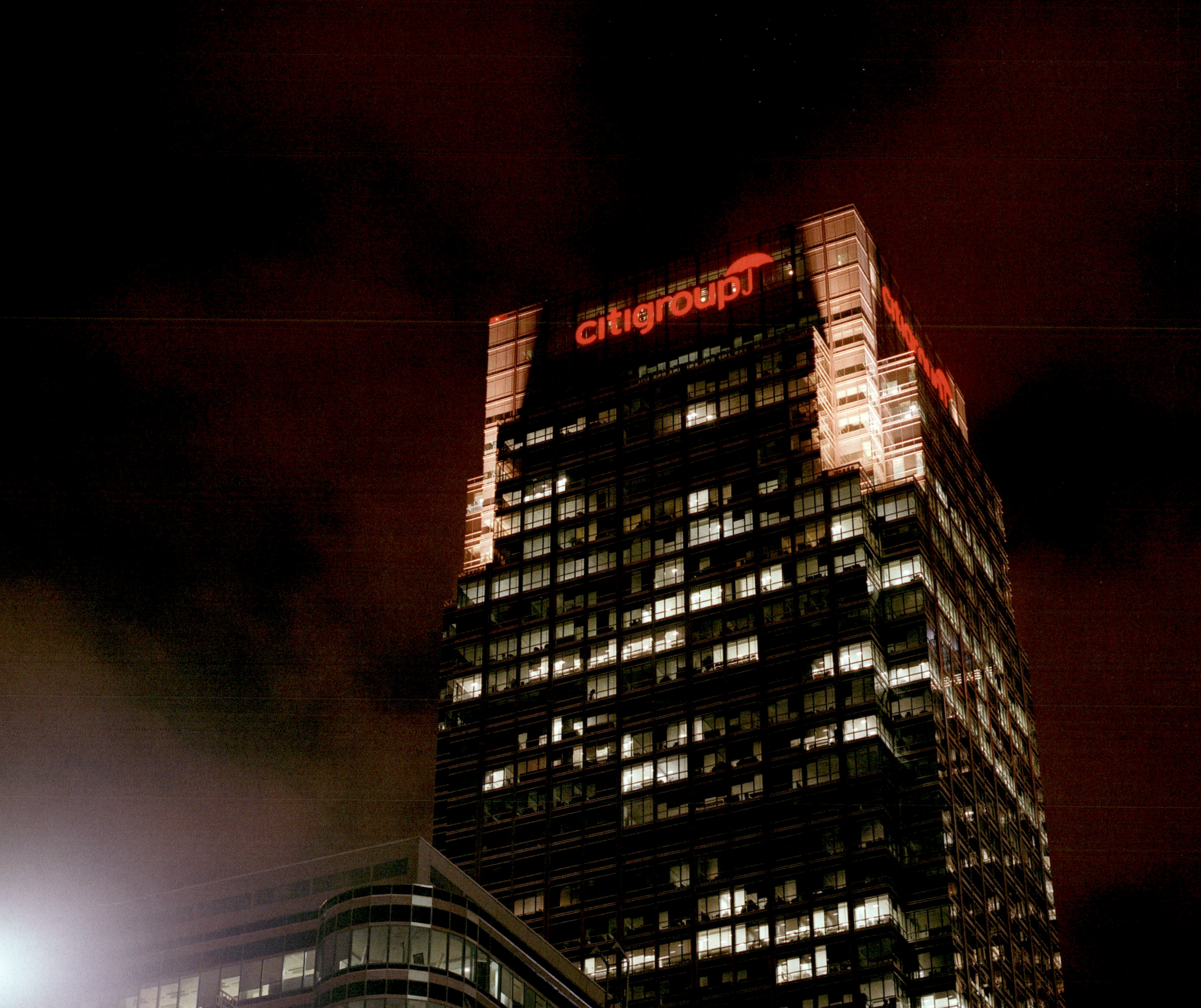
citigroup

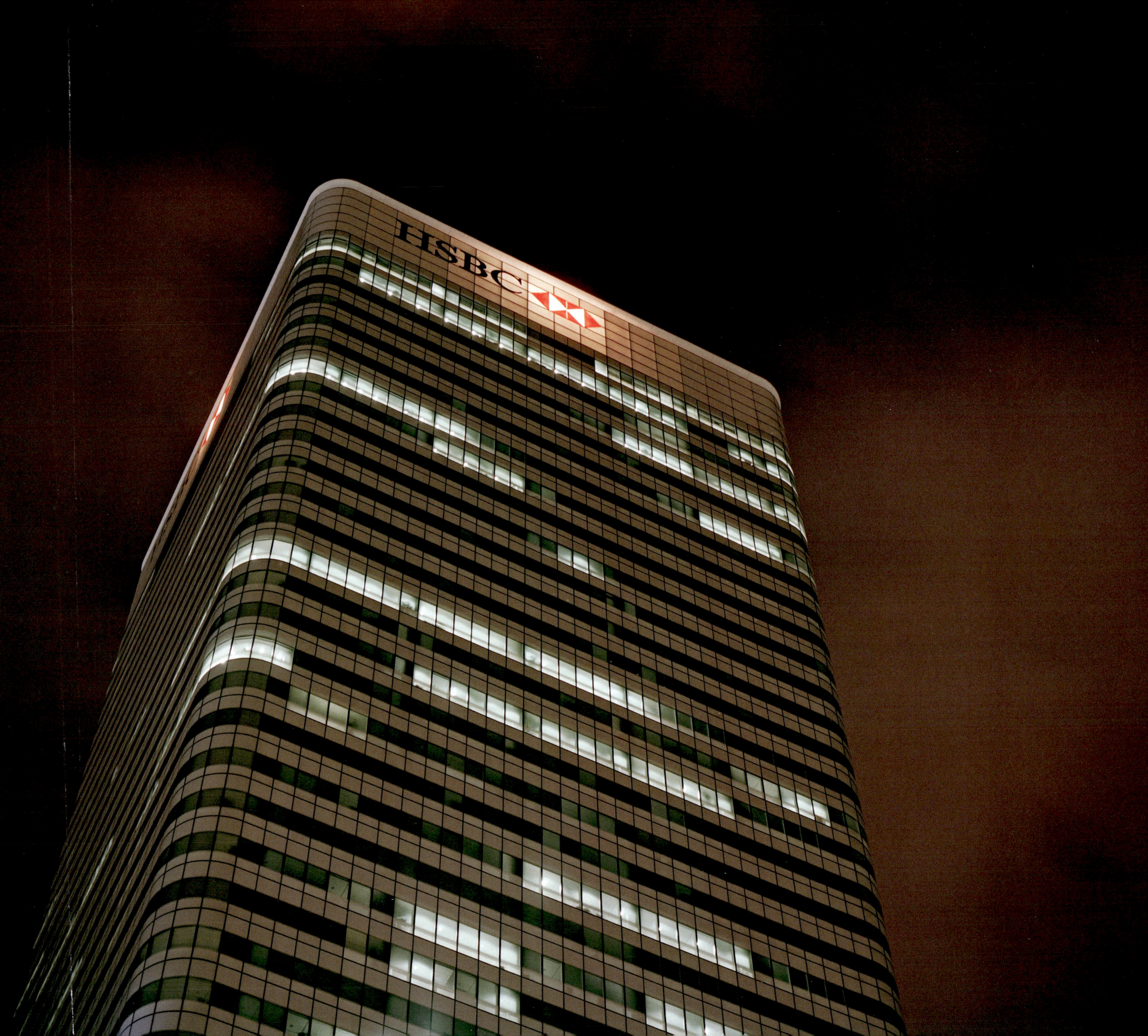

HSBC

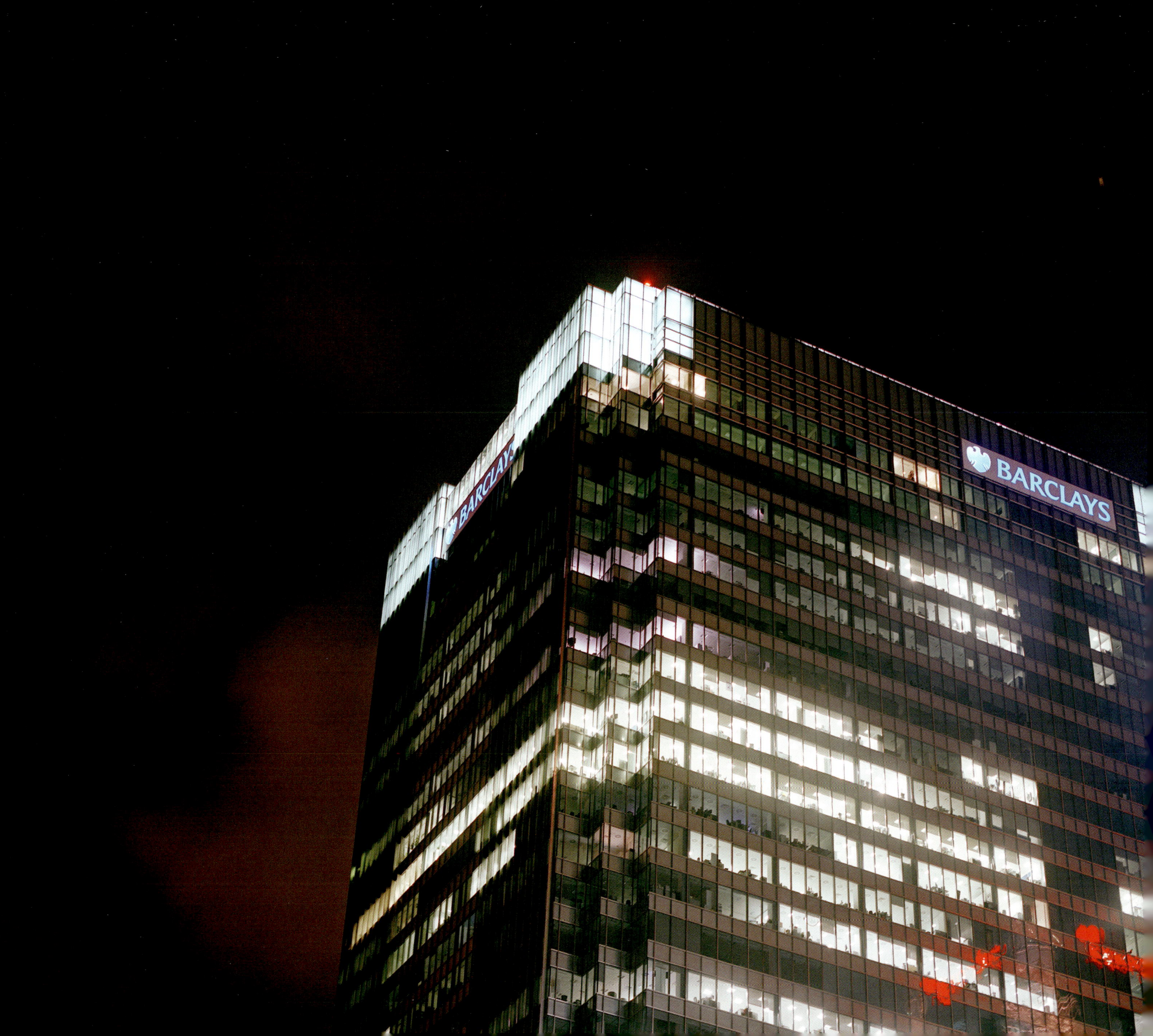
BARCLAYS
BARCLAYS

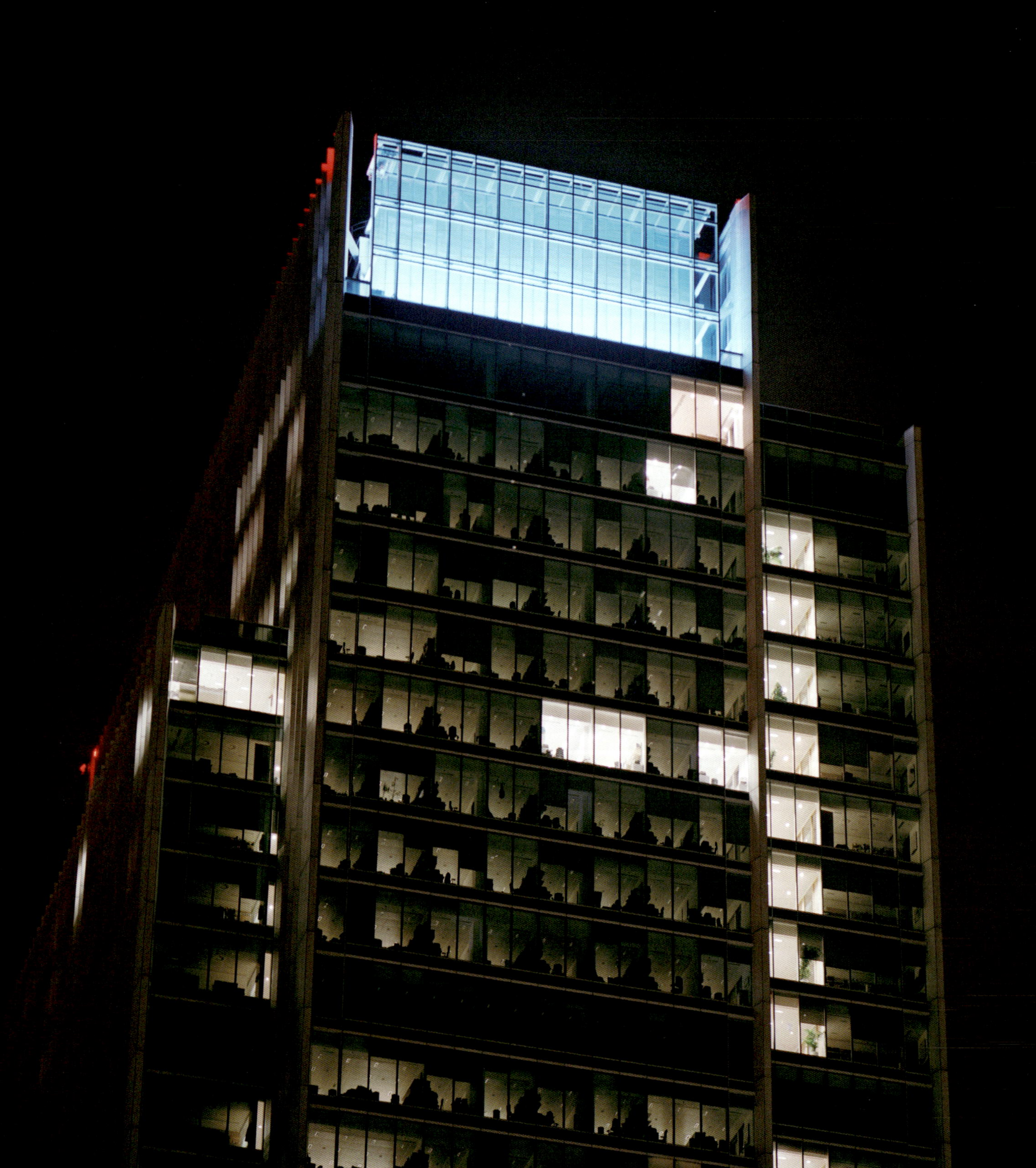

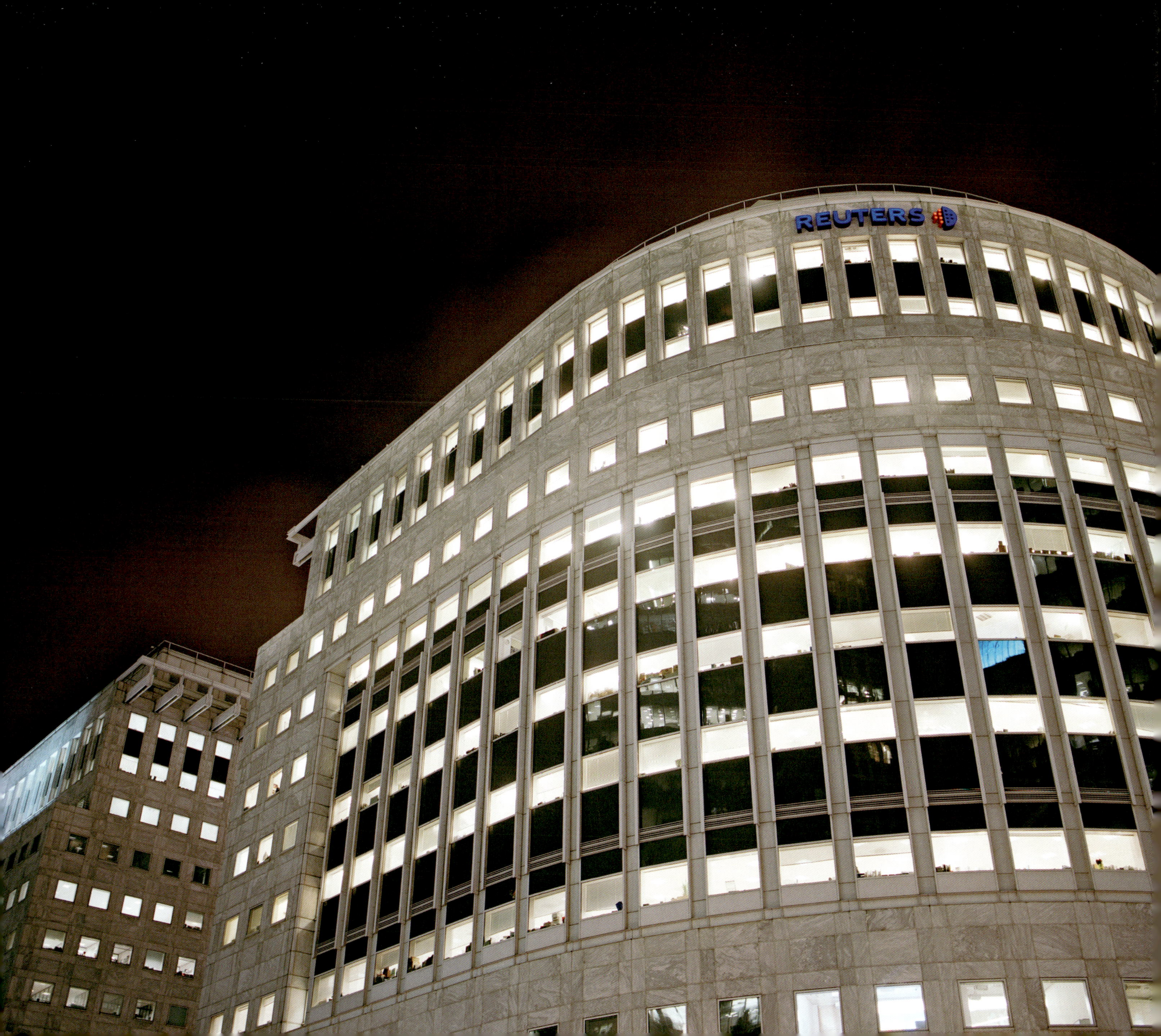
REUTERS

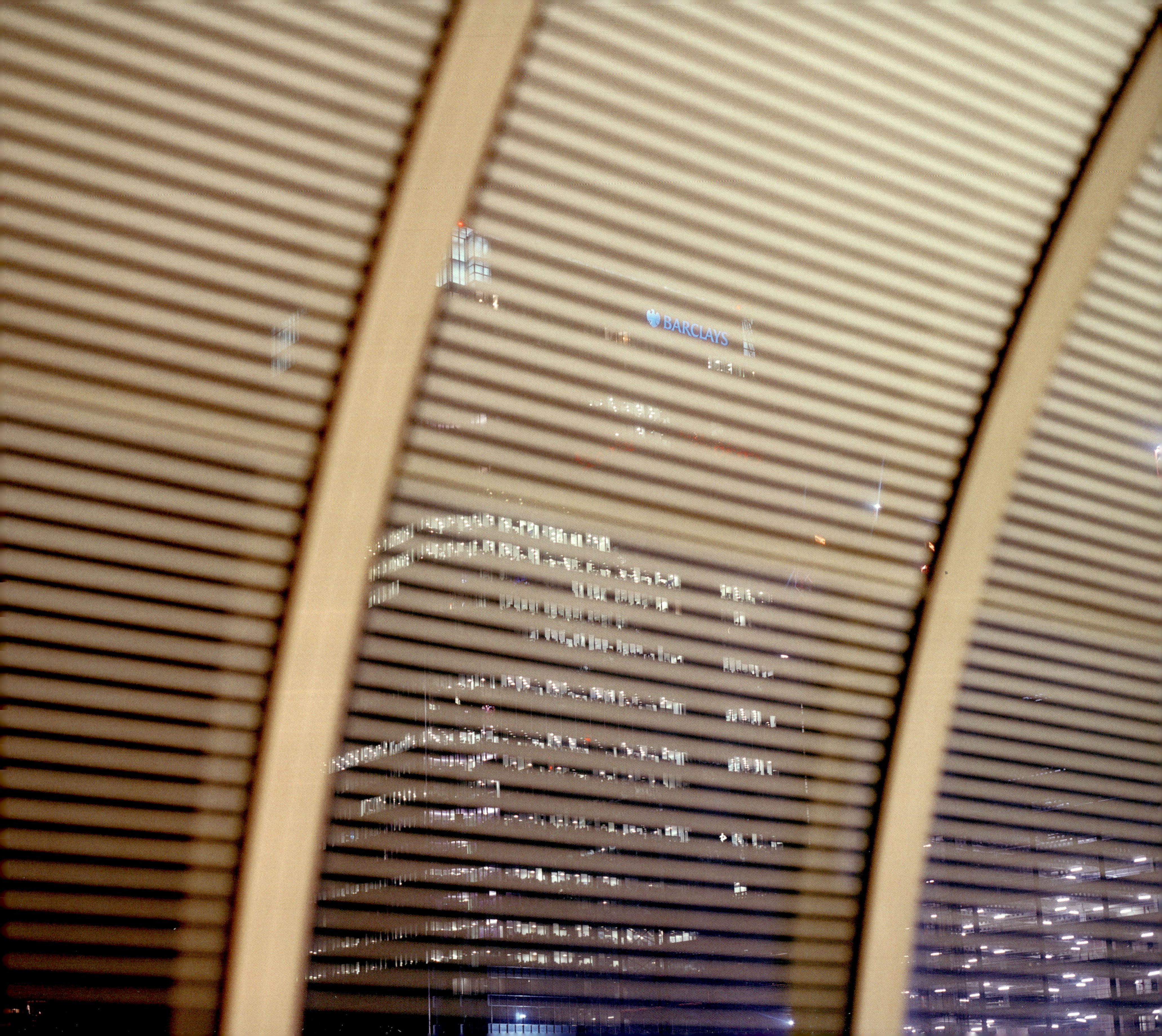
BARCLAYS

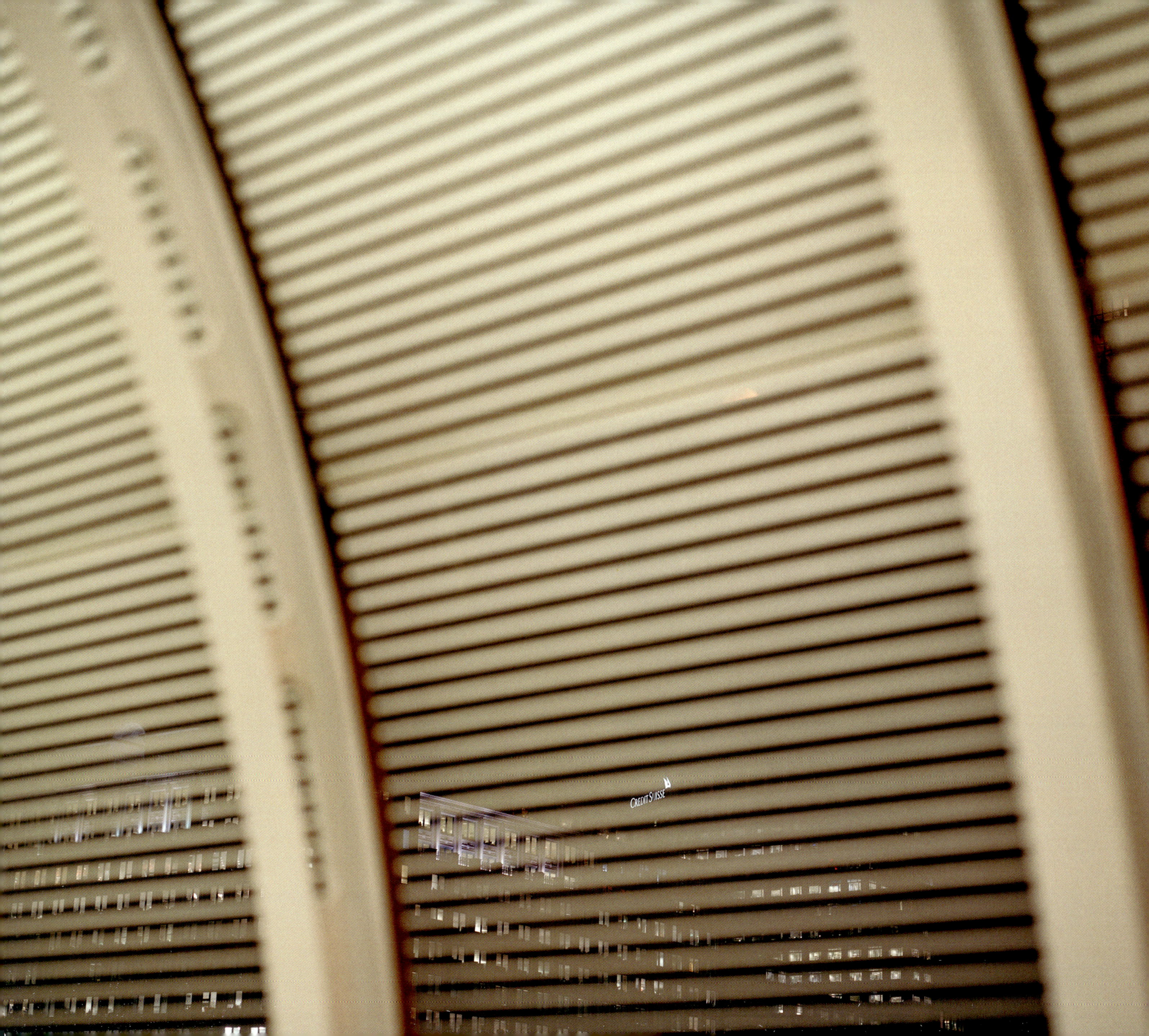

CREDIT SUISSE

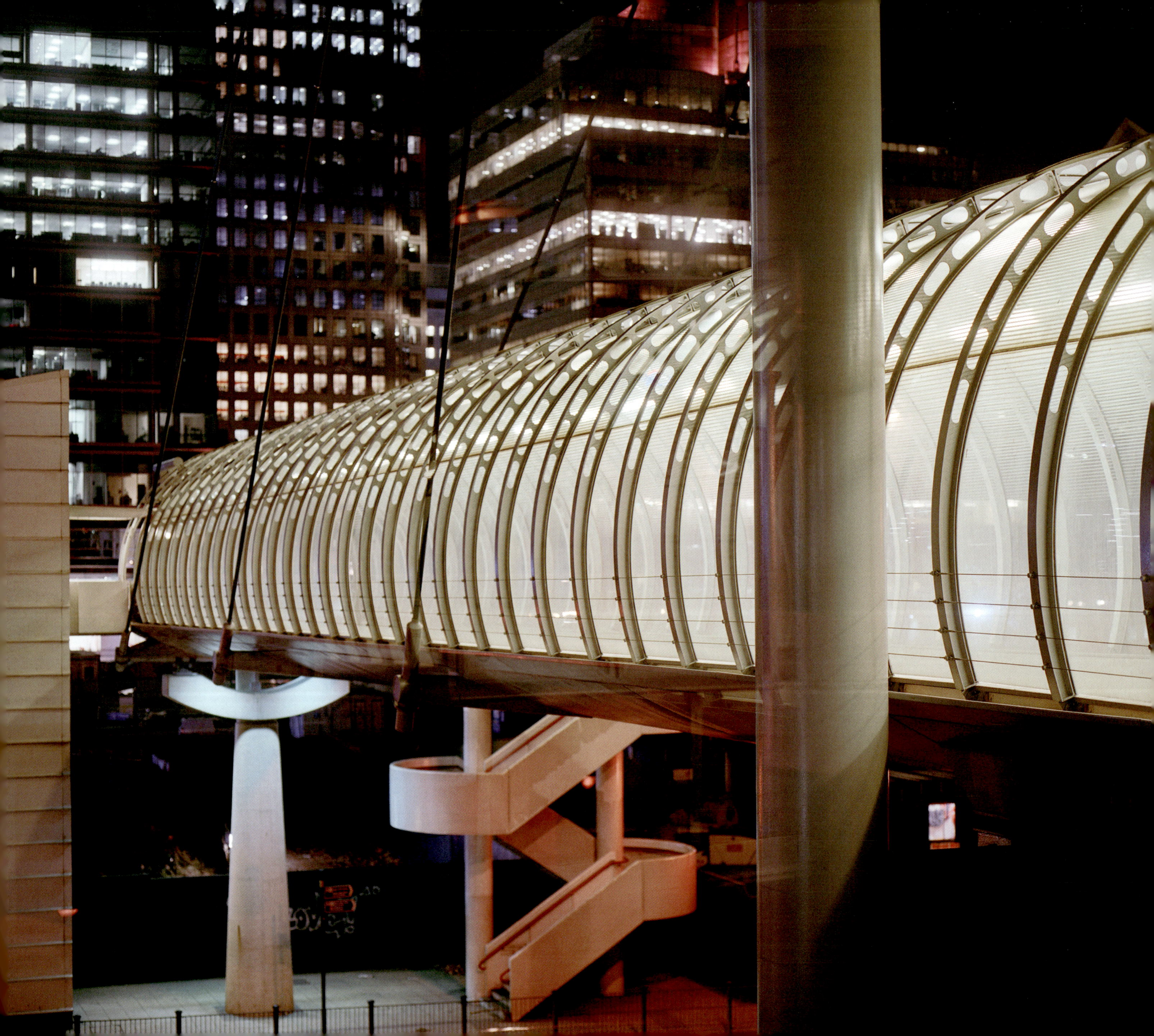

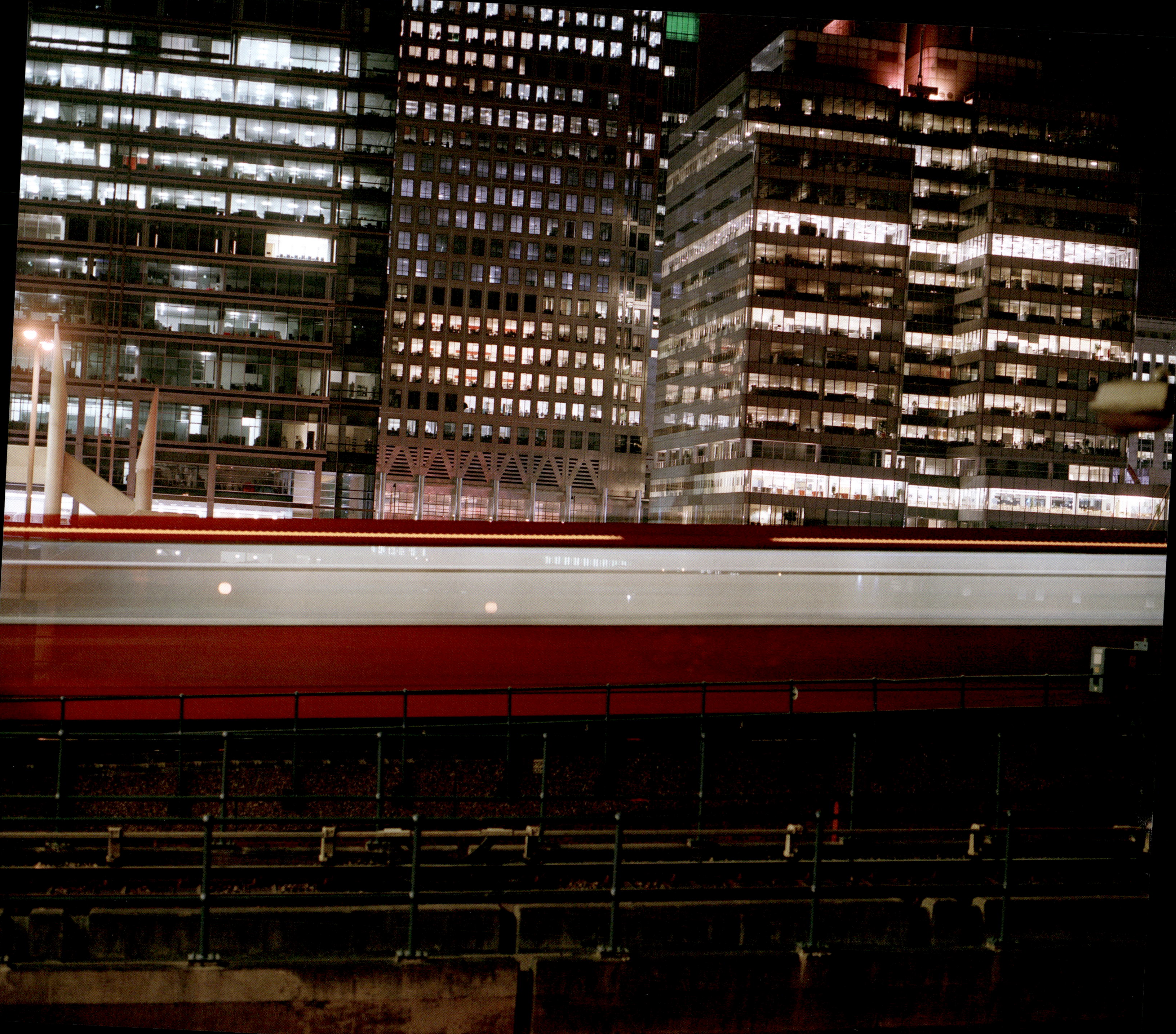

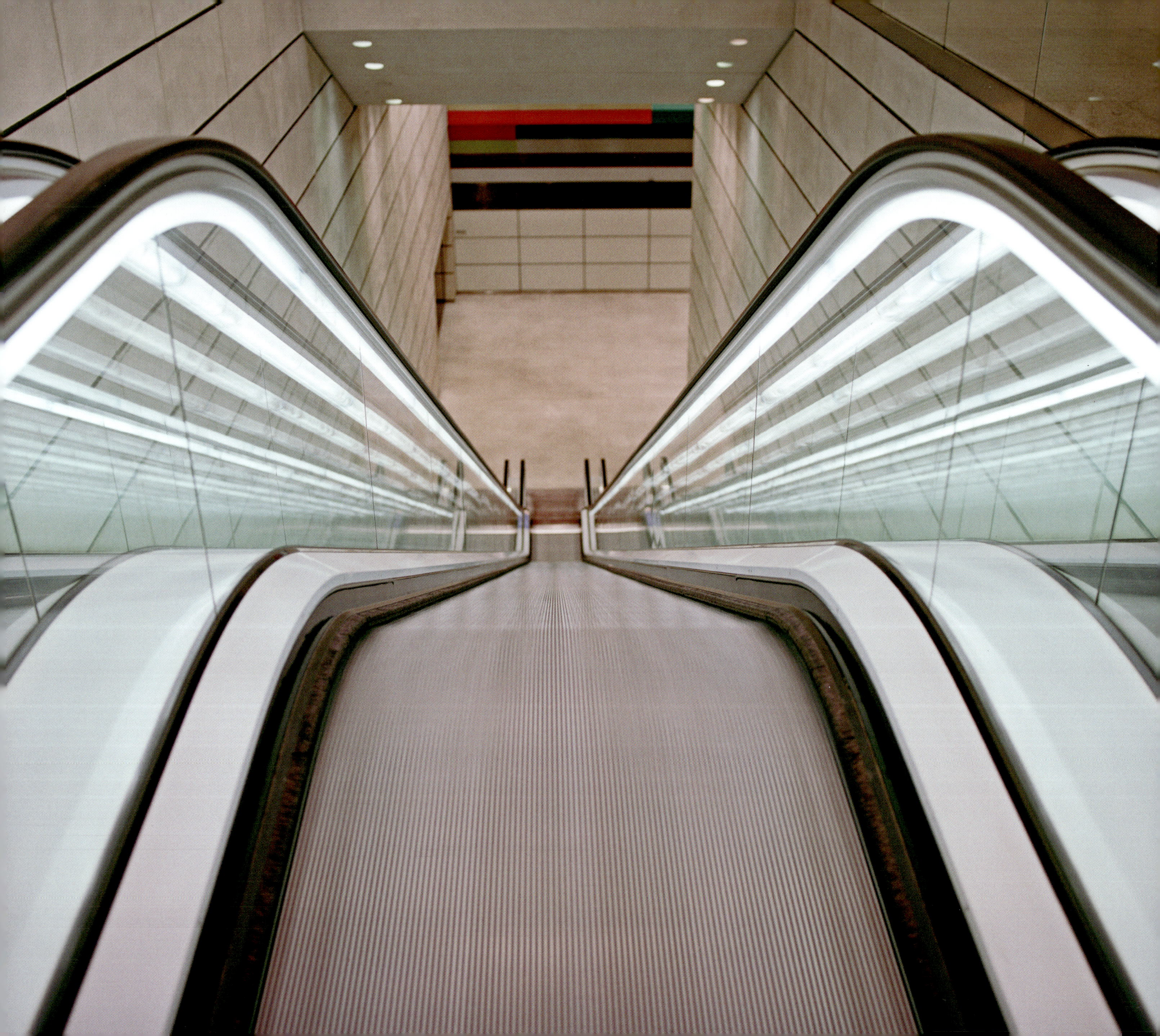

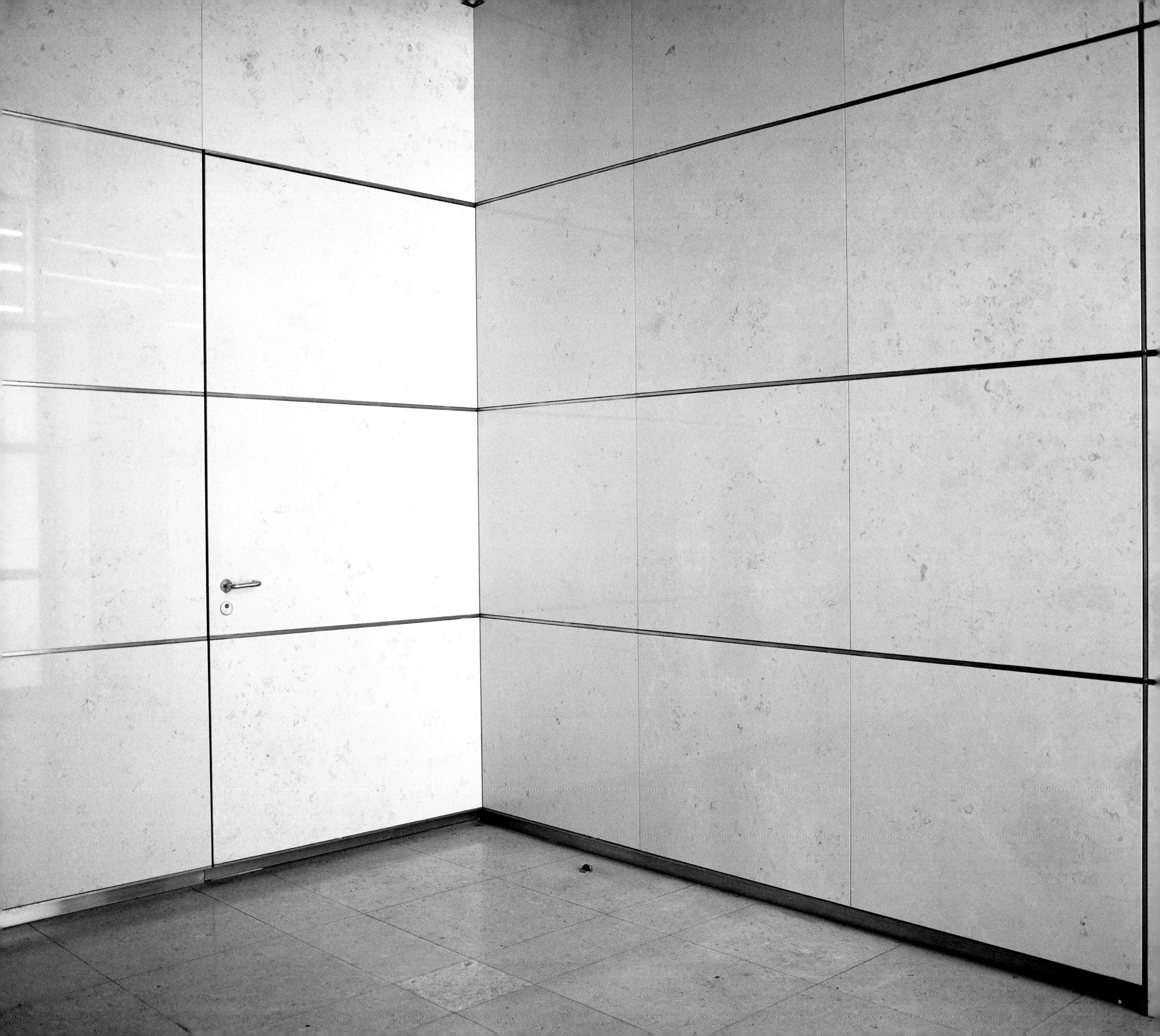

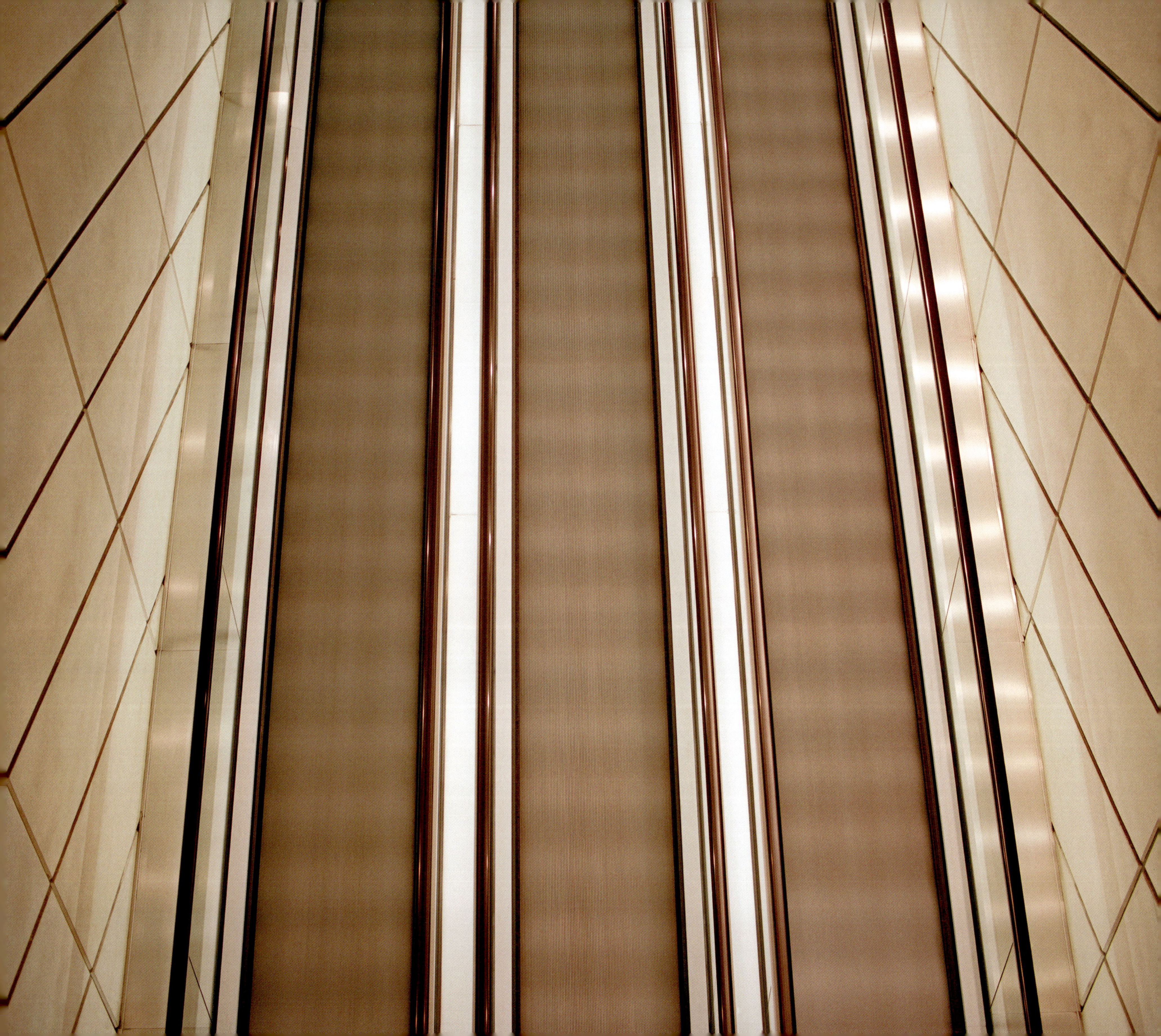

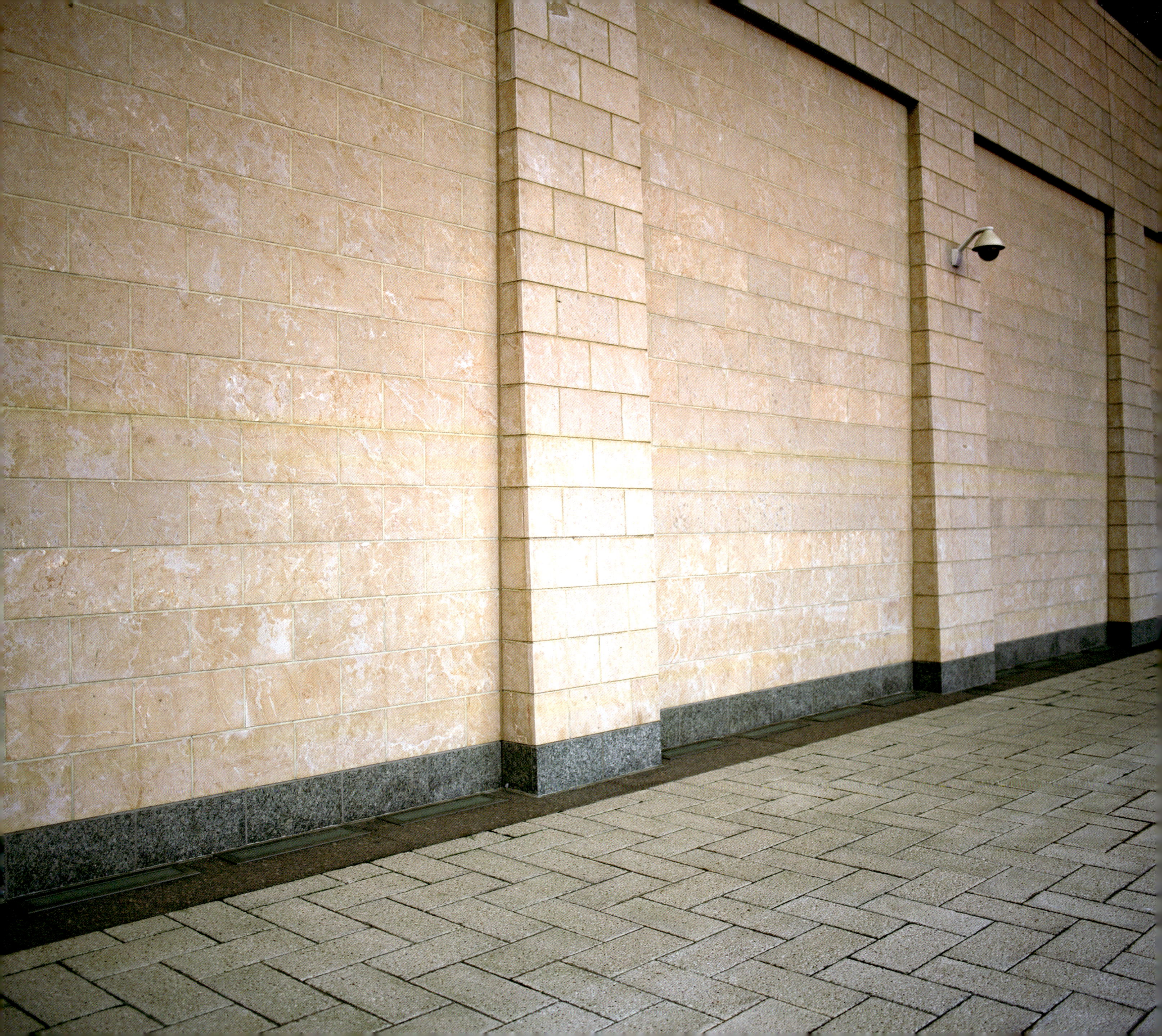

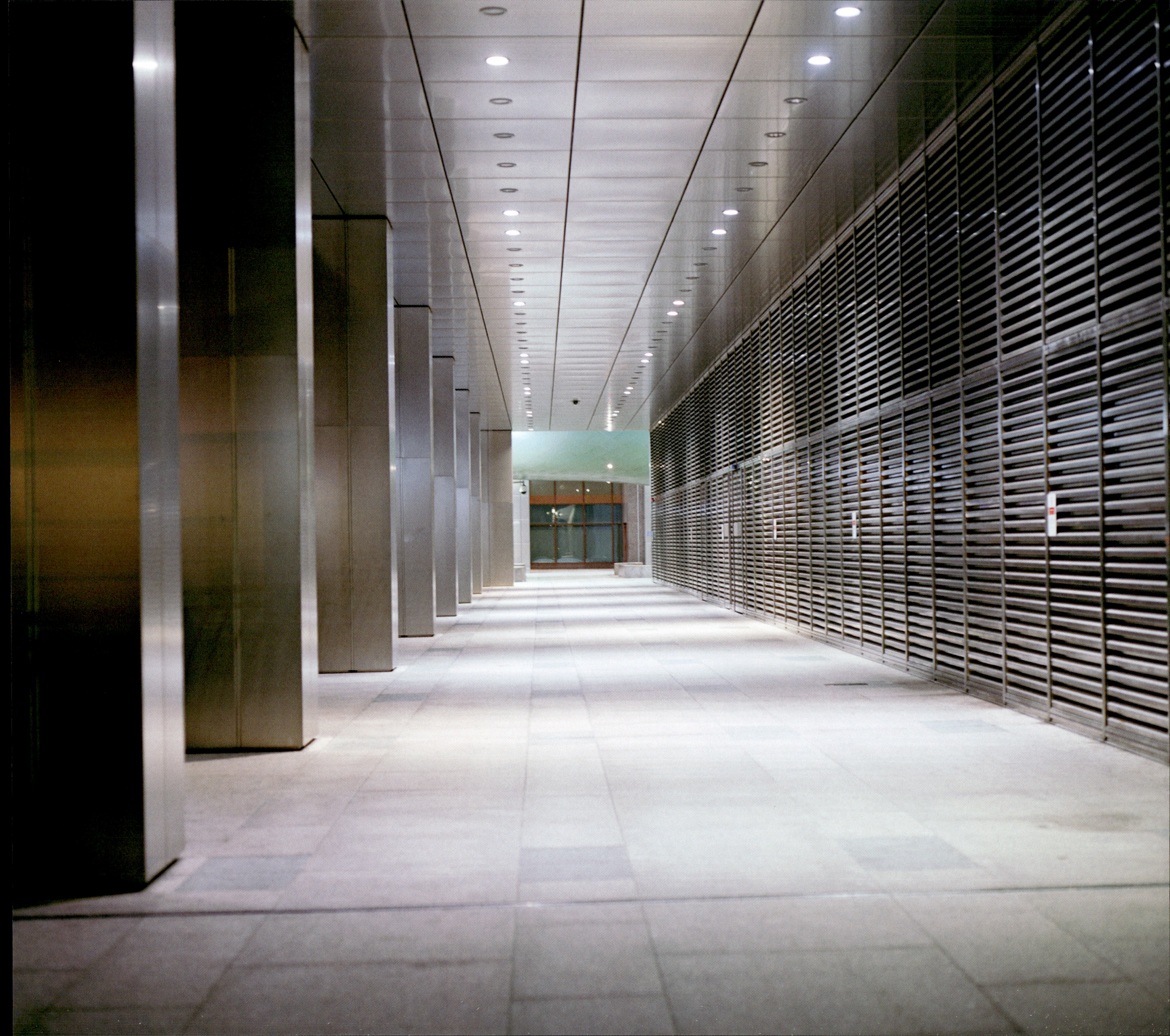

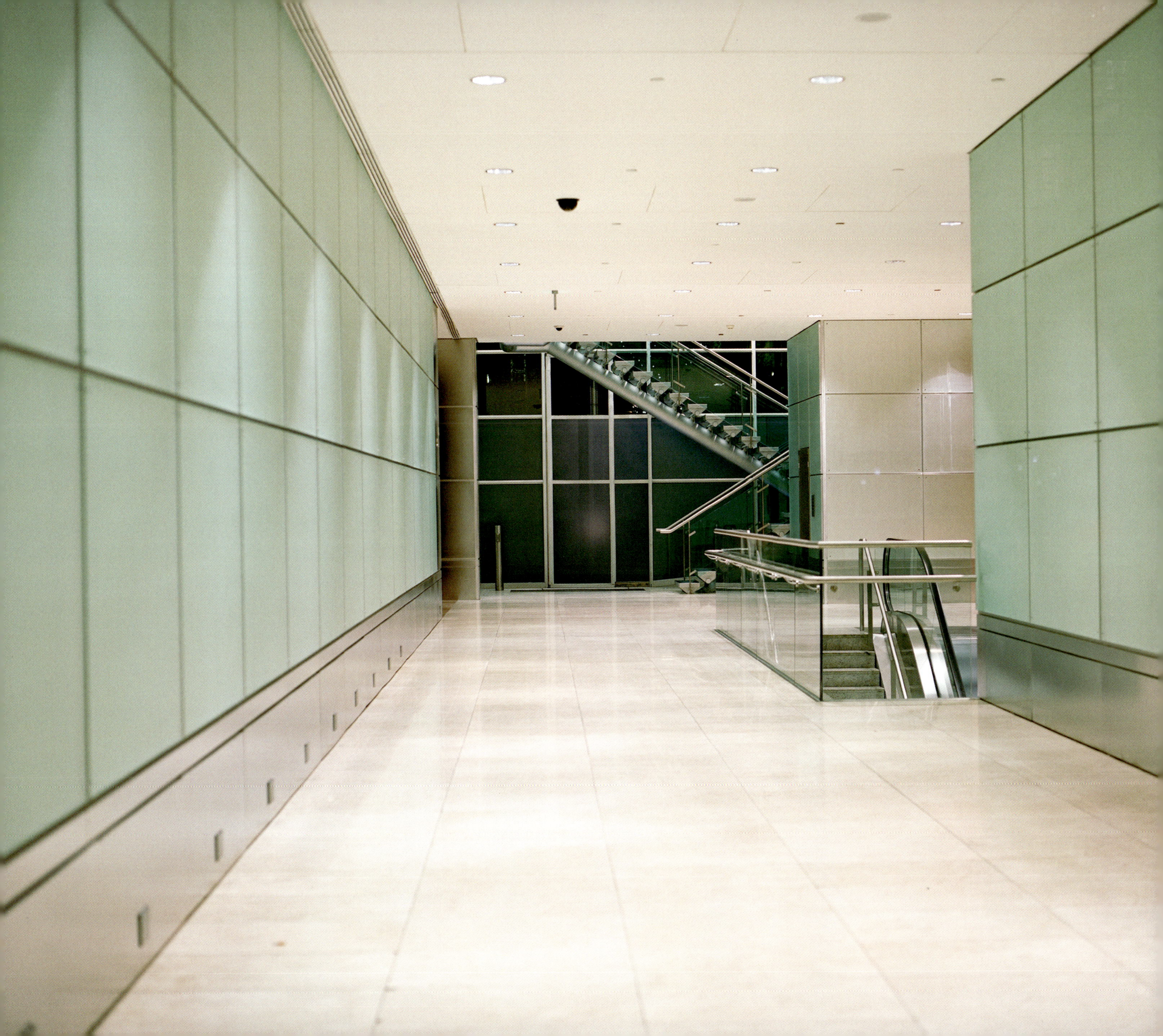

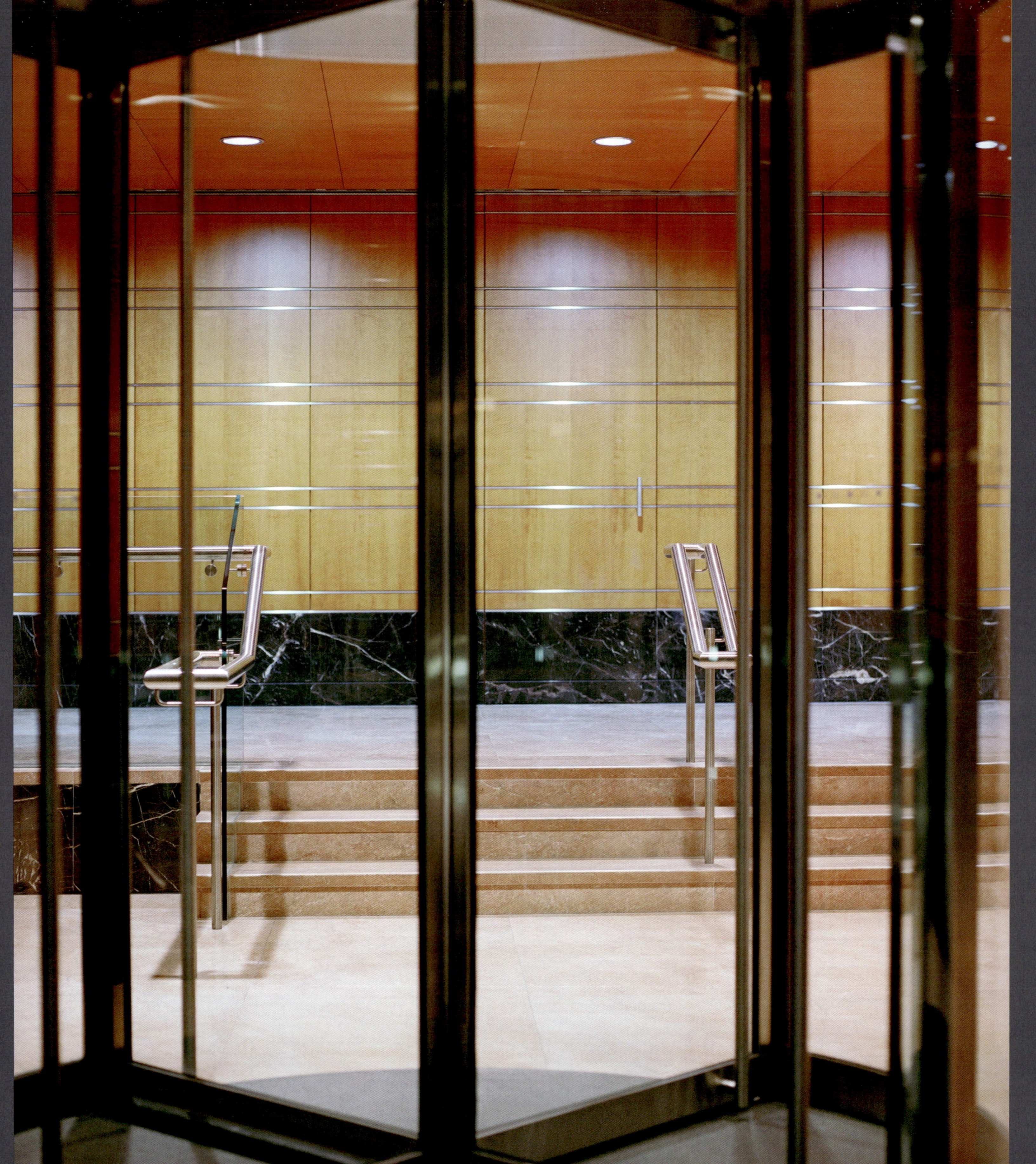

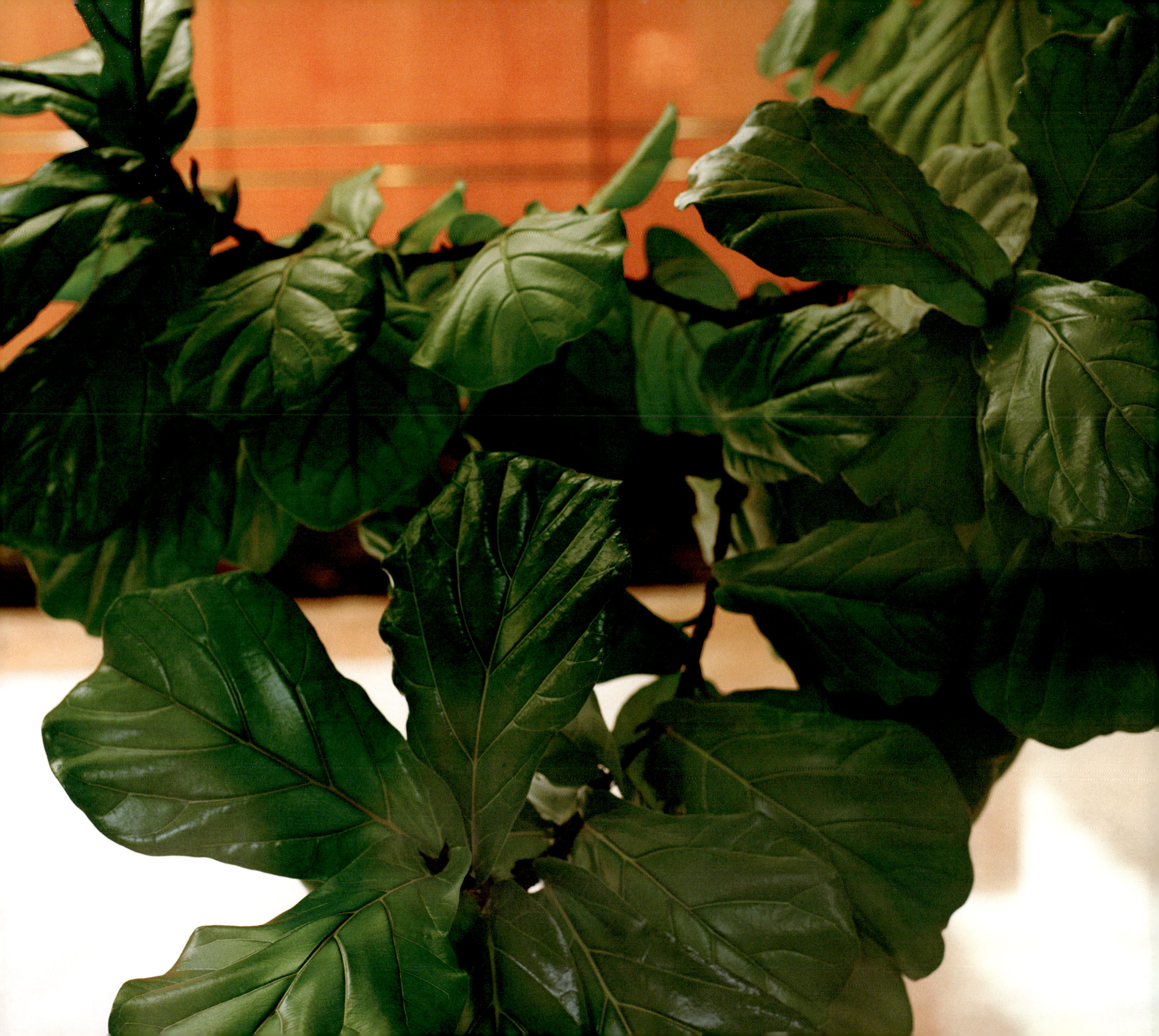

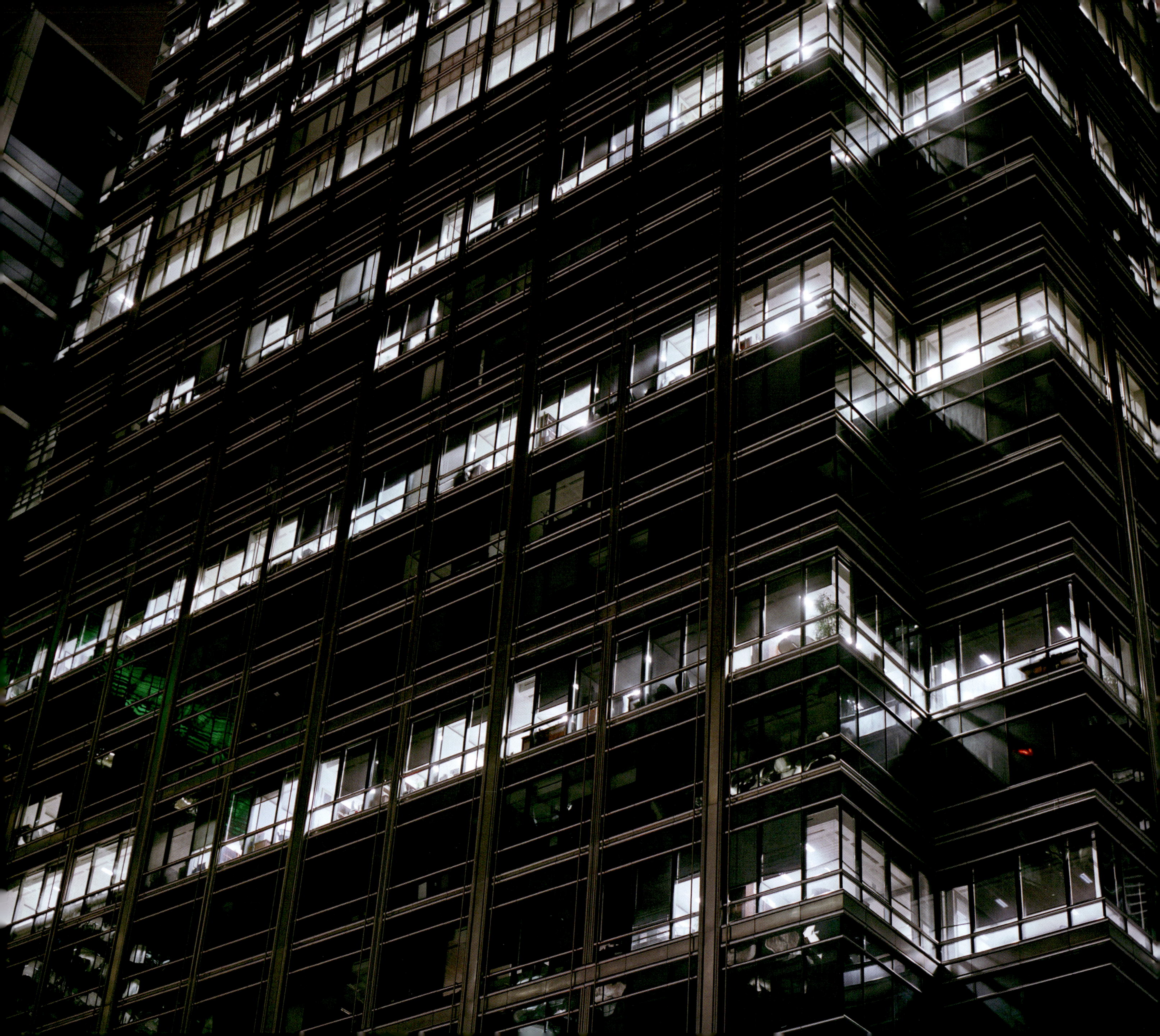

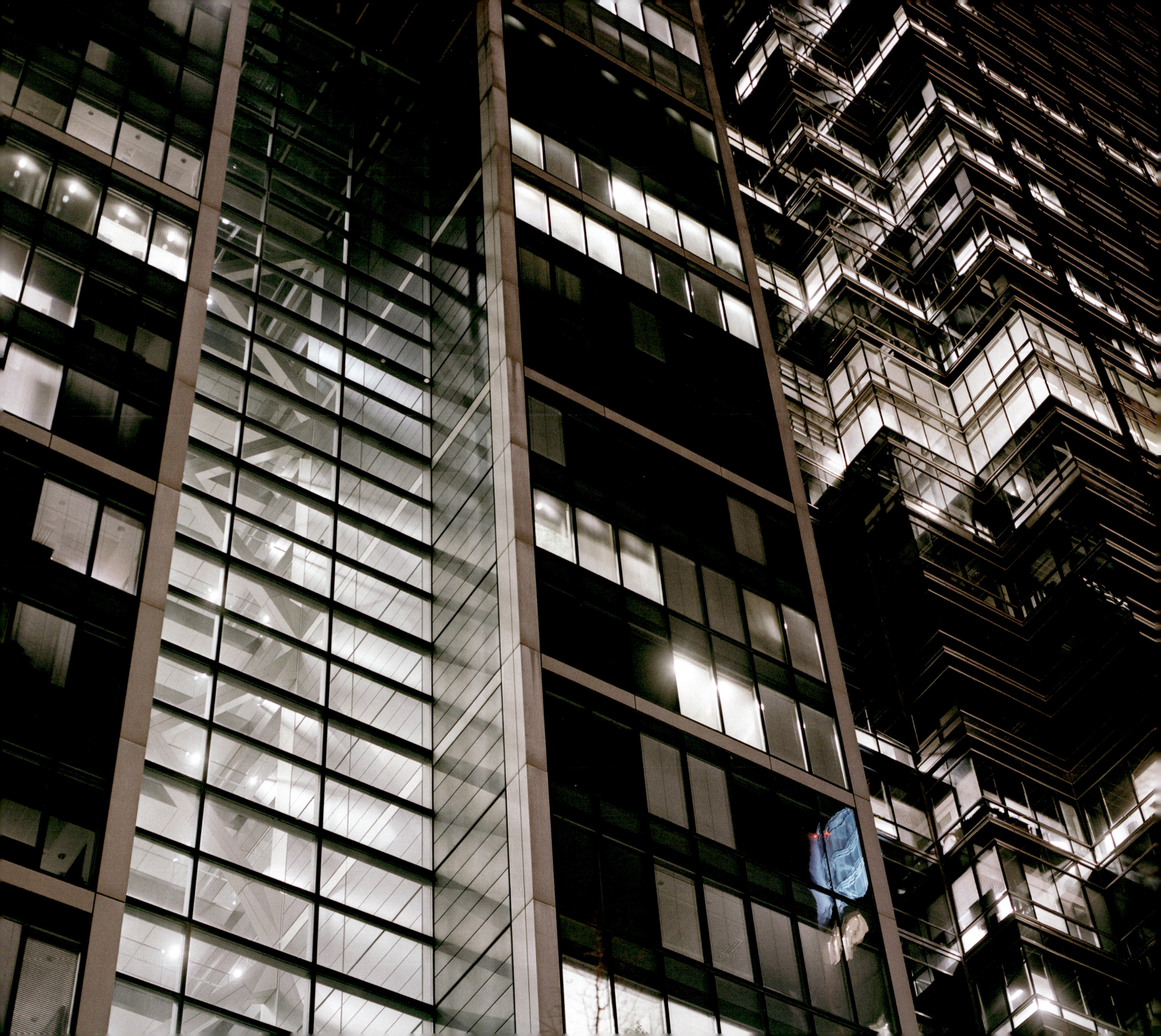

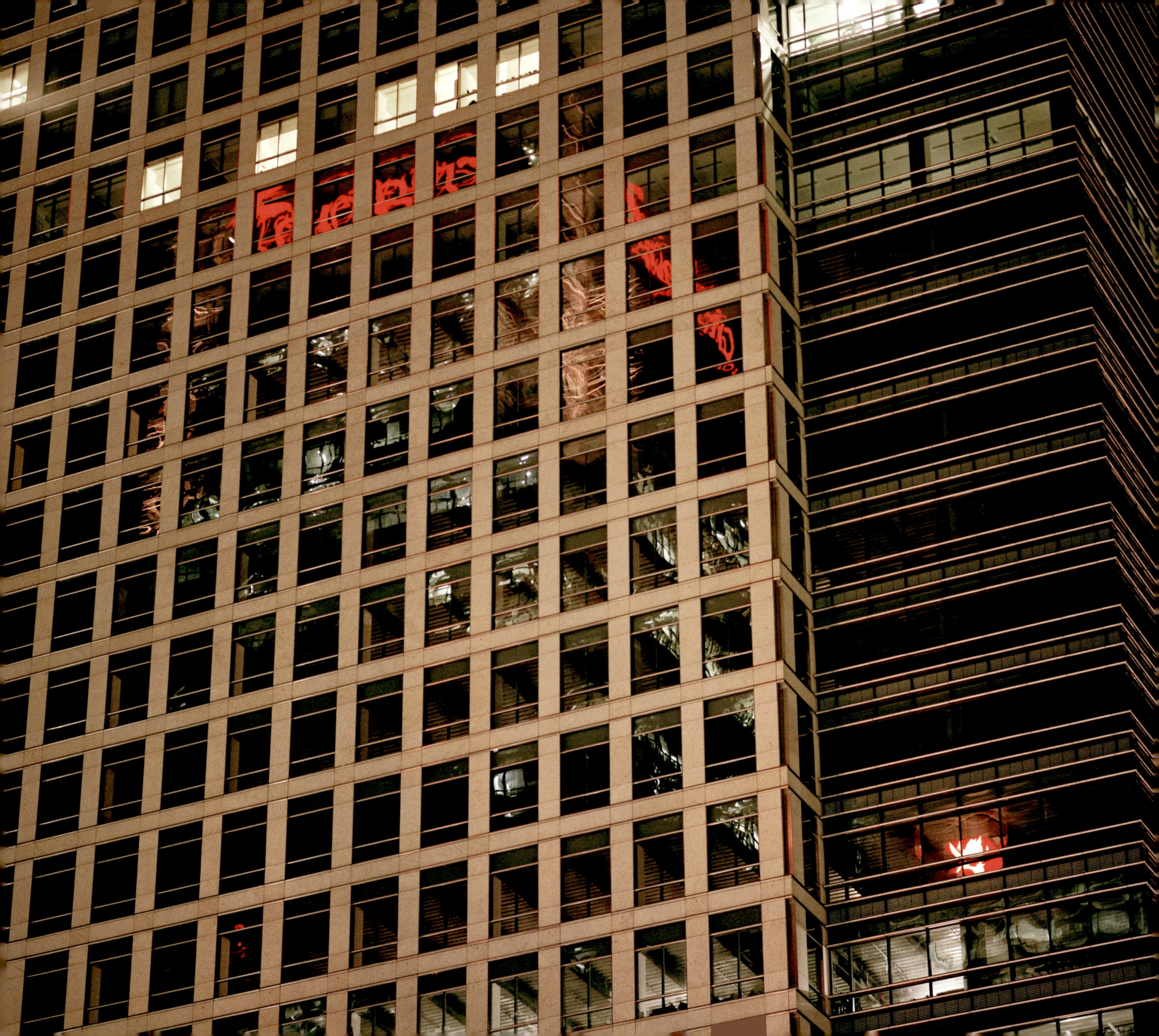

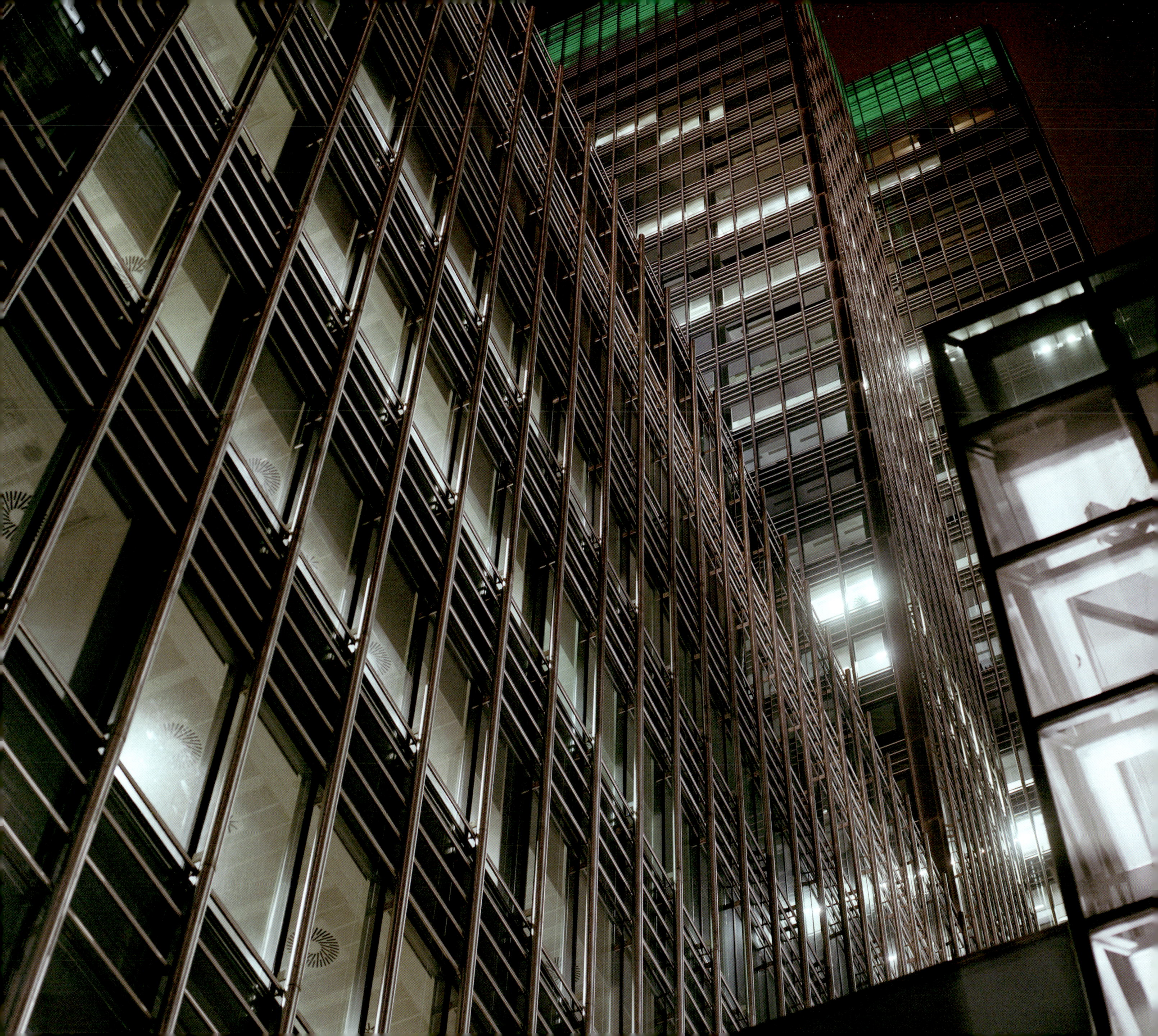

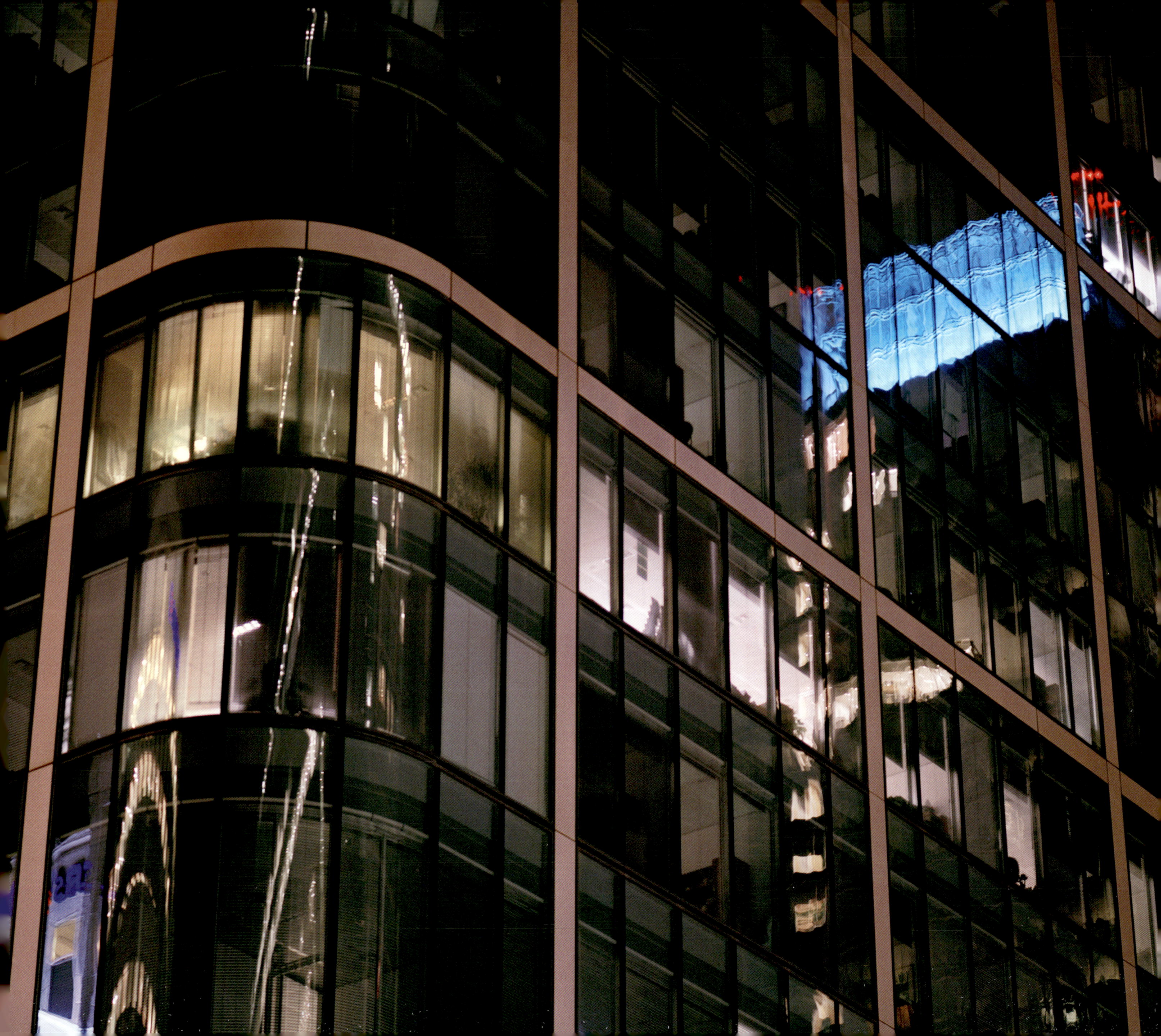

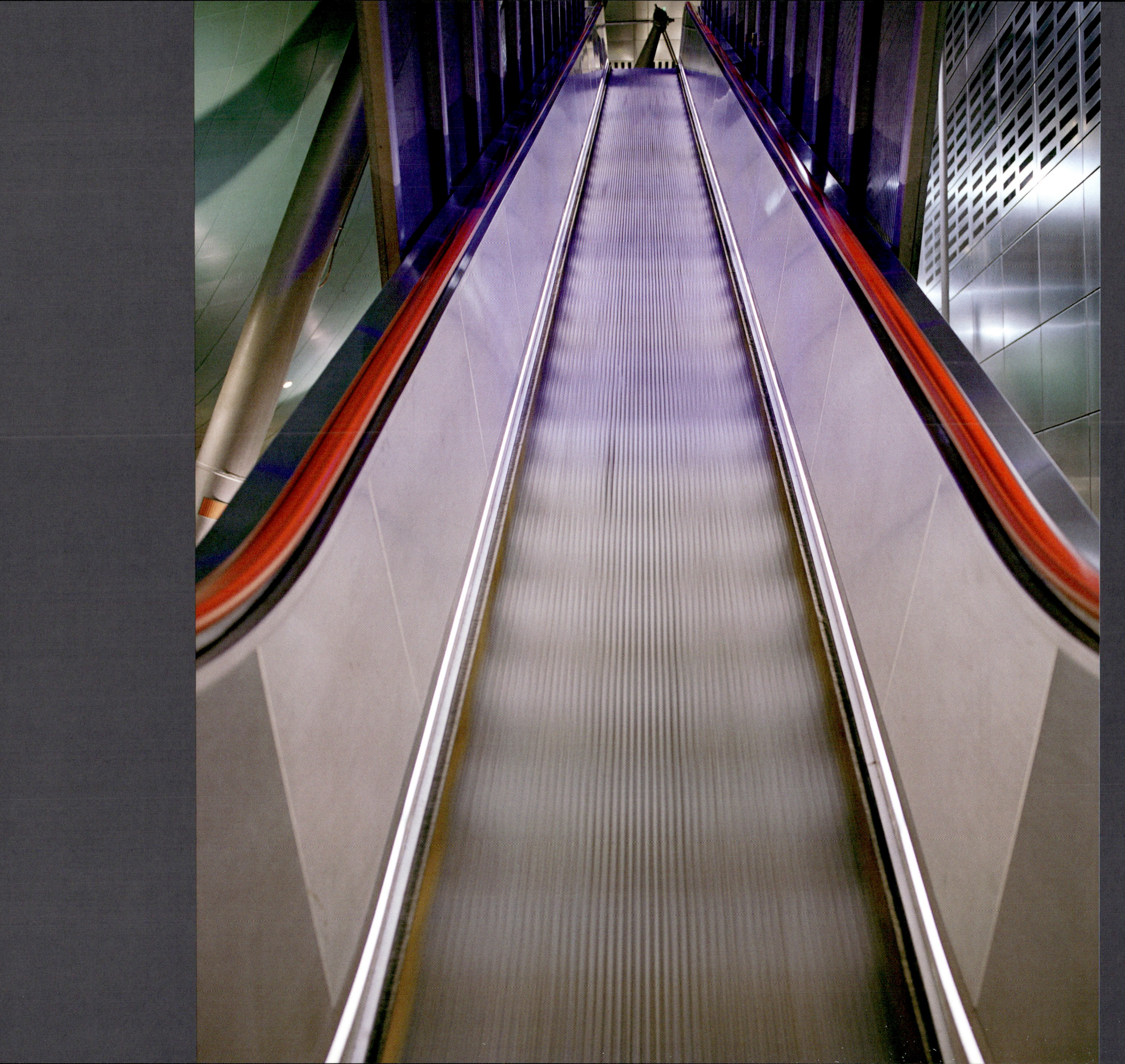

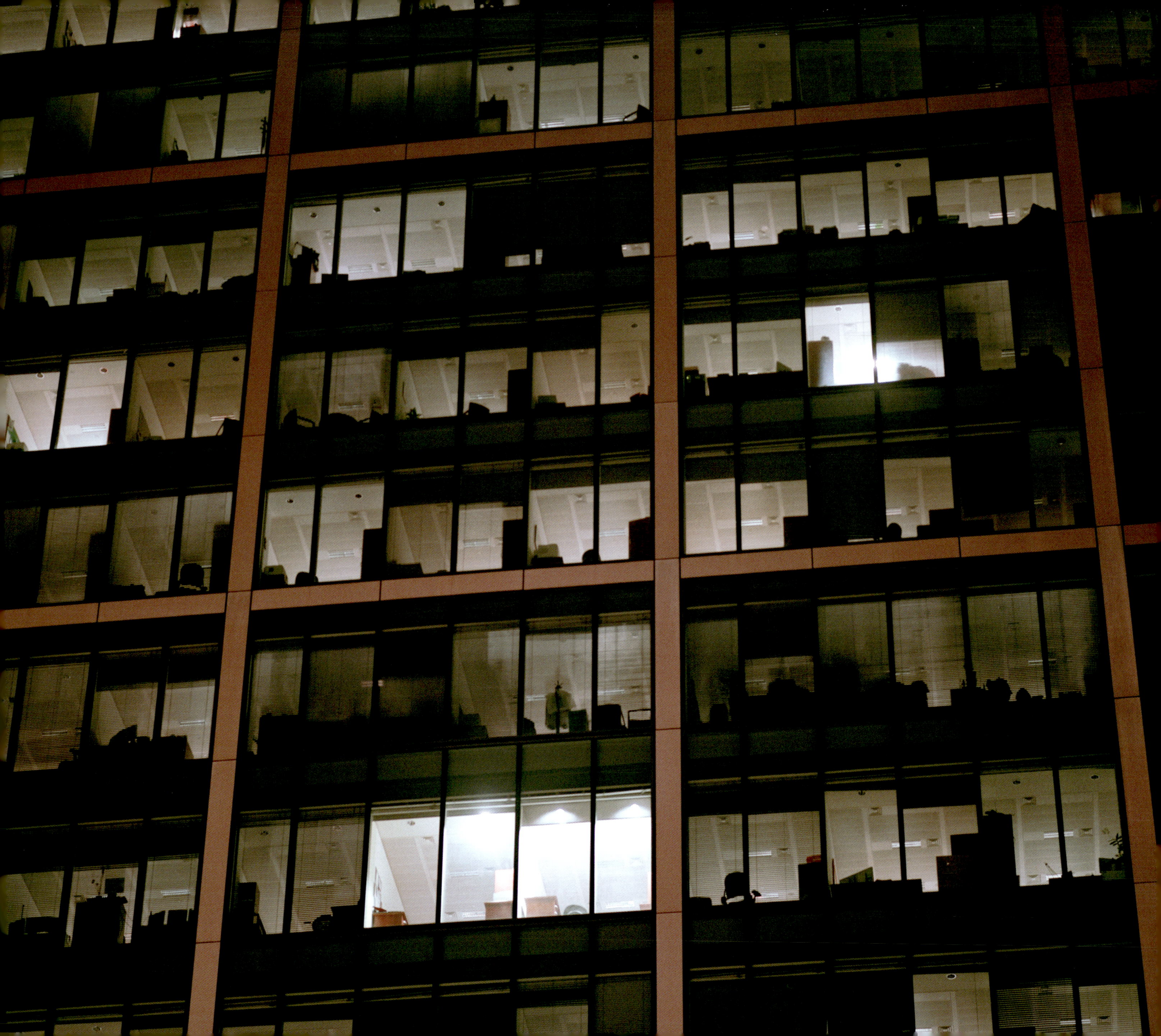

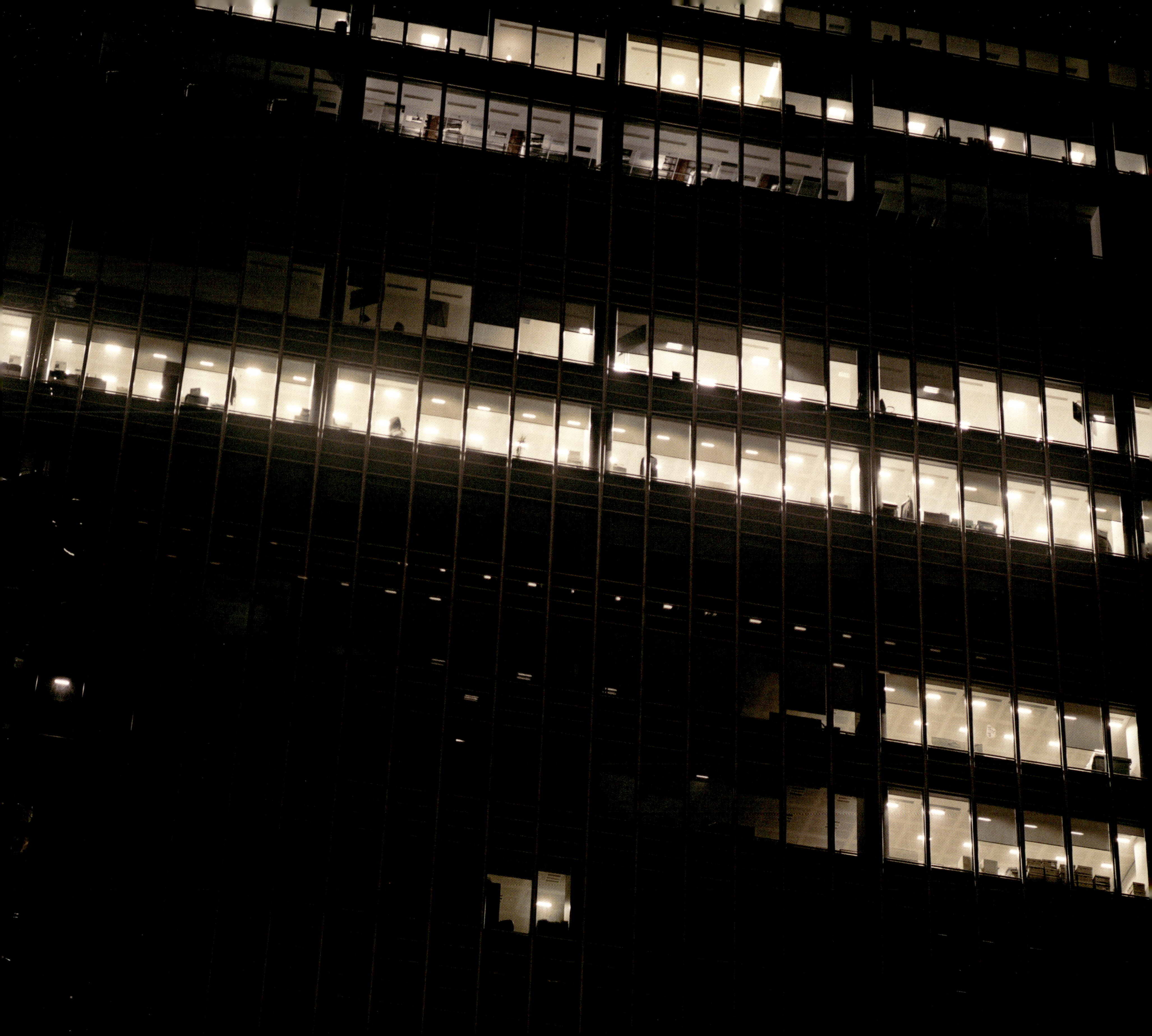

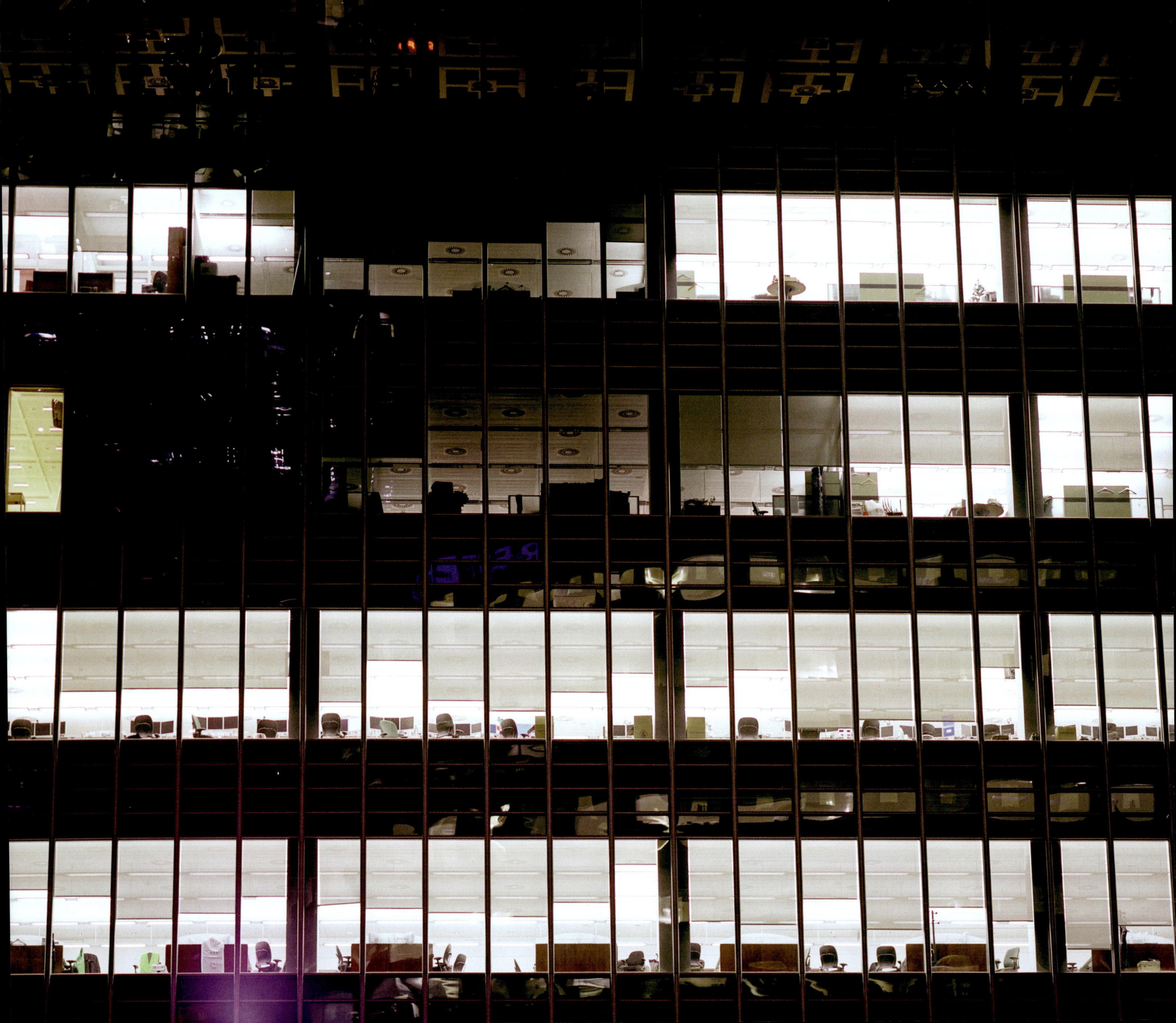

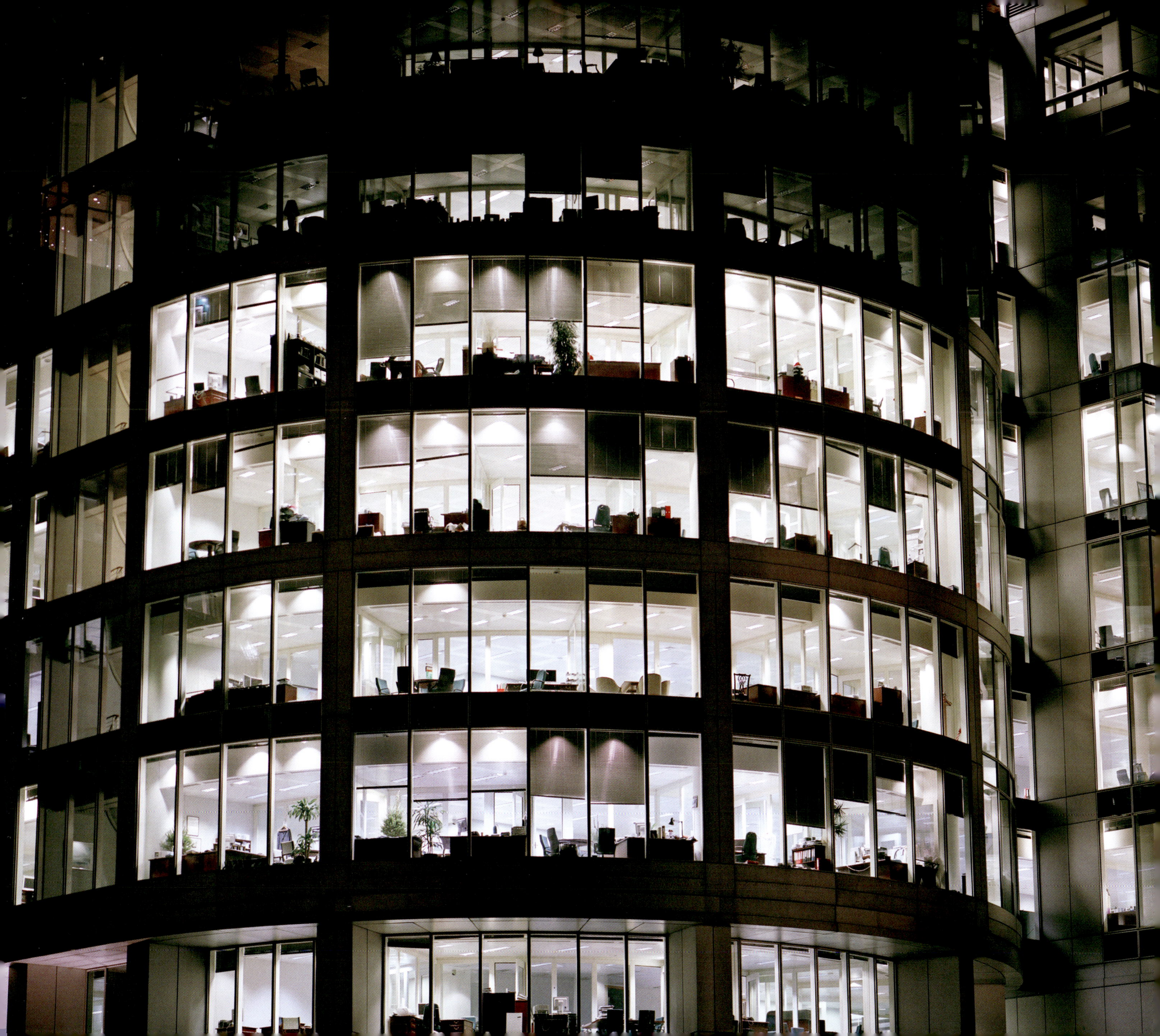

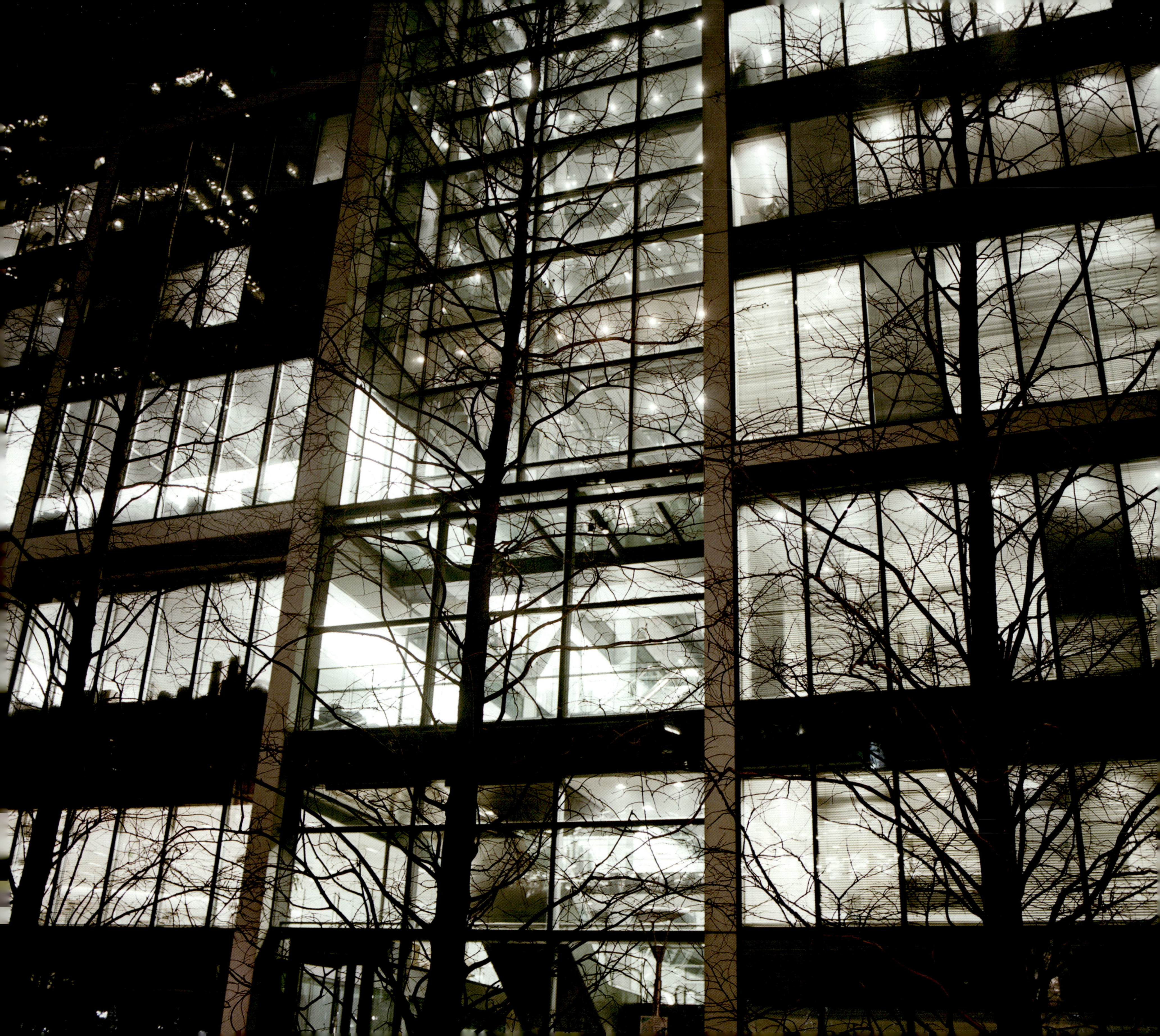

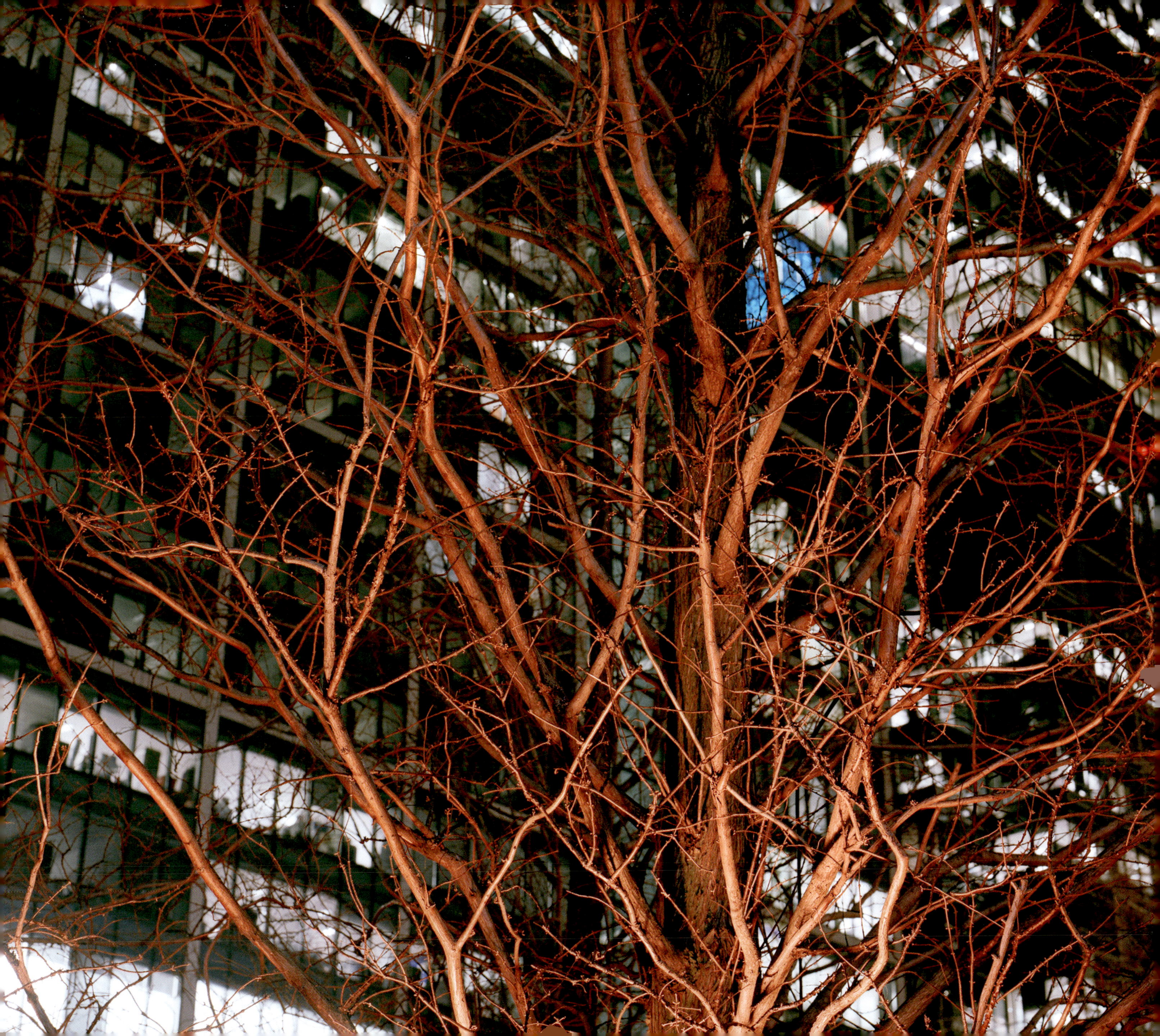

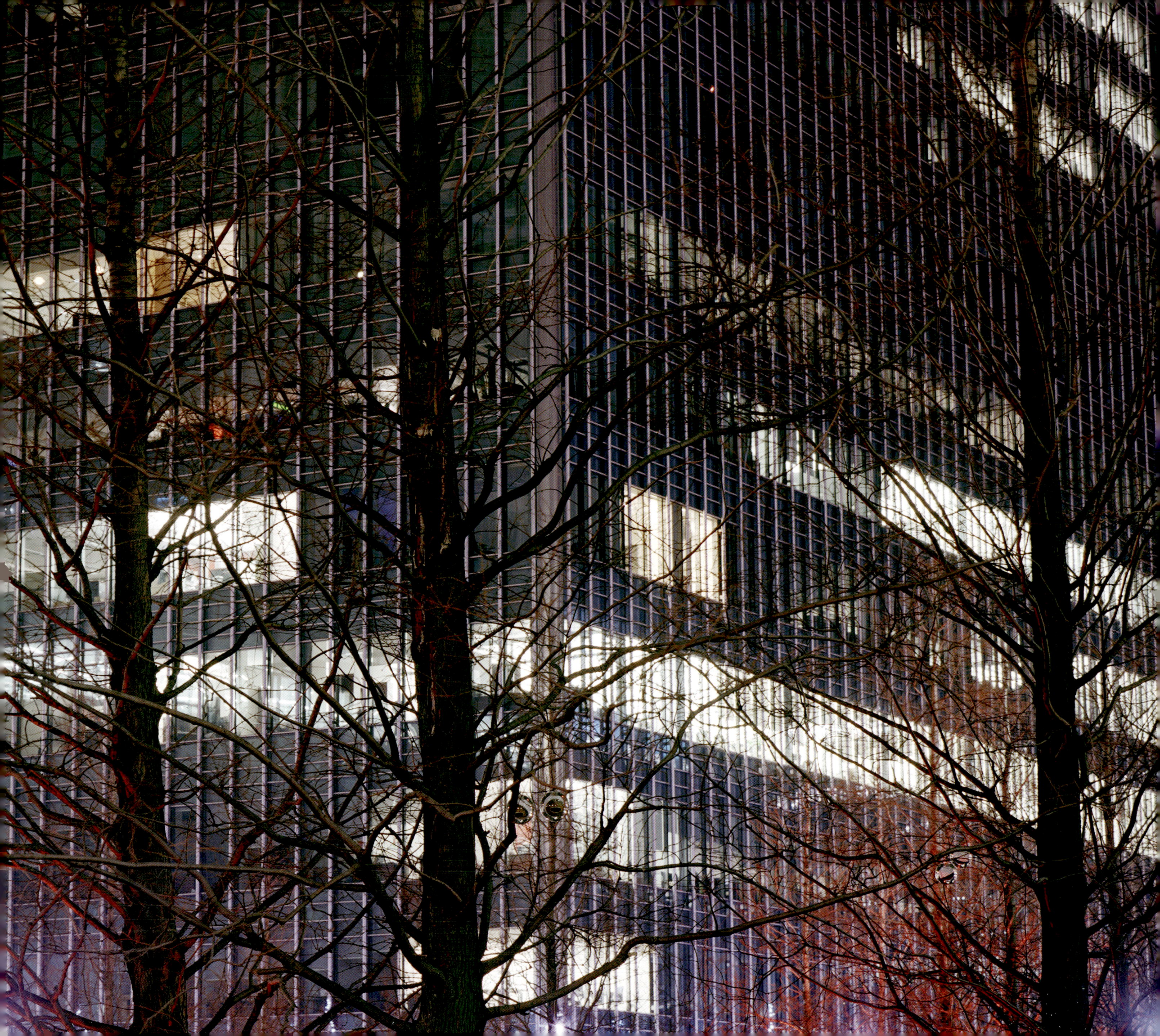

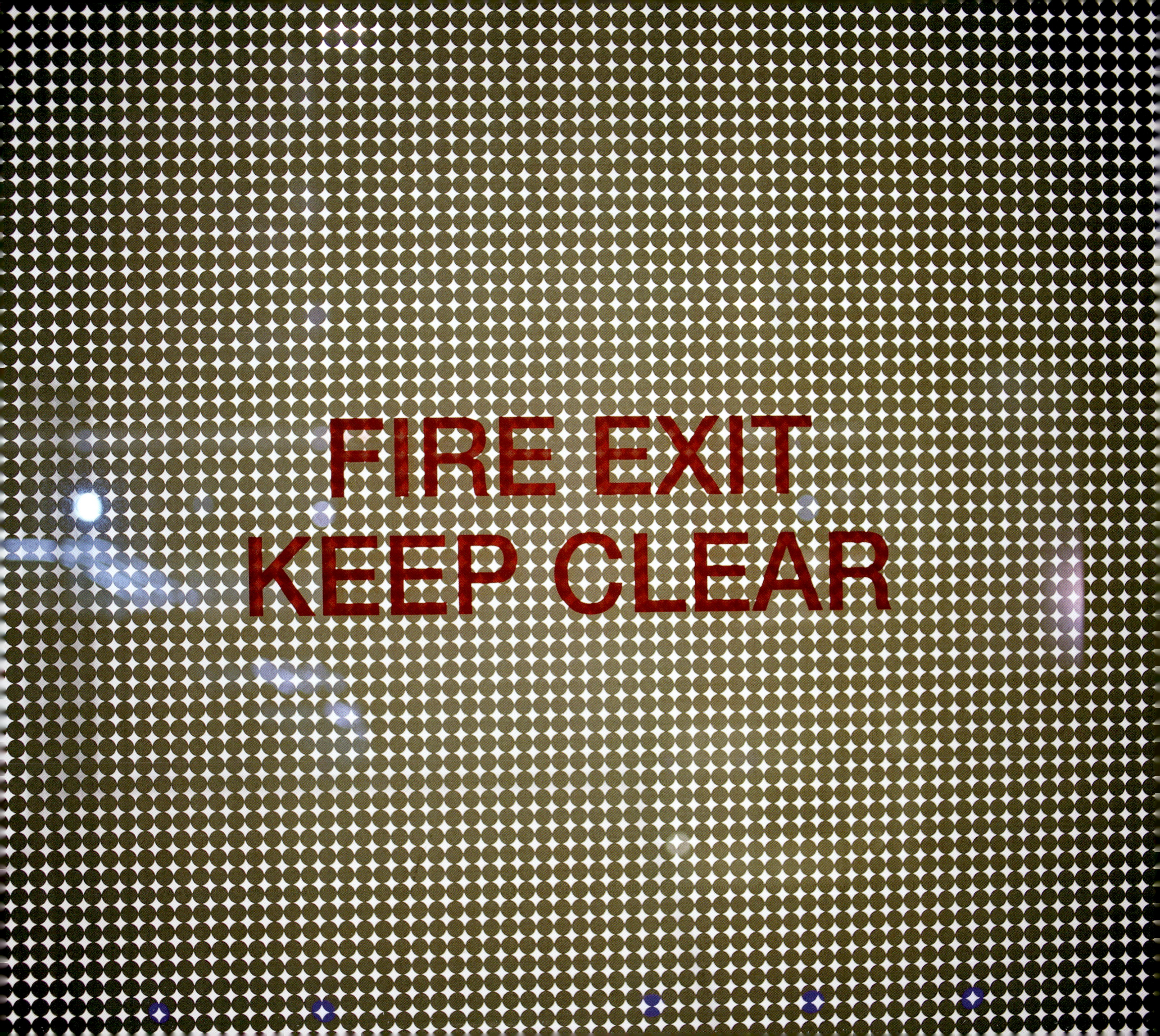

FIRE EXIT
KEEP CLEAR

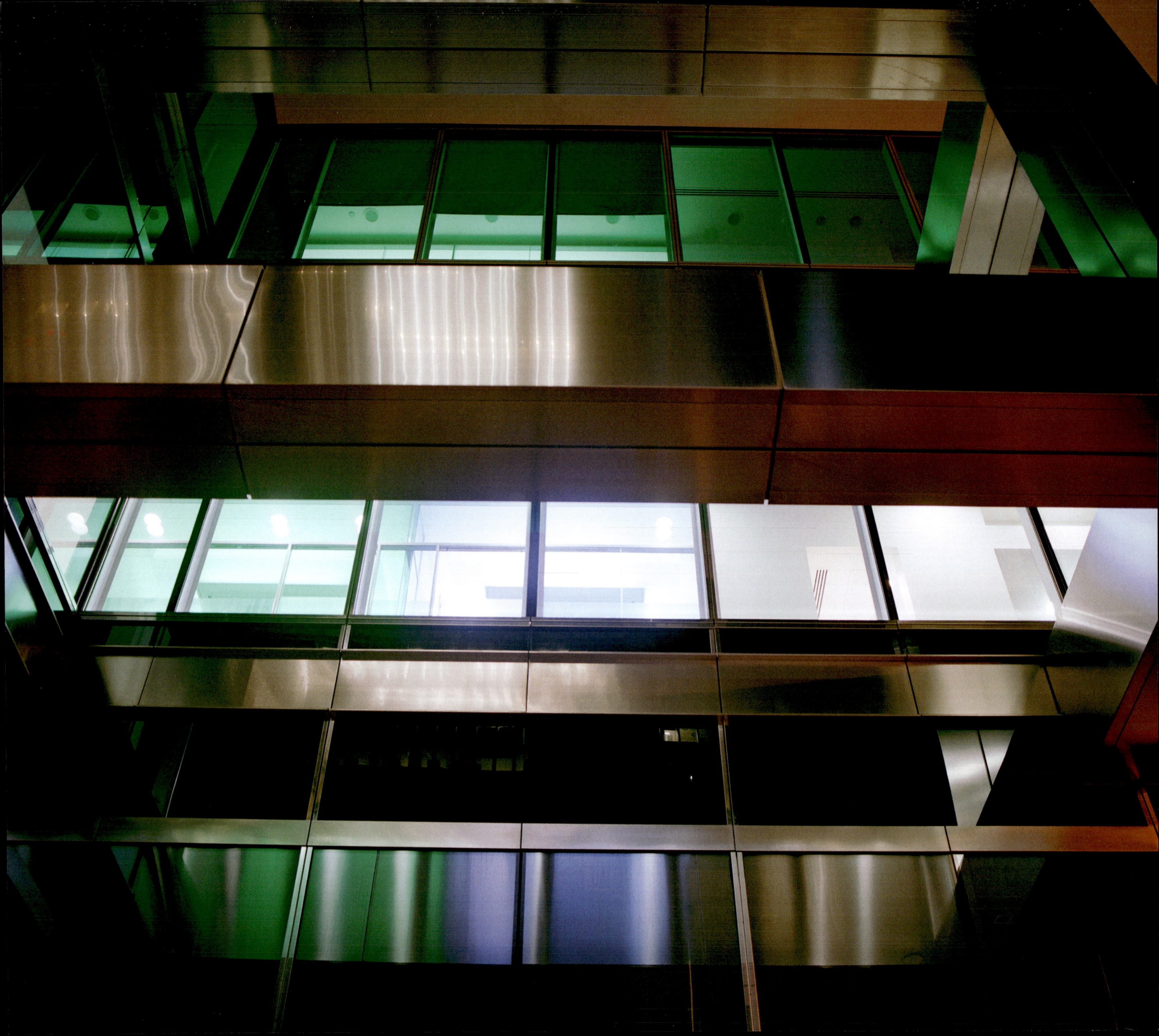

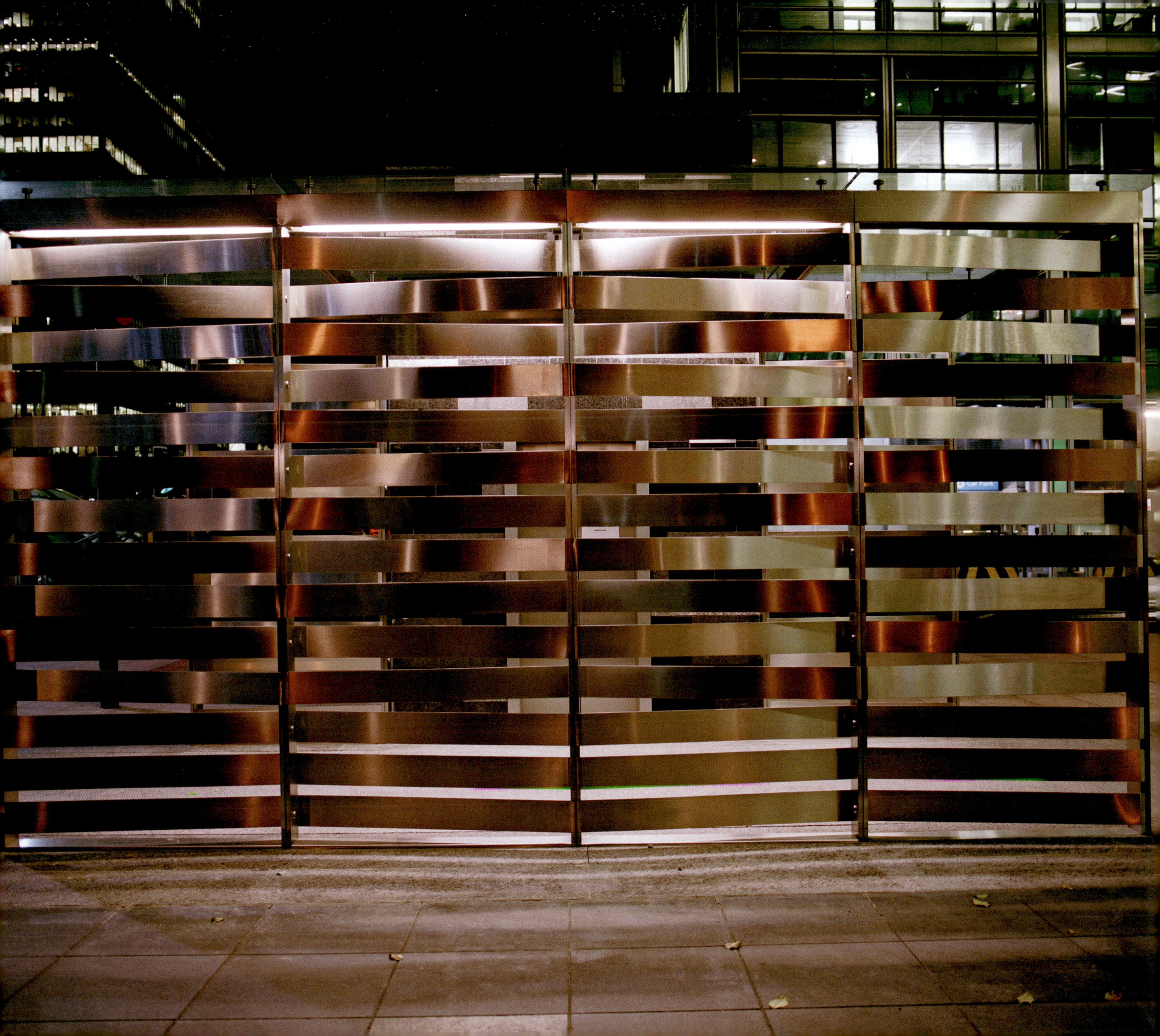

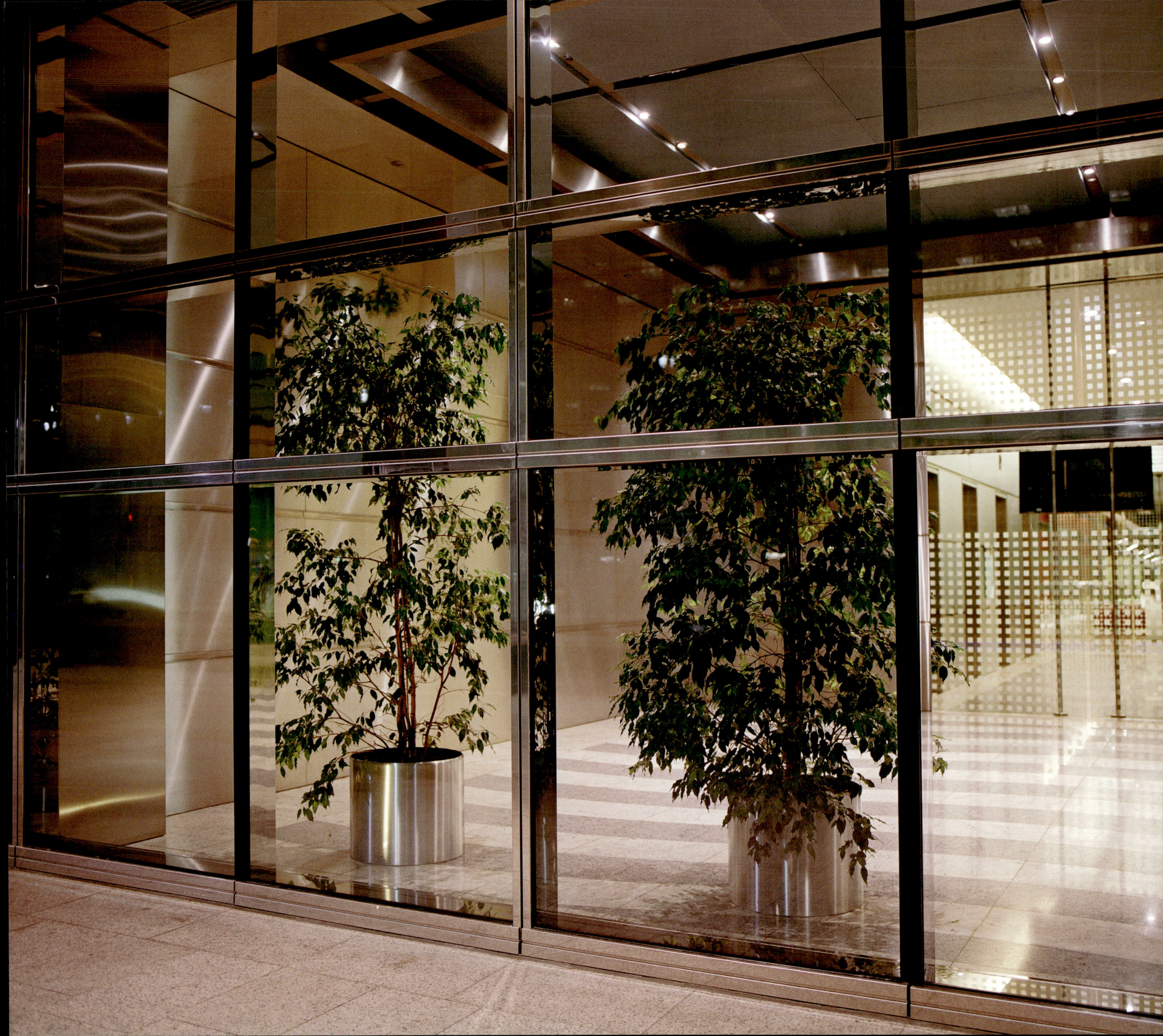

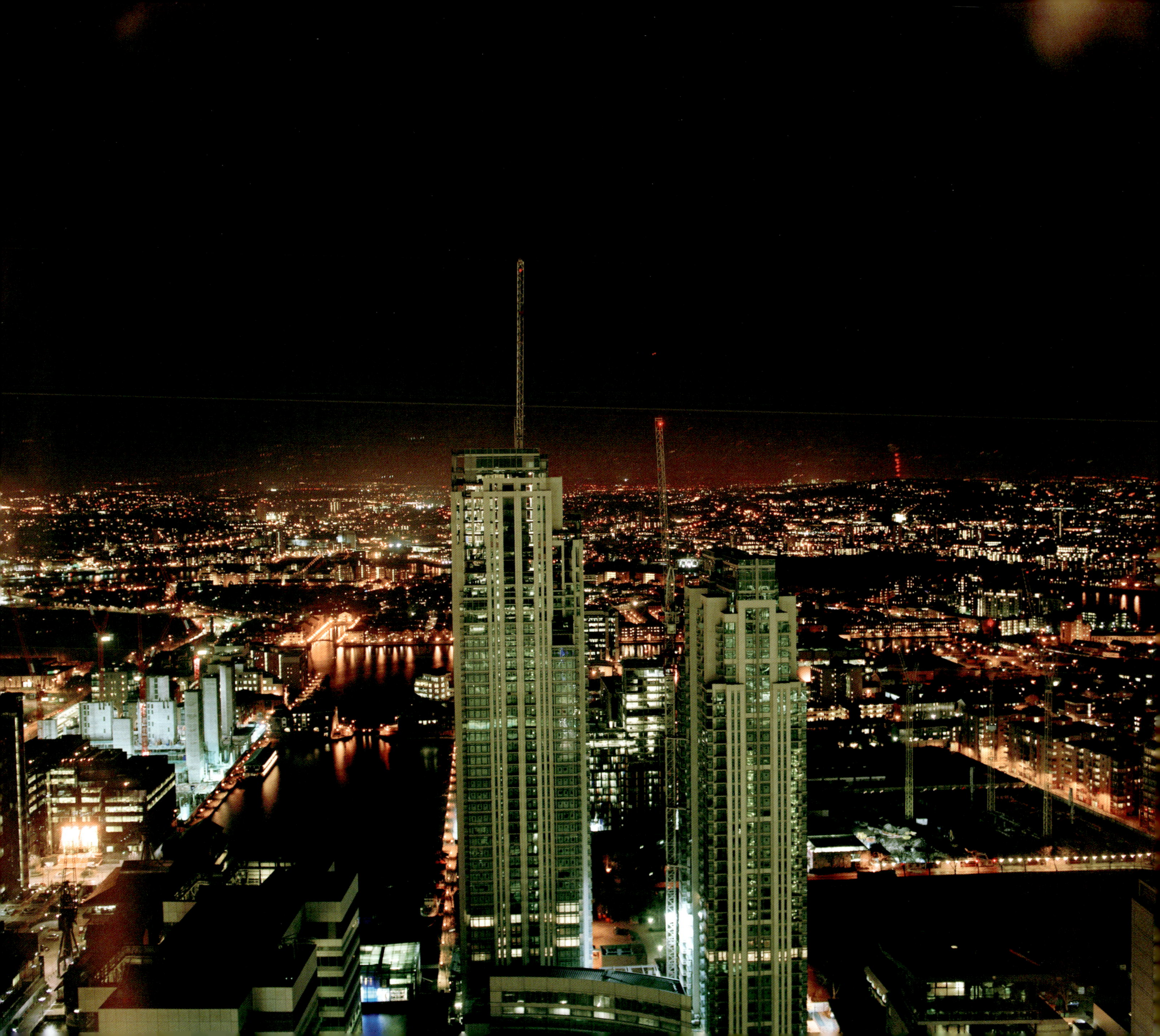

The Spectacle of Illusion: *The City*

Roy Exley

The City, also popularly known as *The* Square Mile, is a rectilinear bull's-eye at the geographical center of Greater London. It is, of course much more than this. It is the hub of a banking and finance juggernaut that influences Britain's destiny, and plugs us into the worldwide financial network. It is also the site of some of Britain's most iconic and imposing architecture. So much for the veneer, the integument of the City—this is all most of us know about the City, its workings seemingly some sort of esoteric self-supporting system shrouded by obfuscatory codes, statistics, rituals, and hierarchies. Until recent events derailed it, it was the unquestioned Temple of Finance to which you made offerings of money and, after a passage of time, from which, hopefully, you received a bit more back again.

The architecture of the City is, of course, all about power, and the expression of power through grandiose, overly capacious buildings—buildings traditionally based upon Greco-Roman templates, monuments to imperial power. Those buildings are reflections of Victorian and Edwardian values and aspirations, some of which were razed as a result of Hitler's own imperial aspirations during World War II. Most of the voids created by the actions of the Luftwaffe have now been filled by a burgeoning new skyline so that the City is now a place of sharp contrasts, the architectural parameters for the expression of power and wealth have now shifted. Rectilinear forms now predominate; the modernist grid is now the main template for the forms of building in the City. More modest versions of Manhattan skyline have come to delineate its profile.

Andreas Schmidt's series of photographs of the City, although focusing on its architecture, is by no means merely a pictorial document. Schmidt is offering us much more than that; there are layers of meaning laid bare by these images that deserve careful contemplation and analysis. We could easily, in viewing these images, be blinded by their striking aesthetic qualities, and although this is not a contingent feature of his work, there is no denying that many of his images have an inherent beauty. To understand Schmidt's purpose, his motivation for creating these particular images, however, we must ask questions of them. The viewpoints, the juxtapositions of images, their qualities of light, the choice of subjects, their composition and balance are by no means driven by aesthetic concerns, but neither are they arbitrary. They are photographs that often question the role of photography and subsequently the role of the viewer of those photographs of architecture as they question the role of architecture.

Just as, on a smaller scale, the nineteenth-century Parisian arcades, graphically documented in the writings of Charles Baudelaire, transformed the nature and activities of that city by pushing the boundaries of architectural and engineering achievement, so the Lloyds Bank, the NatWest, and the Swiss Re buildings have transformed the texture, ambience, and image of the City of London. In the case of the arcades it was the introduction of the cast-iron structural frame in their building that pushed the envelope. In the case of the City, it is the suspended curtain-wall façade. In parts of the City we are surrounded by reflective surfaces that during daylight distort our spatial orientation as one building reflects another, while at night our eyes are drawn, like moths to a flame, to the radiant glow of their interior lighting. It is this ubiquity of illumination in the City at night, de-materializing both those surfaces and the substances of the buildings that Schmidt utilizes in this series of photographs. By inviting us into his photographs, Schmidt turns us into *flaneurs,* à la Baudelaire, contemplating the City from its margins, passively cruising the city-as-spectacle, not as participants in the City, nor, in the absence of the crowds, as voyeurs, but merely as passive observers of its architectural wonders from which, as outsiders, we are normally excluded. Not only has the City been de-materialized here, but de-personalized, processed purely for visual consumption.

These stark and unforgiving images are all predicted upon the play of artificial light, the interaction of that light and the architectural forms upon which it plays. The nature of the surface textures of these iconic buildings profoundly influences and transmutes the qualities of that light. Just as we can only observe the wind through its effects on the leaves of trees or the swathes of grass as they move under its influence, so that ubiquitous light that bathes the City at night becomes expressed by its effects on the buildings upon which it reflects. The juxtapositions of those buildings are also important here, a particular building might look pristine, or imposing, against a neighboring building, while against another it might look jaded or relatively insignificant. In the absence of any human presence the actuality of scale often becomes confused. Sometimes we feel as if we are witnessing redundant film sets. Where is reality here? Two juxtaposed frames of walls of the Bank of England possess very different tonal hues; are either true to life or are both illusory? If the latter is the case what are we to believe as we view this extensive series of images? What we can be sure of is that Schmidt is questioning the acuity of our perception.

The indexicality of the photographic image has been fatally flawed by the ubiquitous arrival of the digital image. Before the advent of digital imagery, the credibility of the old dictum, "the camera doesn't lie," had already begun to falter and had done so ever since the first occasion that photography was used for propaganda purposes and certainly since the American Civil War, the doubts were compounded in the eighteen-eighties when Oscar

Reijlander introduced the idea of constructed studio portraits, complete with theatrical props and painted backdrops when an urban studio was transformed into an elysian rural scene in which the client could pose. The Impressionist photographers of the early twentieth century—Alvin Langdon Coburn in New York, Paul de Singly in Paris, or Bernard Eilers in Amsterdam—with their mistily soft-focus super-grainy images created romantic panoramas of the city that sprang more out of the narratives of novels than out of reality. This same aesthetic, which came to be known as Pictorialism, is still used, but in a less contrived, other-worldly mode, by contemporary photographers such as Heidi Specker with her digitally manipulated photographs of the façades of Berlin buildings, Frank van der Salm with his color-saturated, shallow depth-of-field photographs of high-rise buildings and modern housing estates, and Todd Hido with his eerie, shadowy photographs—using only available light—of houses at night in the suburbs of San Francisco. What makes Schmidt's photographs more challenging, however, is the fact that they have the mien of documentary images of the sort that you might find in *Architectural Review, Icon,* or *The National Geographic Magazine,* whose indexicality their readers are rarely moved to question, only to admire—their meaning is the message itself rather than in the way that message is couched, whereas Schmidt's images are elucidated by the understanding of the complexities from which that message is woven.

To the uninitiated, the City is a maelstrom of forms that, even without its contingent activities, is visually overwhelming. Stephen Barber writes in his book, *Fragments of the European City,* "The detail of the city is inassimilably vast, crisscrossed by internal processes of seismic relation and alteration which form the molecular layer of the city's visual surface. . . . The surface of the European city is saturated with evidence and signals; while demanding to be seen, it returns the gaze of its inhabitants intently, multiply, so that the city glares."[1] It is this selfsame glare that dazzles the viewer of Schmidt's photographic permutations on the City's surface. In contrast, his visual journeys into the interior of the City are much quieter, meditative affairs. Over-designed interiors of office buildings and hotels tell a different story, these are the "non-places" that are the subjects of Marc Augé's book of that name. These are spaces, not places—places are something with which we can identify, with which we are able to feel an empathy. These slick, sterile spaces, through which people come and go but to which they do not belong, exert an inherently claustrophobic impact. We are "outsiders" and as Augé states in his book, "the user of the non-place is always required to prove his [*sic*] innocence."[2] Surveillance is the norm here and the converging surfaces of walls, floors, and ceilings, close in on the viewer's eye, which becomes imprisoned here, these soulless spaces are the antitheses of the panopticon—we haven't

crossed a threshold to gain access here, so are totally unaware of an outside within which these spaces reside—but this accords well with the statement by the architectural critic Jane Rendell, in which she states, "In capitalism where space as a commodity is confined and controlled, thresholds are feared."[3] The only possibility for release here is to turn the page. Designers all too often design for the future, for hypothetical users and hypothetical events (that as imaginative constructs will never come to pass) for an ergonomics of performance that denies chance or choice. Schmidt's photographs convey with disturbing clarity these scenarios for a formulaic hell. A place has a history that nourishes the present; a space has only a future that continually erodes the present. This relentless erosion of the moment is only too evident in these photographs. Corporate furnishings, corporate fittings, corporate fenestration, all a corporate fantasy to soften the grim reality of the manipulative excesses wrought here to give profits victory over losses.

These buildings, absent of their occupants, their visitors, or their passers-by, become forlorn hulks, shorn of any purpose, lacking any hint of contingency; they have become their own backdrops, creating a cityscape that is no more than a decorative constellation of built forms. In contrast to the postmodern typological sequences of images created by Bernd and Hilla Becher that brought a new significance to previously overlooked and neglected buildings, Schmidt has eschewed a formulaic approach to this study of the City at night. There are as many viewpoints, angles of view, pictorial frames, depths of field here as permutation will allow, this strategy of seemingly non-methodical method ascribes these images with a restless energy that is totally appropriate to the subject but which also challenges the order of the City. Aleksandr Rodchenko and László Moholy-Nagy in the nineteen-twenties were the first to break away from the then ubiquitous formalism of architectural photography. By regularly using worm's-eye, bird's-eye, and oblique views of modern buildings, instead of the traditional square-on front and side elevations of buildings that were purely documentary rather than pictorial, they began to break up the envelopes of those buildings—in a similar manner to the Cubist painters who had broken up the picture plane in their revolutionary paintings—enjoining us to look at them through new eyes while, at the same time, subverting the photographic status quo.

Andreas Schmidt entreats the viewers of his images not to look at them as if through new eyes, but to question the way that they routinely look at the photographs of buildings. He is not challenging the status quo but analytically examining it. To experience an architectural photograph can never be the same as to experience the building itself. The building is a particular object with its own spatial and temporal coordinates, the photograph of the building is also a particular object with its own unique and very different coordinates. The two chief differences being that the photographic image is two-dimensional and portable or transmittable. The building is fixed, three-dimensional, and thus facilitates our circumnavigation or at least our transition across an elevation. If Schmidt is offering us his photographs as objects with their own integrity, then we are obliged to pay heed to their aesthetics, to their textures, their compositions, their colors, but if he is offering them as signifiers of reality then we are obliged to translate them in terms of our experience of similar realities, similar edifices. A careful look at these images leads us to the conclusion that there is an element of both of these approaches here. The parameters that Schmidt has set for himself in executing these images seem to be very fluid indeed. Sometimes the viewer's eye is presented with close-up details of a building whose compositional dynamics flirt with abstraction; our eye is drawn into the contrapuntal patterning of line and plane, as frame, edge, and surface vie for precedence. At other times the vertiginous perspective of the converging or diverging outlines of whole buildings present the viewer with a dizzying spectacle whose contrasts drive the constantly shifting focal points of the viewer's eye. If the grid is an essential component of the minimal aesthetic, it proves here that it can also be part of an aesthetic that is anything but minimal. In total contrast to the visual clangor of those images, Schmidt's quiet, meditative studies of the Bank of England building focus on details of the ostentatious grandeur that symbolizes the power within its walls. The bold Greco-Roman references are more than mere façades here, they indicate pretensions to imperial glory through the power of money, and despite the fact that the fall of the Roman Empire came about relatively swiftly, their symbolism claims both impregnability and permanence.

Like the city of Moriana in Italo Calvino's book *Invisible Cities,* Schmidt's photographs convey an experience of the City that, "seems to continue, in perspective, multiplying its repertory of images: but instead it has no thickness, it consists only of a face and an obverse, like a sheet of paper, with a figure on either side, which can neither be separated nor look at each other."[4] The City has been transformed here into a sequence of photographic objects, each familiar but nevertheless unique. There might be a lot of the City missing here. However, these images bring us aspects of the City that would have passed us by, anyway. They allow us to have a special and privileged relationship with the City.

The photographic representation of architecture is, of course, while fixed, also selective; its frame includes or occludes. The tension created by the dynamics of occlusion and inclusion within an image is part of the fine-tuning through which the photographer makes the image his or her own. In Schmidt's images of the City the grid has claimed pride of place. As it became the dominant form in the language of modern architecture, we were not seduced by the grid, we merely succumbed to its persistence, we were won over, defeated by its attrition, until it became an indelible part of the urban fabric, right down to gratings set into the grid-iron pattern streets. Its secret may be that it complements and flatters the curvy, the sinuous, the elliptical, magnifying the seductive powers of those more ornamental, organic forms. The acuity of the photographic image preens the precision of the grid and its progeny. The photograph enhances the dynamics of the grid, pulls it in from the periphery, elevates and endorses it. In the final analysis, maybe this adulation of the grid is merely a nostalgic act, a final tribute as we move out of the industrial—for which the grid serves as an icon—into the post-industrial age, where the confines of the grid are dissipated by the energy fluxes of our burgeoning electronic information systems, and are shifted from the domain of the exoteric into the realms of the esoteric. The day will arrive, perhaps, when the hidden meanings of the grid, with a newfound metaphysical significance attendant hierarchies and esoteric parameters will be endlessly analyzed and contemplated. In her critique of the modernist grid, in *The Originality of the Avant-Garde and Other Modernist Myths,* Rosalind Krauss stated that Malevich and Mondrian used the grid as "a staircase to the Universal."[5] Maybe, in the future, archives dedicated to the grid will be stored away in the groves of academe. The grid as a physical formula for coordinates may endure, but as a "spirit of the age," its philosophical and metaphysical implications will require conscious preservation.

A background player, with a bit part hidden behind the buildings' bright punctum, the infinite variety of hues in these urban nocturnal skies is a study on its own—mercury vapor, sodium, neon, tungsten, all radiating, reflecting, diffusing their light into, and frosting, the sky's dome, transforming it into a lid reflecting back the city's energies while denying the stars their nightly display. These hues—whose description or simulation would set the most experienced colorist an insurmountable challenge—are presented here, with all humility, as a luxuriant sideshow. Velvety-browns through golds to pinks to plums to purples to deep blues and on to the richest of indigos, the skies in their most modest way set the backdrop for the architectural spectacles beneath; they are a salve and are sorely missed as we move to the images of interior scenes where nature has gone begging entirely. It is as if we have gone underground here, having fled the terror of the apocalypse of which those chromatic skies can only hint. Think Ridley Scott's *Blade Runner,* Chris Marker's *La Jetée,* there is something uncomfortably prescient behind the synthetic, superficial beauty of those skies, something ominously repressive about the enclosed tunnels of these corridors and hallways. Dangerously seductive, the silent, characterless narratives of the city that Schmidt offers us here tell us of the things that money can do, but the breathless quality of the spectacles that he portrays here also demonstrate what money cannot do. Money definitely cannot ensoul a place; the human qualities of warmth, candor, empathy are totally absent here.

As in his photographic essay on Las Vegas, published in 2005, Schmidt is able to convey, without using hyperbole or resorting to the pejorative, the real nature, the true story of the City. He has opened himself to the unique qualities of these places and has reflected those qualities in his photographs, without bias, without insinuation, so that the viewer can make his or her own judgments as to their essential nature. Taken at face value, these photographs are visually seductive, but they should not be taken as a sedative like the images of a coffee-table book. Ultimately they ask us questions about the places they depict and hopefully our responses will offer fresh insights into these places and give us pause for thought about the cultures that have given rise to them. Here we have been equipped by Schmidt to become like Baudelaire's *flaneur,* but without having to negotiate the crowds or be distracted by them. We become solitaries, forging our own relationship with the City as we become absorbed by this visual journey into its heart.

1   Stephen Barber, *Fragments of the European City* (London,1995), p. 61.

2   Marc Augé, *Non-Places,* trans. John Howe (London, 1995), p. 102.

3   Jane Rendell, "Thresholds, Passages and Surfaces," in Alex Coles, ed., *The Optic of Walter Benjamin* (London, 1999), p. 175.

4   Italo Calvino, *Invisible Cities* (London, 1997), p. 105.

5   Rosalind Krauss, *The Originality of the Avant-Garde and Other Modernist Myths* (Cambridge, MA, 1985), p. 10.

Das Schauspiel der Illusion: *The City*

Roy Exley

Die City, im Volksmund auch Square Mile genannt, ist das Zentrum im geografischen Mittelpunkt von Greater London. Doch das ist natürlich nicht alles: Sie ist der Mittelpunkt eines Banken- und Finanzzentrums, in dem die Weichen für das Schicksal Großbritanniens gestellt werden und das uns mit dem weltweiten Finanznetzwerk verbindet. Darüber hinaus stehen dort einige der symbolträchtigsten und imposantesten Bauwerke Großbritanniens. So viel zur Fassade, zur äußeren Hülle der City – und das ist auch schon alles, was die meisten von uns über die City wissen, die so etwas wie eine geheimnisvolle autarke Struktur zu sein scheint, die nur Insidern vorbehalten ist und die sich hinter obskuren Codes, Statistiken, Ritualen und Hierarchien verbirgt. Bis die Ereignisse der jüngsten Zeit dieses System zum Absturz brachten, war die City der unangefochtene Tempel der Finanzwelt, in dem man Geldopfer darbrachte, um nach einer gewissen Zeit – hoffentlich – ein bisschen mehr zurückzubekommen.

Natürlich geht es bei der Architektur der City um Macht, eine Machtdemonstration, die sich in imposanten, überdimensionierten Gebäuden manifestiert, die traditionell von griechisch-römischen Vorbildern inspiriert sind. Monumente, die an die Größe des Empires gemahnen, Bauwerke, welche die Werte und Ambitionen des Viktorianischen Zeitalters und der Regentschaft Edwards VII. widerspiegeln und die zum Teil im Zweiten Weltkrieg dem Großmachtstreben Hitlers zum Opfer fielen. Die meisten der Lücken, die durch die Angriffe der deutschen Luftwaffe geschlagen wurden, hat man inzwischen mit einer neuen, rasch wachsenden Skyline gefüllt, und die City ist heute ein Ort extremer Gegensätze; die architektonischen Parameter für die Darstellung von Macht und Wohlstand haben sich inzwischen verschoben. Heute überwiegen geradlinige Formen, und bei der Gestaltung der Gebäude in der City dominiert das modernistische Raster. Schlichtere Versionen der Skyline von Manhattan markieren ihr Profil.

Auch wenn die Architektur im Mittelpunkt steht, handelt es sich bei den Aufnahmen, die Andreas Schmidt für seine gleichnamige Fotoserie von der City gemacht hat, keineswegs um reine Bilddokumente. Schmidt präsentiert uns weit mehr als das, es gibt ein vielschichtiges Bedeutungsgeflecht, das aufmerksame Betrachtung und Analyse verdient. Beim Betrachten der Bilder könnte man leicht durch ihre bemerkenswerten ästhetischen Qualitäten geblendet werden, und obwohl dies kein wesentliches Merkmal seiner Arbeit ist, lässt sich nicht leugnen, dass viele von Schmidts Bildern eine eigene Schönheit besitzen. Um zu verstehen, was der Künstler mit seinen Bildern bezweckt, was ihn zu diesen besonderen Bildern motiviert hat, müssen wir uns Fragen zu ihnen stellen. Der Standpunkt, die Art, wie die Bilder nebeneinandergestellt wurden, die Beleuchtung, die Wahl der Sujets, ihre

Komposition und ihre Ausgewogenheit beruhen keineswegs auf ästhetischen Erwägungen, sind aber ebenso wenig zufällig. Es sind Fotografien, die nicht selten die Rolle der Fotografie und damit auch die Rolle des Betrachters dieser Architekturfotografien, aber auch die Rolle der Architektur hinterfragen.

So wie die Pariser Arkaden des 19. Jahrhunderts, die Charles Baudelaire in seinen Schriften plastisch beschrieben hat, den Charakter und das Leben der Stadt – wenn auch in geringerem Ausmaß – veränderten, weil sie große architektonische und technische Errungenschaften nach sich zogen, haben auch die Gebäude der Lloyds Bank, der NatWest und der Swiss Re die Struktur, die Atmosphäre und das Gesicht der Londoner City verändert. Im Fall der Pariser Arkaden war es die Einführung der Gusseisenträger, mit der man die Grenzen des bis dahin Machbaren überschritt. Im Fall der City ist es die Vorhangfassade. In manchen Gegenden der City ist man umgeben von reflektierenden Oberflächen, die bei Tag unsere Orientierung im Raum beeinträchtigen, weil sich ein Gebäude im anderen spiegelt, während unsere Augen nachts wie Motten vom strahlenden Licht ihrer Innenbeleuchtung angezogen werden. Diese Allgegenwart des Lichts in der Nacht, die nicht nur diese Oberflächen, sondern auch die Substanz der Gebäude entmaterialisiert, hat sich Schmidt in dieser Fotoserie zunutze gemacht. Indem er uns in seine Fotografien einlädt, macht er uns zu Flaneuren im baudelaireschen Sinn, welche die City von ihren Rändern aus betrachten, die Stadt passiv wie ein Schauspiel durchstreifen, weder als aktiv Beteiligte noch – da es keine Menschen gibt – als Voyeure, sondern lediglich als passive Beobachter der architektonischen Wunder der City, die uns als Außenstehenden normalerweise nicht zugänglich sind. Die City wurde hier nicht nur entmaterialisiert, sondern auch entpersonalisiert, ausschließlich für den visuellen Konsum bearbeitet.

Diese sachlichen, unversöhnlichen Bilder bauen auf dem Spiel von künstlichem Licht auf, auf der Wechselwirkung zwischen diesem Licht und den architektonischen Formen, auf denen es spielt. Die Beschaffenheit der Oberflächenstrukturen dieser symbolträchtigen Gebäude hat großen Einfluss auf dieses Licht und verändert seine Eigenschaften. So wie wir den Wind nur durch seine Wirkung auf die Blätter an den Bäumen oder die Gräser wahrnehmen, die sich unter seinem Einfluss bewegen, so manifestiert sich dieses allgegenwärtige Licht, in das die City nachts getaucht ist, durch die Wirkung, die es auf die Gebäude ausübt, auf denen es sich spiegelt. Dabei spielt auch die Anordnung der Gebäude eine Rolle. Könnte doch ein bestimmtes Gebäude neben einem bestimmten anderen Bauwerk makellos oder besonders eindrucksvoll wirken, neben einem anderen dagegen farblos und relativ unscheinbar. Da auf den Bildern keine Menschen zu sehen sind, macht man sich nicht selten falsche Vorstellungen von den tatsächlichen Dimensionen. Mitunter hat man den Eindruck, als stünde man vor überdimensionierten Filmsets. Wo ist hier die Realität? Zwei nebeneinandergestellte Bildausschnitte von Mauern der Bank of England haben sehr unterschiedliche Farbtöne. Entsprechen beide der Realität oder handelt es sich bei beiden um Trugbilder? Ist Letzteres der Fall, was sollen wir dann beim Betrachten dieser umfangreichen Bilderserie glauben? Wir können uns sicher sein, dass Schmidt unsere Wahrnehmungsfähigkeit auf die Probe stellt.

Der abbildende Charakter von Fotos ist durch das digitale Bild, das überall auf dem Vormarsch ist, entstellt worden. Schon bevor es digitale Bilder gab, hatte das alte Diktum »die Kamera lügt nicht« an Glaubwürdigkeit zu verlieren begonnen, und das schon seit die Fotografie zum ersten Mal zu Propagandazwecken eingesetzt worden war, spätestens aber seit dem Amerikanischen Bürgerkrieg. Noch größer wurden die Zweifel in den 1880er-Jahren, als Oscar Rejlander auf die Idee kam, gestellte Porträtaufnahmen mit Theaterrequisiten und gemalten Kulissen im Atelier anzufertigen, als sich städtische Fotoateliers in paradiesische ländliche Szenen verwandelten, in denen die Kunden posieren konnten. Die impressionistischen Fotografen des frühen 20. Jahrhunderts – Alvin Langdon Coburn in New York, Paul de Singly in Paris oder Bernard Eilers in Amsterdam – schufen mit ihren verschwommenen, weichgezeichneten und außerordentlich körnigen Bildern romantische Stadtpanoramen, die eher Romanerzählungen als der Realität entsprungen waren. Der gleiche Stil, der als Piktoralismus bekannt wurde, wird – wenn auch auf weniger artifizielle, weltfremde Weise – noch immer von zeitgenössischen Fotografen gepflegt; so zum Beispiel von Heidi Specker mit ihren digital bearbeiteten Fotografien von Berliner Fassaden, von Frank van der Salm mit seinen farbsatten, unscharfen Fotografien von Hochhäusern und modernen Wohnsiedlungen oder von Todd Hido mit seinen gespenstischen, schattenhaften Nachtaufnahmen von Vorstadthäusern in San Francisco – bei denen er lediglich mit dem vorhandenen Licht arbeitet. Was Schmidts Fotografien jedoch zu einer besonderen Herausforderung macht ist die Tatsache, dass sie wie dokumentarische Fotos wirken, die man in Zeitschriften wie *Architectural Review, Icon* oder *National Geographic* findet und die der Leser nur bewundern kann, ohne ihren abbildenden Charakter hinterfragen zu müssen – liegt ihre Bedeutung doch in der Botschaft an sich und weniger in der Art und Weise, wie diese präsentiert wird. Die Bedeutung von Schmidts Fotografien erschließt sich dagegen erst, wenn man sich der Vielschichtigkeit dieser Botschaft bewusst geworden ist.

Dem Ortsfremden präsentiert sich die City als ein Gewirr von Formen, von dem man sich, selbst ohne die sonst dort herrschende Geschäftigkeit, regelrecht erschlagen fühlt. In seinem Buch *Fragments of the European City* schreibt Stephen Barber: »Das Detail der Stadt ist unvergleichlich riesig, kreuz und quer durchzogen von inneren Prozessen seismischer Beziehungen und Veränderungen, welche die Molekularschicht der sichtbaren Oberfläche der Stadt bilden […]. Die Oberfläche der europäischen Stadt ist durchsetzt mit Zeichen und Signalen; sie erwidert den Blick ihrer Bewohner vielfach und mit eindringlichem, ja unverwandtem Blick – während sie verlangt, selbst betrachtet zu werden.«[1] Und genau dieser stechende Blick ist es, der uns verstört, wenn wir Schmidts fotografische Permutationen auf der Oberfläche der City betrachten. Im Gegensatz dazu sind seine visuellen Reisen ins Innere der City weitaus ruhiger und meditativer. Die durchgestylten Interieurs von Bürohäusern und Hotels erzählen eine andere Geschichte. Es sind »Nicht-Orte«, mit denen sich Marc Augé in seinem gleichnamigen Buch beschäftigt. Es sind Räume und keine Orte. Denn Orte sind etwas, mit dem wir uns identifizieren, für das wir Empathie empfinden können. Diese sterilen Hochglanzräume, welche die Menschen betreten und wieder verlassen, ohne ein Teil von ihnen zu sein, haben schon an sich eine klaustrophobische Wirkung. Wir sind »Außenstehende« und »der Benutzer von Nicht-Orten [wird] ständig dazu aufgefordert, seine Unschuld nachzuweisen«.[2] Überwachung ist hier an der Tagesordnung und die konvergierenden Oberflächen der Wände, Böden und Decken kreisen den Blick des Betrachters ein, nehmen ihn gefangen. Diese seelenlosen Räume sind die Antithesen des panoptischen Systems. Wir haben keine Schwelle überschritten, um hier hineinzugelangen und wissen deshalb überhaupt nichts von einem Außen, in das diese Räume eingebettet sind – eine Situation, welche die Architekturkritikerin Jane Rendell treffend beschrieben hat, als sie feststellte: »Im Kapitalismus, wo der Raum eine nur begrenzt und nicht frei verfügbare Ware ist, hat man Angst vor Schwellen.«[3] Davon kann man sich nur befreien, indem man einen neuen Anfang macht. Designer entwerfen nur allzu oft für die Zukunft, für hypothetische Benutzer und hypothetische Anlässe (die als theoretische Konstrukte nie eintreten), für eine Leistungsergonomie, die Zufall oder Wahl ausschließt. Schmidts Fotografien vermitteln diese Szenarien einer uniformierten Hölle mit verstörender Klarheit. Ein Ort hat eine Geschichte, welche die Gegenwart befruchtet; ein Raum hat nur eine Zukunft, welche die Gegenwart beständig untergräbt. Dieses unaufhaltsame Untergraben des Augenblicks wird in diesen Fotografien nur zu deutlich. Einheitseinrichtungen, Einheitsausstattungen, uniforme Fensterfronten, ja sogar eine uniformierte Fantasie von Unternehmen, um die grausame Realität der manipulativen Exzesse erträglicher zu machen, die hier ersonnen werden, damit die Gewinne und nicht die Verluste die Oberhand gewinnen.

Diese Gebäude ohne Bewohner, ohne Besucher oder Passanten werden zu trostlosen, jeglichen Zwecks beraubten Kolossen ohne die geringste Zufälligkeit. Sie sind ihre eigenen

Kulissen geworden und schaffen ein Stadtbild, das nicht mehr als eine dekorative Anordnung gebauter Formen ist. Im Gegensatz zu den postmodernen typologischen Bildsequenzen wie sie Bernd und Hilla Becher schufen und die Bauwerken, die man vorher übersehen und vernachlässigt hatte, neue Bedeutung verliehen, hat Schmidt in seiner Studie der City bei Nacht einen formelhaften Ansatz vermieden. Hier gibt es so viele Standpunkte, Blickwinkel, Bildausschnitte oder Tiefenschärfen wie es die Permutation erlaubt. Diese Strategie einer scheinbar unmethodischen Methode verleiht diesen Bildern eine nervöse Energie, die absolut im Einklang mit dem Sujet steht, die jedoch auch die Ordnung der City infrage stellt. Alexander Rodtschenko und Lázló Moholy-Nagy waren die Ersten, die sich in den 1920er-Jahren von dem damals allgegenwärtigen Formalismus der Architekturfotografie lossagten. Indem sie die modernen Bauwerke immer wieder aus der Frosch- oder Vogelperspektive oder in Schrägaufnahme anstatt in der traditionellen, im rechten Winkel aufgenommenen Frontal- und Seitenansicht – die rein dokumentarisch und weniger piktoralistisch war – fotografierten, begannen sie, die Hüllen dieser Gebäude aufzubrechen – auf ähnliche Weise wie die kubistischen Maler, die in ihren revolutionären Gemälden die Bildebene aufgebrochen hatten. So zwangen sie uns, die Bauwerke mit anderen Augen zu sehen und revolutionierten dabei gleichzeitig die damalige Fotografie.

Andreas Schmidt fordert die Betrachter seiner Bilder auf, sie nicht mit anderen Augen zu betrachten, sondern die Art und Weise wie sie Architekturfotografien gewöhnlich betrachten zu hinterfragen. Er stellt den Status quo nicht infrage, sondern untersucht ihn analytisch. Der Eindruck, den uns eine Architekturfotografie vermittelt, kann niemals derselbe sein, den uns das Bauwerk selbst vermittelt. Das Bauwerk ist ein besonderes Objekt mit eigenen Raum- und Zeitkoordinaten; die Fotografie eines Bauwerks ist ebenfalls ein besonderes Objekt, aber mit ganz anderen Koordinaten. Die beiden wesentlichsten Unterschiede bestehen darin, dass das fotografische Bild zweidimensional und beweglich oder übertragbar ist. Das Gebäude dagegen ist stationär und dreidimensional. Deshalb können wir uns leichter um es herum oder zumindest darin nach oben bewegen. Versteht Schmidt seine Fotografien als eigenständige Objekte, müssen wir sie unter dem Aspekt ihrer Ästhetik, ihrer Struktur, ihrer Komposition, ihrer Farben betrachten, versteht er sie jedoch als Signifikanten der Realität, müssen wir sie in Kategorien ähnlicher Realitäten übertragen, ähnlicher Gebäude, die uns bereits vertraut sind. Betrachtet man die Bilder aufmerksam, wird man erkennen, dass wir hier Elemente beider Ansätze finden. Die Parameter, die sich Schmidt bei der Anfertigung dieser Bilder selbst vorgegeben hat, scheinen tatsächlich sehr fließend zu sein. Manchmal präsentiert er dem Betrachter Großaufnahmen von Details eines Gebäudes, deren kompositorische Dynamik fast ans Abstrakte

grenzt. Unser Blick wird in ein kontrapunktisches Muster von Linien und Ebenen gezogen, weil Rahmen, Rand und Oberfläche um den Vorrang wetteifern. Ein anderes Mal konfrontiert die schwindelerregende Perspektive konvergierender oder divergierender Silhouetten ganzer Gebäude den Betrachter mit einem verwirrenden Schauspiel, dessen Kontraste den sich unaufhörlich verschiebenden Fokus des Auges des Betrachters lenken. Auch wenn das Raster eine wesentliche Komponente des minimalistischen Stils ist, zeigt sich hier, dass es auch Teil eines Stils sein kann, der alles andere als minimalistisch ist. In völligem Gegensatz zum visuellen Prunk dieser Bilder fokussieren Schmidts ruhige, meditative Studien des Gebäudes der Bank of England Details der ostentativ zur Schau gestellten Pracht, welche die Macht innerhalb seiner Mauern symbolisiert. Die unübersehbaren Bezüge zur Architektur der griechisch-römischen Antike sind hier mehr als nur reine Fassade, manifestiert sich darin doch auch das Streben nach imperialem Ruhm durch die Macht des Geldes. Und ungeachtet der Tatsache, dass das Römische Reich nur von relativ kurzer Dauer war, erhebt ihre Symbolik sowohl Anspruch auf Unangreifbarkeit wie auf Beständigkeit.

Wie die Stadt Moriana in Italo Calvinos Roman *Die unsichtbaren Städte* scheinen Schmidts Fotografien den Eindruck zu vermitteln, »daß die Stadt von der einen Seite zur anderen perspektivisch weitergeht und ihr Repertoire von Bildern multipliziert; doch sie hat keine Dichte, sie besteht nur aus einer Vorderseite und einer Rückseite, wie ein Blatt Papier mit einer Figur hier und einer Figur dort, die sich nicht ablösen und sich nicht ansehen können.«[4] Die City wurde hier in eine Folge fotografischer Objekte transformiert, die alle bekannt und dennoch beispiellos sind. Diese Bilder mögen uns zwar nur einen kleinen Ausschnitt der City präsentieren, trotzdem lernen wir dadurch Seiten kennen, die uns mit Sicherheit entgangen wären. Auf diese Weise ermöglichen sie uns, eine besondere, privilegierte Beziehung zur City zu bekommen.

Die fotografische Darstellung von Architektur ist natürlich, selbst wenn es sich hier um stationäre Objekte handelt, auch selektiv; denn ein Bildausschnitt kann etwas ein- oder ausschließen. Die Spannung, welche die Dynamik des Ein- oder Ausschließens innerhalb eines Bildes erzeugt, ist Teil der Feinabstimmung, durch die der Fotograf dem Bild seinen Stempel aufdrückt. In Schmidts City-Bildern nimmt das Raster die erste Stelle ein. Während es in der Sprache der modernen Architektur zur dominierenden Form geworden ist, wurden wir durch das Raster nicht verführt, wir sind lediglich seiner Hartnäckigkeit erlegen. Es hat uns für sich gewonnen, es hat unseren Widerstand gebrochen, bis es ein dauerhafter Teil der urbanen Struktur wurde, bis hinunter zu den Gitterrosten in den netzartig gepflasterten Straßen. Das Geheimnis des Rasters liegt möglicherweise darin, dass es die gebogenen, gewellten und elliptischen Formen ergänzt und ihnen schmeichelt, indem es die Anziehungskraft dieser dekorativeren, organischeren Formen noch erhöht. Die Schärfe des fotografischen Bildes unterstreicht die Präzision des Rasters. Die Fotografie steigert seine Dynamik, zieht es von der Peripherie herein, erhöht es und zollt ihm Tribut. Letzten Endes ist diese Verherrlichung des Rasters nichts weiter als ein Ausdruck der Nostalgie, ein letzter Tribut, während wir den Wechsel vom industriellen Zeitalter – dessen Symbolfigur das Raster ist – ins postindustrielle Zeitalter vollziehen, wo die Grenzen des Rasters durch die Energieflüsse unserer boomenden elektronischen Informationssysteme aufgelöst und aus der Sphäre des Exoterischen in die des Esoterischen verlagert werden. Vielleicht wird der Tag kommen, an dem die verborgenen Bedeutungen des Rasters, mit einer neu entdeckten, mit Hierarchien und esoterischen Parametern verbundenen metaphysischen Bedeutung, wieder und wieder analysiert und durchdacht werden. In ihrer Kritik des modernistischen Rasters stellt Rosalind Krauss in ihrem Buch *Die Originalität der Avantgarde und andere Mythen der Moderne* fest, dass Malewitsch und Mondrian das Raster als »Treppe zum Universalen nutzten«.[5] Vielleicht wird man in der Zukunft in den akademischen Gefilden Archive für das Raster anlegen. Als physisches Koordinatennetz mag das Raster überdauern, doch als »Zeitgeist« wird man seine philosophischen und metaphysischen Implikationen bewusst bewahren müssen.

Die unendliche Farbenvielfalt an diesen nächtlichen Stadthimmeln – ein sekundärer Faktor mit einer kleine Nebenrolle, der sich hinter dem strahlenden »Punctum« der Gebäude verbirgt – ist eine Studie für sich: Quecksilberdampf, Natrium, Neon, Wolfram, sie alle leuchten, reflektieren, streuen ihr Licht in die Himmelskuppel, überziehen sie mit Reif und verwandeln sie in einen Deckel, der die Energien der Stadt reflektiert, während er den Sternen versagt, sich in der Nacht zu zeigen. Diese Farben – deren Beschreibung oder Simulation selbst den erfahrensten Farbenkünstler vor eine unlösbare Herausforderung stellen würde – werden hier mit aller Bescheidenheit als verschwenderische Nebensache präsentiert. Von samtigen Braun- und Goldtönen über Pink-, Violett- und Purpurtöne bis zu dunklen Blau- und den intensivsten Indigotönen – die Himmel bilden auf ihre bescheidenste Weise den Hintergrund für die architektonischen Schauspiele unter ihnen. Sie sind eine Wohltat, und wir vermissen sie schmerzlich, wenn wir zu den Bildern mit den Interieurs gehen, wo man die Natur gänzlich ausgeschlossen hat. Es ist als wären wir hier untergetaucht, auf der Flucht vor dem Terror der Apokalypse, von der diese chromatischen Himmel nur einen vagen Vorgeschmack vermitteln können. Man denke nur an Ridley Scotts *Blade Runner* oder Chris Markers *La jetée (Am Rande des Rollfelds)*. Da ist etwas beunruhigend Weitblickendes hinter der synthetischen, oberflächlichen Schönheit dieser Himmel, die geschlossenen Gänge dieser Flure und Korridore haben etwas bedrohlich Repressives. Gefährlich verführerisch erzählen uns die stummen, nichtssagenden Geschichten von der Stadt, die uns Schmidt hier präsentiert, davon, was Geld leisten kann. Doch die Atemlosigkeit der Szenen, die der Künstler hier schildert, zeigt auch, was Geld nicht vermag. Geld kann einen Ort gewiss nicht mit Seele erfüllen. Menschliche Eigenschaften wie Wärme, Offenheit, Empathie sucht man hier vergeblich.

Wie in seinem 2005 veröffentlichten fotografischen Essay über Las Vegas gelingt es Schmidt auch hier, das wahre Wesen, die wahre Geschichte der City zu vermitteln, ohne zu übertreiben oder abwertend zu sein. Er war offen für die Besonderheiten dieser Orte und spiegelt sie unvoreingenommen und ohne versteckte Anspielungen wider, sodass sich der Betrachter selbst ein Urteil über ihren eigentlichen Charakter bilden kann. Auf den ersten Blick sind diese Fotografien eine visuelle Verführung, man sollte sie jedoch nicht wie die Bilder einer Nachttischlektüre zur Entspannung nutzen. Schließlich stellen sie uns Fragen zu diesen Orten, die sie abbilden, und hoffentlich werden unsere Antworten das Bild, das man von diesen Orten hat, verändern und uns Zeit geben, über die Kulturen nachzudenken, die sie hervorgebracht haben. Schmidt hat uns hier das notwendige Rüstzeug gegeben, um zu baudelaireschen Flaneuren zu werden, aber ohne dass wir uns unseren Weg durch Menschenmengen bahnen müssten oder durch sie abgelenkt würden. So werden wir, während wir bei dieser virtuellen Reise ins Herz der City gefangen genommen werden, zu Einsiedlern, die ihre eigene Beziehung zu ihr aufbauen.

1 Stephen Barber, *Fragments of the European City*, London 1995, S. 61.

2 Marc Augé, *Orte und Nicht-Orte. Vorüberlegungen zu einer Ethnologie der Einsamkeit*, Frankfurt am Main 1994, S. 120.

3 Jane Rendell, »Thresholds, Passages and Surfaces«, in: Alex Coles (Hrsg.), *The Optic of Walter Benjamin*, London 1999, S. 175.

4 Italo Calvino, *Die unsichtbaren Städte*, München 1984, S. 121/122.

5 Rosalind Krauss, *Die Originalität der Avantgarde und andere Mythen der Moderne*, Amsterdam und Dresden 2000, S. 54.

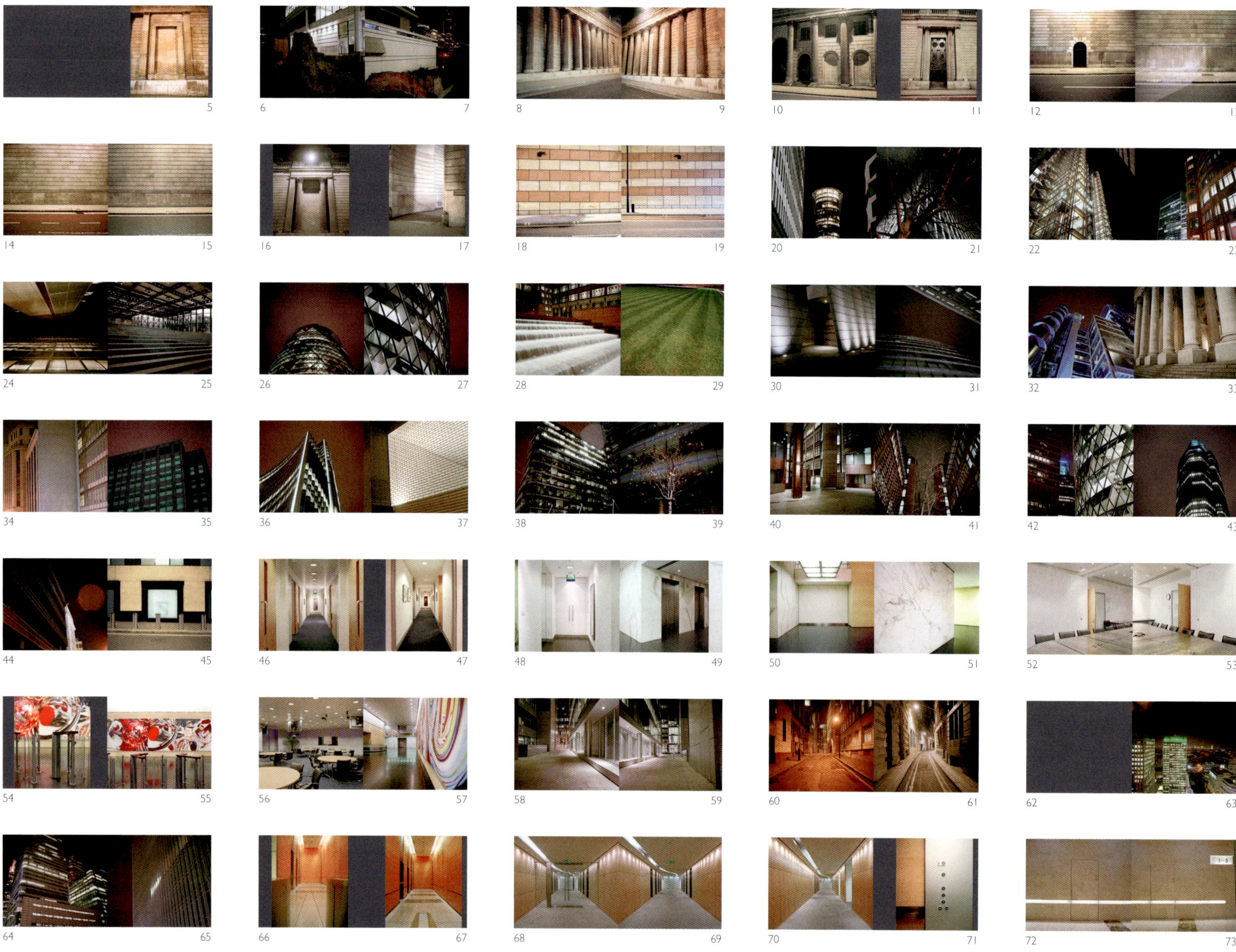

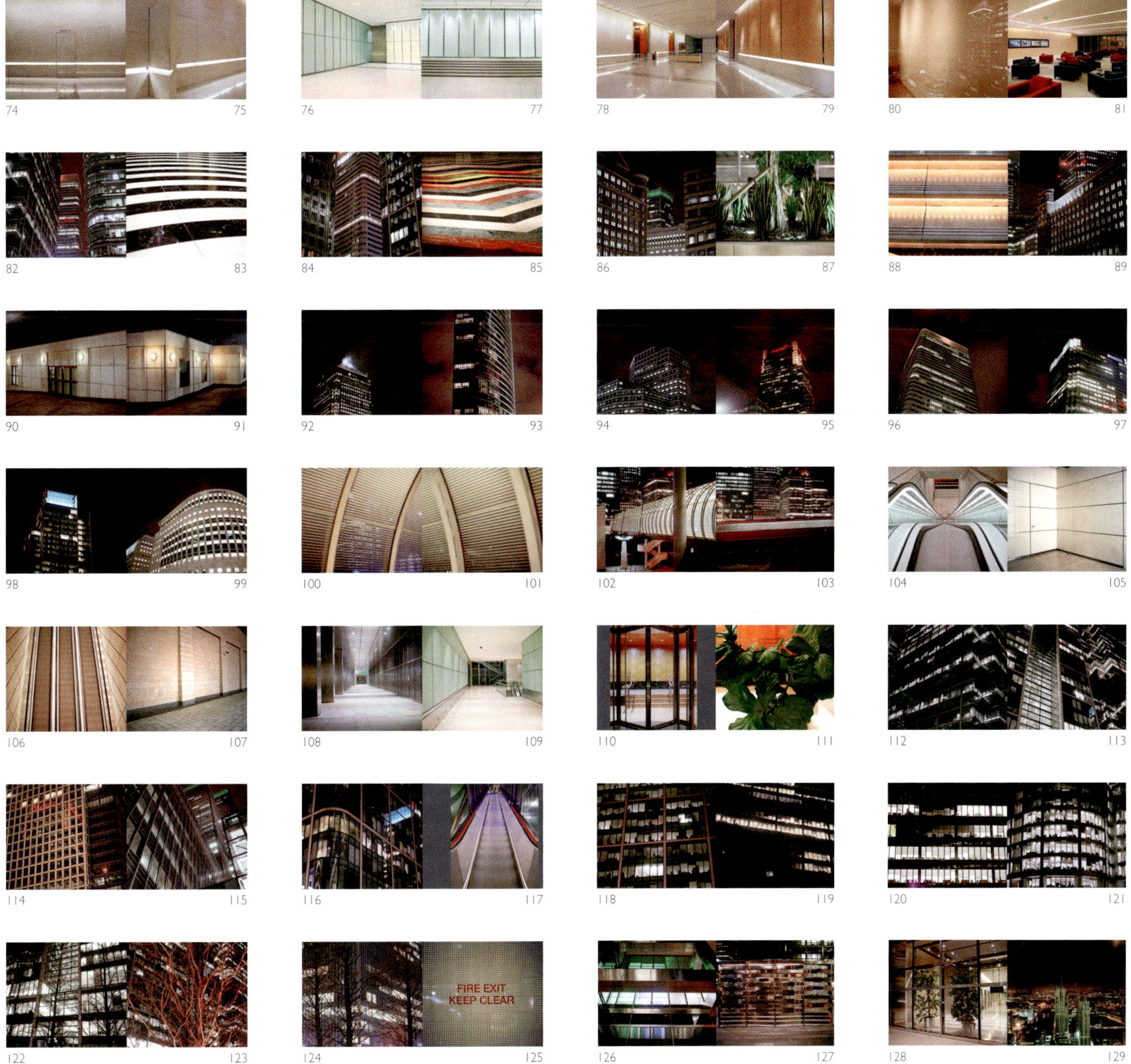

FIRE EXIT
KEEP CLEAR

List of Works / Abbildungsverzeichnis

The photographs contained in this book were taken with an analogue medium-format camera during late 2007 and early 2008.
The digital files used for the printing of the book were scanned directly from standard color negatives and underwent no digital retouching.

Die Fotografien in diesem Buch wurden mit einer analogen Mittelformatkamera zwischen Ende 2007 und Anfang 2008 aufgenommen.
Die digitalen Druckdaten wurden direkt von herkömmlichen Farbnegativen gescannt und nicht digital nachbearbeitet.

Acknowledgments

Thank you to:

Markus Hartmann, whose continuing support of my work has once again resulted in the publication of a book.

Roy Exley, whose essay illuminates my photographs and transcends into a realm of its own.

Jutta Herden, whose intuitive design completes the book.

E-J Major, who transformed my negatives with the utmost expertise into brilliantly radiating digital files.

Alistair Hicks of Deutsche Bank and Anne Groves of Clifford Chance, who opened doors for me.

Canary Wharf Group, The City of London Corporation, and Broadgate Estates, who issued photography permits.

My family and friends, in particular F & K Schmidt, Michael Schmidt, Dirk & Katrin Alter, Veit & Alexandra Küllmer, and Stefan & Barbara Seidel.

This book is dedicated, with all my love, to my wife Patrycja Wiechnik-Schmidt.

Andreas Schmidt
London, August 2009

Danksagung

Vielen Dank an:

Markus Hartmann für seine fortwährende Unterstützung meiner Arbeit, die erneut zur Publikation eines Buches geführt hat.

Roy Exley für seinen Essay, der meine Fotografien erhellt und darüber hinaus seinen ganz eigenen Bereich betritt.

Jutta Herden für ihre einfühlsame Gestaltung, die dieses Buch vervollständigt.

E-J Major für die meisterhafte Umwandlung meiner Negative in brillant leuchtende digitale Daten.

Alistair Hicks von der Deutschen Bank und Anne Groves von Clifford Chance dafür, dass sie mir Türen geöffnet haben.

Canary Wharf Group, The City of London Corporation und Broadgate Estates für das Erteilten von Fotogenehmigungen.

Meine Familie und Freunde, insbesondere F & K Schmidt, Michael Schmidt, Dirk & Katrin Alter, Veit & Alexandra Küllmer und Stefan & Barbara Seidel.

Dieses Buch ist von ganzem Herzen meiner Frau Patrycja Wiechnik-Schmidt gewidmet.

Andreas Schmidt
London, August 2009

Managing editor / Koordination:
Tas Skorupa, Hatje Cantz

Copyediting / Verlagslektorat:
Eugenia Bell, Clemens von Lucius

German translation / Übersetzung ins Deutsche:
Barbara Holle

Graphic design and typesetting / Grafische Gestaltung und Satz:
Jutta Herden, Stuttgart

Typeface / Schrift:
Gill Sans

Production / Verlagsherstellung:
Angelika Hartmann, Hatje Cantz

Reproductions / Reproduktionen:
E-J Major

Printing / Druck:
Dr. Cantz'sche Druckerei, Ostfildern

Paper / Papier:
Galaxi Supermat, 170 g/m^2

Binding / Buchbinderei:
Verlagsbuchbinderei Dieringer, Gerlingen

Published by / Erschienen im
Hatje Cantz Verlag
Zeppelinstrasse 32
73760 Ostfildern
Germany / Deutschland
Tel. +49 711 4405-200
Fax +49 711 4405-220
www.hatjecantz.com

Hatje Cantz books are available internationally at selected bookstores.
For more information about our distribution partners, please visit our
homepage at www.hatjecantz.com.

ISBN 978-3-7757-2468-5

Printed in Germany

Cover illustrations / Umschlagabbildungen
Front / Vorn: *Old Lady 2* (page / Seite 8)
Back / Hinten: *Business Continues I* (page / Seite 65)